JN253777

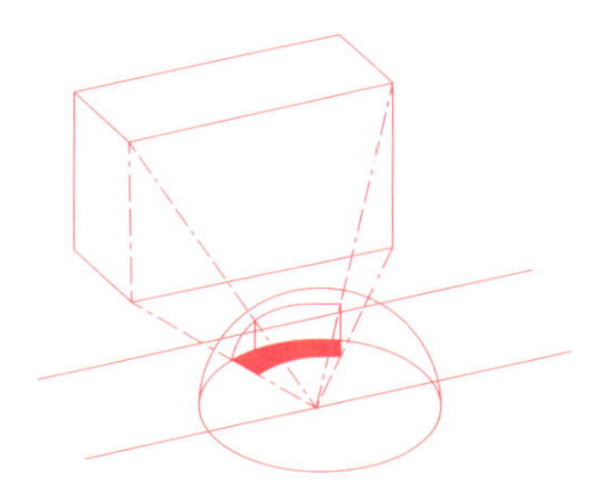

建築基準法

THE BUILDING STANDARD LAW

小嶋和平＝著

学芸出版社

まえがき

これから建築法規の勉強をする学生や、建築士試験の受験を目指している人、あるいは、建築の実務者で建築基準法の法体系を十分に把握されていない人などにとって、建築基準法を理解することは、なかなか容易なことでありません。

また、建築基準法は度々改正されることから、建築法規を苦手としている人にとっては、どのような条項がどのように改正されたのかを把握することすら困難ではないかと思います。

加えて、建築基準法は社会情勢や時代的背景によって大きく影響を受けるものであり、そうした時代の流れを受けて建築に関する新しい法律が次々に公布・施行されていることから、建築基準法と関連法令は今後ますます複雑なものになっていくと考えられます。それにともなって、建築士の試験も難しくなっていく傾向にあります。

そこで、本書はできるだけわかりやすい文章表現で建築基準法のツボを示し、図と表を多く取り入れ、読者の皆様が理解しやすいように心がけました。

本書の特徴は以下の通りです。

・膨大で難解な建築基準法と関連法規の中から、建築業界で働く上で押さえておくべき「ツボ」となる知識のみを、わかりやすい文章で紹介しています。

・重要な語句や条文は赤字で強調し、図や写真でも重要なポイントがわかりやすいように赤色で強調しています。

・一級建築士試験の受験を考えている人のための入門書として十分な内容となるように構成しています。

この本が、皆様の建築実務や受験対策等の場面で、少しでもお役に立つことができれば幸いです。

2015年2月

著者　小嶋和平

※本書での法令名の表記について

本書において頻出する法令の名称については、下記の略称を採用し、下記以外の法令については、正式名称を採用しています。

建築基準法：「法」　例：建築基準法第○条⇒「法第○条」

建築基準法施行令：「令」　例：建築基準法施行令第○条⇒「令第○条」

ただし、建築士法・建設業法に関する項目においては、下記の略称を採用します。

建築士法／建設業法：「法」　例：建築士法第○条→「法第○条」

両法の施行令・施行規則：それぞれ「令」「施行規則」

例：建設業法施行令第○条→「令○条」　建築士法施行規則第○条→「施行規則第○条」

目次

第３章 単体規定 建築物の機能に関するルール

第１章

総則

確認申請及び各種申請・届等

01　建築基準法の概要

全国一律の「単体規定」と都市計画区域等のみ適用の「集団規定」

単体規定

その建築物を使用・利用する人の生命と健康等を守るための規定

安全
- 日常活動（生活）の安全（階段やエレベータなど）
- 地震や台風時に壊れにくい（構造耐力）
- 火災が起こりにくい、また万一火災が起きても被害が少ない（防火）
- 万一の場合に逃げやすい（避難）
- その他（避雷設備など）

健康
- 採光・換気・敷地の衛生など

集団規定

市街地（都市計画区域及び準都市計画区域内）における良好な街づくりを図るための規定

- 道路：都市機能の確保
- 用途地域：土地利用の純化
- 形態規定：容積率（交通、その他の都市機能の確保）、建ぺい率（空地の確保）、高さ（日照、採光等）、日影規制（日照阻害の防止）
- 防火地域：過密地区の防火を図る
- 景観地区：良好な街区・景観の維持
- 地区計画：良好な街区づくりのために、面的に総合的な規制を図る

体系と構成

建築基準法の目的は、国家、社会及び集団の資産を形成する基本的生活基盤としての性格を有している建築物について、その災害等における安全性を確保し、質の向上を図ることにより、国民の生命、健康及び財産の保護並びに公共の福祉の増進に資することにある。

この法律は建築物に関する事項についての技術的規定であり、国民として守るべき最低の基準を定めたものであるので、この法律に適合しているだけでは必ずしも良好な建築物とは言えないことに留意しておく必要がある（»法第１条）。建築基準法の体系を大別すると次のようになる。

法律：制度規定、単体規定、集団規定について、主として基本的な事項を規定したもの（建築基準法）

施行令：法の委任によって、建築物の構造、防火設備等の技術的基準や用途に関する基準及びその具体的な事項を規定したもの（建築基準法施行令）

施行規則：法律や政令を施行するため、主として手続き関係の事項を規定したもの（建築基準法施行規則）

告示：法律や政令の委任によって、より詳細な技術的基準を規定したもの（国土交通省告示）

また、地方公共団体の条例及び規則には、法律や政令の委任によって、地方の事情等により定められる事項、法令を施行するための細部的な事項等が規定されている。（»東京都建築安全条例、大阪府建築基準法施行条例、東京都建築基準法施行細則、大阪府建築基準法施行細則ほか）

単体規定と集団規定

建築基準法の技術的基準には、一部の規定を除き全国一律に適用される規定（単体規定）と、都市計画法で定められた都市計画区域及び準都市計画区域のみに適用される規定（集団規定）とがある。

単体規定は、建築物の安全及び衛生に関するもので、敷地の衛生・安全、建築物の構造・耐力、防災・防火、居室の採光・換気、建築設備等についての規定がある。

集団規定は、建築物が都市を構成する最も重要な要素の一つであるという都市計画上の見地から定められたもので、高さ、建ぺい率、容積率等についての規定がある。

表1　建築基準法の構成

制度規定	行政手続き	第1章	総則
		第4章	建築協定
		第4章の2	指定資格検定機関等
		第4章の3	建築基準適合判定資格者の登録
		第5章	建築審査会
	雑則	第6章	雑則
	罰則	第7章	罰則、附則
単体規定		第2章	建築物の敷地、構造及び建築設備
集団規定		第3章	都市計画区域及び準都市計画区域における建築物の敷地、構造、建築設備及び用途

表2　建築基準法の内容

章	内容	関係政令
1章（1条～18条の3） 総則	用語の定義や手続き、行政機関に関する規定、指定構造計算適合性判定機関による適合性判定の実施、確認審査等に関する指針	1章、4章
2章（19条～41条） 建築物の敷地、構造及び建築設備	（単体規定）個々の建築物の衛生、安全、防災、避難等に関する規定で全国一律に適用される	2章、3章、4章、5章、5章の2、5章の3、5章の4
3章（41条の2～68条の9） 都市計画区域内の建築物の敷地、構造及び建築設備	（集団規定）都市を構成する要素として、建築物の守るべき、道路、用途、規模、形態、防火、美観等に関する規定で、都市計画区域及び準都市計画区域内に適用される（第8節を除く）	6章、7章、7章の2、7章の2の2、7章の3
3章の2（68条の10～68条の26） 型式適合認定等	建築材料又は建築物の部分の構造上の基準その他の技術的基準に関する政令で定める一連の規定に適合するものであることの認定	7章の5
4章（69条～77条） 建築協定	市民の合意による環境基準の協定	
4章の2（77条の2～77条の57） 指定資格検定機関等	指定資格検定機関、指定確認検査機関、指定認定機関等、指定性能評価機関等、指定構造適合性判定機関	7章の6
4章の3（77条58～77条の65） 建築基準適合判定資格者の登録	建築基準適合判定資格者の登録	7章の7
5章（78条～83条） 建築審査会	建築主事、特定行政庁、建築監視員等の職務が公正に行われるための制度	
6章（84条～97条の6） 雑則	法の適用除外、工作物等に対する準用、現場の危害防止など	7章の8、7章の9、8章、9章、10章
7章（98条～106条） 罰則	違反者に対する罰則	

Point

建築基準法は大きく「制度的規定」（1章、3章の2、4章～7章）と「単体規定」（2章）、「集団規定」（3章）に分かれている。

02　用語の定義

建築物とは「土地に定着し屋根を柱か壁で支持する工作物」

建築基準法では、条文に繰り返し使用される用語について、その定義を明確にしている。

建築物の部分を表す用語

建築物　»法第2条第1号

土地に定着する工作物のうち、次のものを言う。

①屋根及び柱もしくは壁のあるもの（これに類する構造のものを含む）

②　①に附属する門、塀（附属しないものは含まない）

③観覧のための工作物（屋根がなくとも含む）

④地下又は高架の工作物内の事務所、店舗、興行場、倉庫等

⑤　①〜④に附属する建築設備

ただし、次のものは建築物から除外される。

・鉄道及び軌道の線路敷地内の運転保安施設等

・跨線橋、プラットホームの上家、貯蔵槽等

特殊建築物　»法第2条第2号

住宅や事務所等に比べて、用途が特殊なものを指す。ここに言う「特殊」とは、次のような特性を有する建築物であり、特段の規制の対象となる。

・不特定多数の人の用に供する

・火災発生の恐れ又は火災荷重が大きい

・周囲に及ぼす衛生上又は環境上の影響が大きい

特殊建築物の一般的な定義として、「学校（専修学校、各種学校を含む）、体育館、病院、劇場、観覧場、集会場、展示場、百貨店、市場、ダンスホール、遊技場、公衆浴場、旅館、共同住宅、寄宿舎、下宿、工場、倉庫、自動車車庫、危険物の貯蔵場、と畜場、火葬場、汚物処理場その他これらに類する用途」が挙げられているが、ここにない用途、例えば、物品販売店、飲食店等も、その他これらに類する用途として、条文により、特殊建築物として扱われている。

建築設備　»法第2条第3号

建築物に設ける電気、ガス、給水、排水、換気、暖房、冷房、消火、排煙、汚物処理等の設備及び煙突、昇降機、避雷針を言い、建築物と一体となって、建築物の機能を維持するための設備（浄化槽等）や屋上に設置される太陽光発電設備等も含まれる。

居室　»法第2条第4号

居住、執務、作業、集会、娯楽などのために、人が継続的に使用する室を言い、玄関、廊下、便所、洗面所、浴室、階段室、物置、無人の機械室、車庫、更衣室等は居室に含まれない。（表1）

主要構造部　»法第2条第5号

主として防火上の観点から定められており、壁、柱、床、はり、屋根、階段を言う。ただし、構造上重要でない間仕切壁、間柱、附け柱、揚げ床、最下階の床、廻り舞台の床、小ばり、ひさし、局部的な小階段、屋外階段その他これらに類する建築物の部分を除く。また、基礎は含まれない。（表2）

構造耐力上主要な部分　»令第1条第3号

自重や荷重、外力を支える部分を言い、基礎、基礎ぐい、壁、柱、小屋組、土台、斜材、床版、屋根版又は横架材を言う。

延焼のおそれのある部分　»法第2条第6号

隣地境界線、道路中心線又は同一敷地内の2以上の建築物（延べ面積の合計が500m²以内の建築物は、一の建築物とみなす）相互の外壁間の中心線から、1階にあっては3m以下、2階以上にあっては5m以下の距離にある建築物の部分を言う。

※防火上有効な公園、広場、川等の空地若しくは水面に面している部分は除く。

※耐火構造の壁等に面している部分は除く。

（図1、2、3）

表１　居室としてみなすもの

住宅	居間、応接室、家事室（ユーティリティ）、寝室、書斎、食堂、台所等
病院	病室、診察室、ナースステーション、処置室、手術室、待合室（ロビー）、宿直室
学校	教室、準備室、特別教室、体育館、職員室、保健室等
事務所	事務室、応接室、会議室、守衛室、食堂、厨房等
店舗	売場、店員の休憩室等
工場	作業場、食堂、娯楽室、事務室、集会室等
ホテル・旅館	ロビー、宿泊室、レストラン、喫茶室の客席及び厨房等
映画館・劇場	客席、ホール等
公衆浴場	脱衣室、浴室等

表２　主要構造部

主要構造部となる部位	除外される部位
壁	構造上重要でない間仕切壁
柱	構造上重要でない間柱、付け柱
床	揚げ床、最下階の床
はり	小ばり
屋根	ひさし
階段	局部的な小階段、屋外階段

Point

土地に定着する工作物

「土地」は、通常の陸地のみでなく、建築的利用が可能な水面・海面・海底等を含み、「定着する」とは、必ずしも物理的に強固に土地に結合された状態だけでなく、桟橋による係留、鎖その他の支持物により固定されたものも含む。JRの貨物やキャンピングカーのような移動可能なもの、あるいはコンテナであっても、長期間にわたって一定の場所に置かれるものは「土地に定着する」ものとして扱う。

鉄道及び起動の線路敷内の運転保安施設

「鉄道関係法」による監督によって安全上支障のないものとして、建築基準法の適用から除外されている。

継続的に使用する室

「継続的に使用する」とは、特定の者が継続的に使用する場合のみならず、不特定の者が入れ代わり立ち代わり特定の室を継続的に使用する場合も含む。

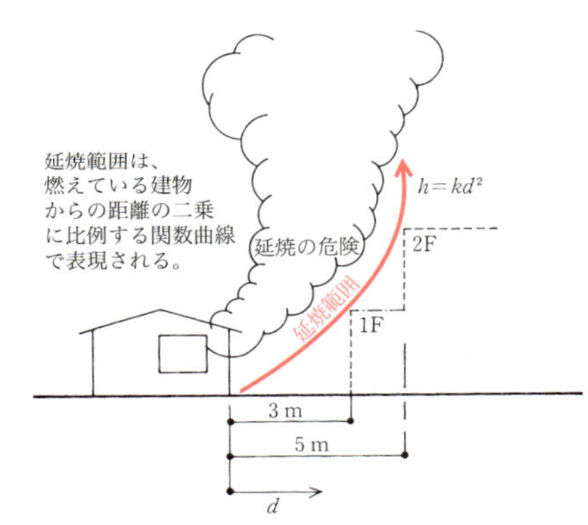

図１　延焼のおそれのある部分①（延焼曲線）

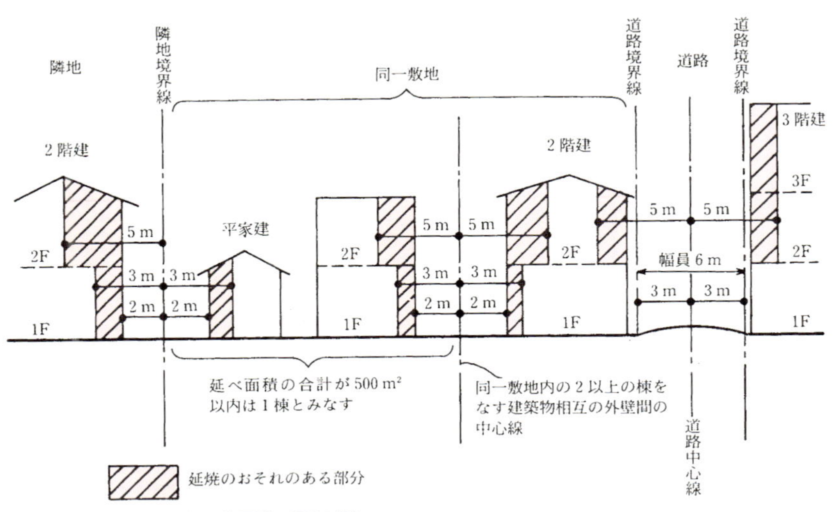

図２　延焼のおそれのある範囲②（延焼線）

建築行為を表す用語

建築
»法第2条第13号

次の①〜④の行為を総称して建築と言う。(図4)

①新築：建築物の存しない土地の部分（更地）に建築物を建てること。

②増築：一つの敷地内の既存の建築物の延べ面積を増加させること（同一敷地内に別棟を建築するときは新築であるが、敷地単位では増築となる）。

③改築：建築物の全部もしくは一部を除却し、又はこれらの部分が災害等によって滅失した後、引続きこれと用途・規模・構造の著しく異ならない建築物を建てることを言う。従前のものと著しく異なるときは、新築又は増築となる。

④移転：同一敷地内における建築物の移動を言う。異なる敷地に移動する場合には移転ではなく、新築又は増築と言う。

大規模の修繕
»法第2条第14号

主要構造部の一種以上について行う過半の修繕を言う。「修繕」とは、既存建築物の部分に対して、概ね同様の形状、寸法、材料により行われる工事を言う。

大規模の模様替
»法第2条第15号

主要構造部の一種以上について行う過半の模様替えを言う。「模様替」とは、概ね同様の形状、寸法、材料、構造、種別等が異なるような既存の建築物の部分に対する工事を言う。例えば、木造の柱を鉄骨造の柱としたり、土塗り壁を組積造の壁としたり、あるいは、茅葺屋根を亜鉛引き鉄板葺屋根にするなどの工事が模様替えに該当する。

その他の用語

設計
»法第2条第10号

建築士法第2条第5号に規定する設計をいう。すなわち、設計図書をその者の責任において作成することを言う。

工事監理
»法第2条第11号

その者の責任において、工事を設計図書と照合し、それが設計図書通り実施されているかいないかを確認することを言う。(»士法第2条第7項)

設計図書
»法第2条第12号

建築物、その敷地、工作物等の工事用の図面(原寸図の類を除く）及び仕様書を言う。

特定行政庁
»法第2条第35号

建築主事[※]を置く地方公共団体の長を言う。

※建築主事を置く市町村の区域（東京都の特別区を含む）⇒当該市町村長（特別区の区長）

※その他の区域⇒都道府県知事

建築主事とは

確認申請の事務をとるために、地方公共団体の長の指揮監督の下におかれる職で、都道府県及び人口25万以上の市（政令で指定）には必ずおかれるほか、その他の市町村にもおくことができる。建築主事は、都道府県又は市町村の吏員で建築基準適合判定資格者の登録を受けた者のうちから、それぞれ都道府県知事又は市町村の長から任命される。(»法第4条)

敷地
»令第1条第1号

一の建築物又は用途上不可分の関係にある二以上の建築物のある一団の土地を言う。

（例）次のものは、用途上不可分の関係にある。

工場：作業場、倉庫、事務所等

学校：教室、体育館、食堂等　(図5)

建築基準法においては、「一敷地一建物」が原則である。

地階
»令第1条第1号

床が地盤面下にある階で、床から地盤面までの高さがその階の天井高の1/3以上のものを言う。(図6)

避難階
»令第13条第1号

直接地上に通ずる出入口のある階。通常の建築物では1階が避難階だが、地盤面の状態によっては、地階や2階が避難階となることがある。

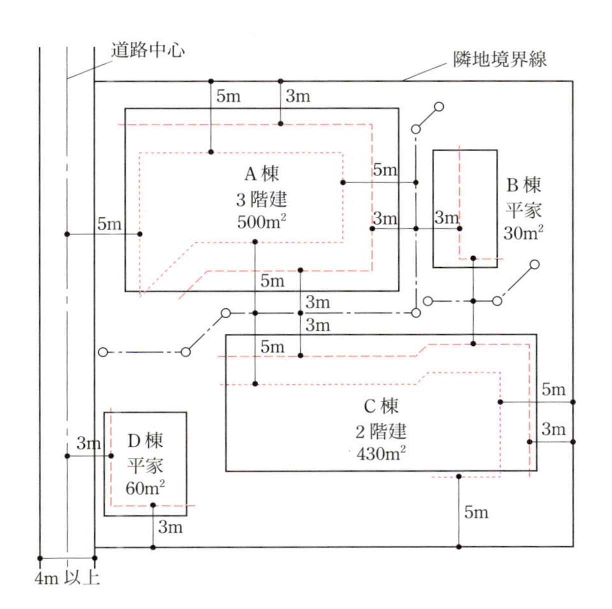

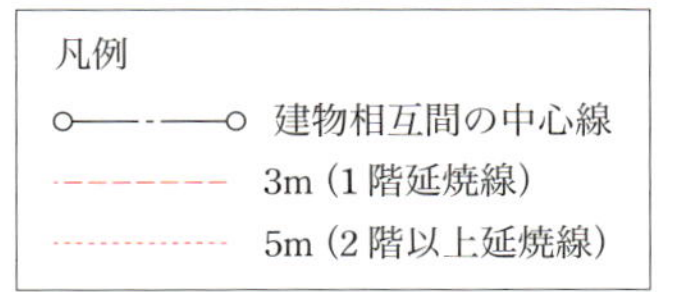

図 3　延焼のおそれのある部分③

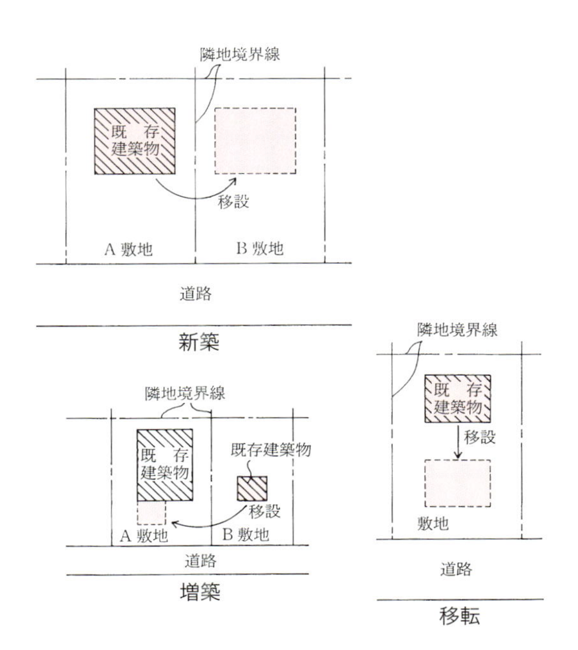

図 4　建築（増築・新築・移転の違い）

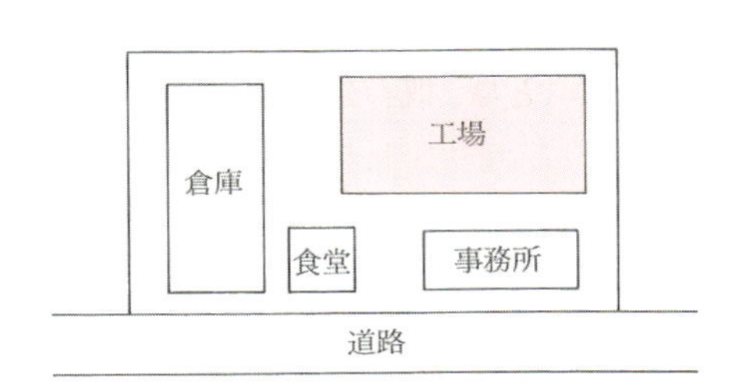

図 5　用途上不可分の関係にある例

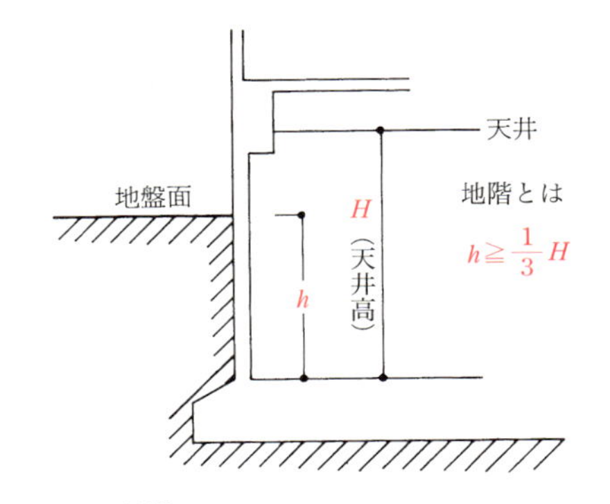

図 6　地階

03　面積・高さ等の算定

面積は水平投影面積で、高さは原則平均地盤面から測る

面積の算定

敷地面積　»令第2条第1項第1号

敷地面積とは、敷地の水平投影面積である。ただし、建築基準法第42条第2項、第3項又は第5項の規定によって道路の境界線とみなされる線と道との間の部分の敷地は算入しない。(図1)

建築面積　»令第2条第1項第1号

外壁又はこれに代わる柱の中心線（外壁から水平距離1m以上突き出た軒、庇などがある場合は、先端から水平距離1m後退した線）で囲まれた部分の水平投影面積を言う。ただし、地階で地盤面上1m以下にある部分は除く。また、国土交通大臣が高い開放性を有すると認めて指定する構造の建築物又はその部分については、その端から水平距離が1m以内の部分の水平投影面積は、当該建築物の建築面積に算入しない。(»平成5年告示第1437号)(図2)

床面積

»令第2条第1項第3号、昭和61年通達第115号

建築物の各階又はその一部で壁その他の区画の中心線で囲まれた部分の水平投影面積を言う。(表1)

延べ面積　»令第2条第1項第4号、第3項

各階の床面積の合計を言う。容積率の制限（»法第52条第1項）の場合には、自動車車庫、自転車の停留又は駐車のための施設（誘導車路、操車

表1　床面積の算定方法について（昭和61年4月30日建設省住指発115号通達）

1	ピロティ	十分に外気に開放され、かつ、屋内的用途に供しない部分は、床面積に算入しない。
2	ポーチ	原則として床面積に算入しない。ただし、屋内的用途に供する部分は、床面積に算入する。
3	公共歩廊、傘型又は壁を有しない門型の建築物	ピロティに準じる。
4	吹きさらしの廊下	外気に有効に開放されている部分の高さが、1.1m以上であり、かつ、天井の高さの1/2以上である廊下については、幅2mまでの部分を床面積に算入しない。
5	バルコニー・ベランダ	吹きさらしの廊下に準じる。
6	屋外階段	次の各号に該当する外気に有効に開放されている部分を有する階段については、床面積に算入しない。 イ　長さが、当該階段の周長の1/2以上であること。 ロ　高さが、1.1m以上、かつ、当該階段の天井の高さ1/2以上であること。
7	エレベータシャフト	原則として、各階において床面積に算入する。ただし、着床できない階であることが明らかである階については、床面積に算入しない。
8	パイプシャフト等	各階において床面積に算入する。
9	給水タンク又は貯水タンクを設置する地下ピット	タンクの周囲に保守点検用の専用の空間のみを有するものについては、床面積に算入しない。
10	出窓	次の各号に定める構造の出窓については、床面積に算入しない。 イ　下端の床面からの高さが、30cm以上であること。 ロ　周囲の外壁面から水平距離が50cm以上突き出ていないこと。
11	機械式駐車場	吊上式自動車車庫、機械式立体自動車車庫等で、床として認識することが困難な形状の部分については、1台につき15m²を床面積として算定する。なお、床としての認識が可能な形状の部分については、通常の算定方法による。
12	機械式駐輪場	床として認識することが困難な形状の部分については、1台につき1.2m²を床面積として算定する。なお、床としての認識が可能な形状の部分については、通常の算定方法による。
13	体育館等のギャラリー	原則として床面積に算入する。ただし、保守点検等一時的な使用を目的としている場合には、床面積に算入しない。

注）7のエレベータシャフトについては平成26年7月1日付法改正により、容積率の対象外として各階の床面積から除外することになった。

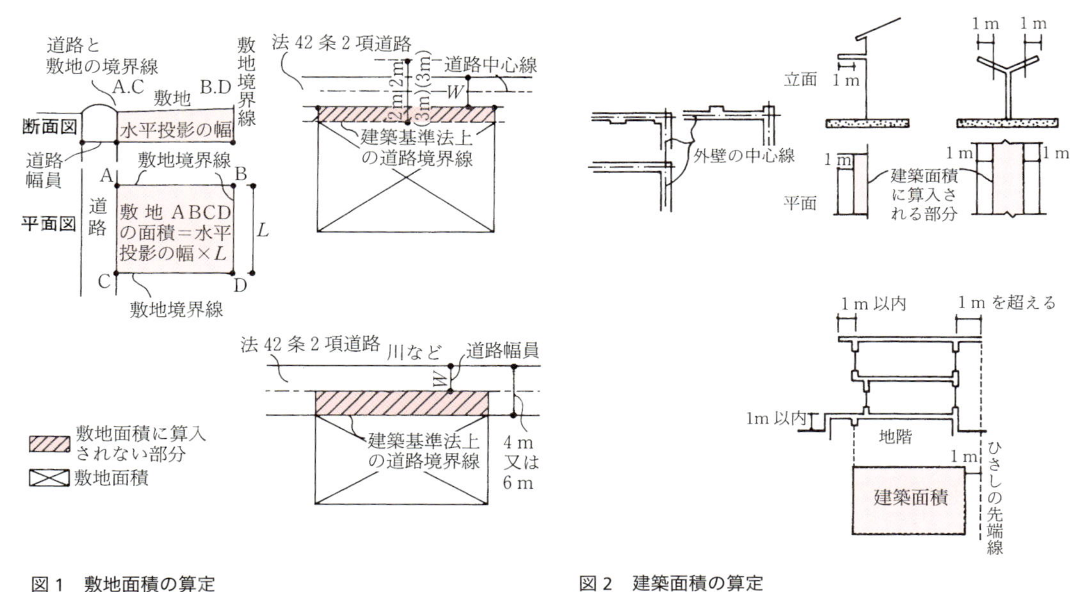

図 1　敷地面積の算定

図 2　建築面積の算定

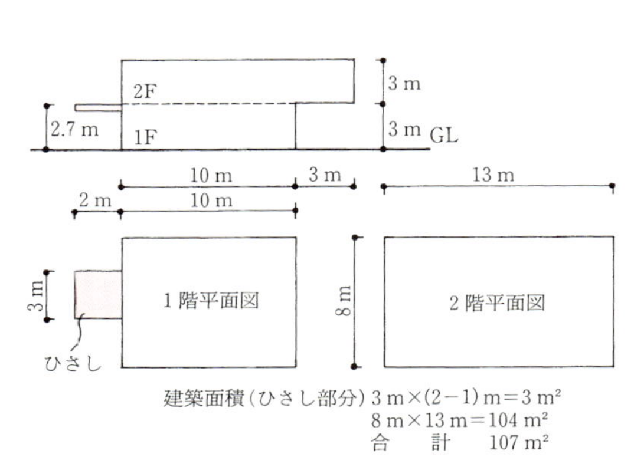

建築面積（ひさし部分）$3\ \mathrm{m}\times(2-1)\ \mathrm{m}=3\ \mathrm{m}^2$
$8\ \mathrm{m}\times13\ \mathrm{m}=104\ \mathrm{m}^2$
合　　計　　$107\ \mathrm{m}^2$

延べ面積（1 階床面積）$8\ \mathrm{m}\times10\ \mathrm{m}=80\ \mathrm{m}^2$
（2 階床面積）$8\ \mathrm{m}\times13\ \mathrm{m}=104\ \mathrm{m}^2$
合　　計　　$184\ \mathrm{m}^2$

図 3　面積の計算例

		延べ面積
一般の場合		a＋b＋c＋d＋e
法 52 条 法 59 条 法 59 条の 2 法 60 条 の場合	e（車庫）$\leqq \dfrac{a+b+c+d+e}{5}$	a＋b＋c＋d
	e（車庫）$> \dfrac{a+b+c+d+e}{5}$	$(a+b+c+d+e)\times\dfrac{4}{5}$

図 4　延べ面積の算定

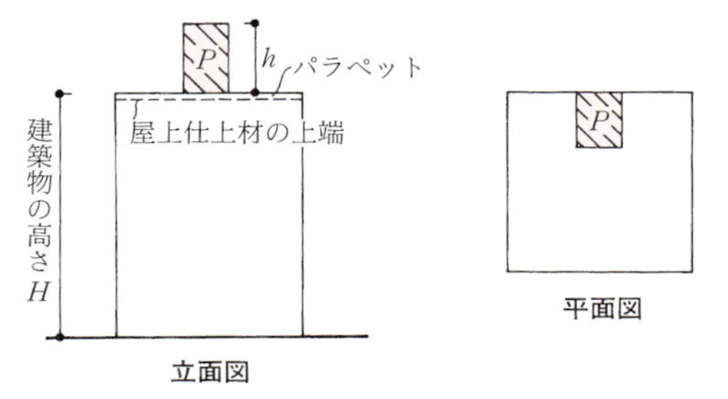

P：屋上突出部（階段室など）
$P\leqq1/8\times$（建築面積）のときは h が 12 m（5m）までなら建築物の高さは H である.

図 5　高さ不参入の例

場及び乗降場を含む）の部分は敷地内建築物の床面積の合計（車路の面積を含んだ合計）の1/5、備蓄倉庫・蓄電池部分は1/50、自家発電設備・貯水槽部分は1/100を限度として算入から除外する。また、エレベーターの昇降路（シャフト）の部分、共同住宅の共用の廊下又は階段の用に供する部分の床面積についても、延べ面積の計算から除外する。（»法第52条第6項）（図3、4）

築造面積

»令第2条第1項第5号、昭和50年告示644号

工作物等の水平投影面積を言う。ただし、機械式駐車装置の面積は｛15m²× 収容台数｝とする。また、機械式駐輪装置は｛1.2m²× 収容台数｝とする。

高さ等の算定

建築物の高さ

»令第2条第1項第6号

高さの算定は、それぞれの条文によって異なり、一般の場合は地盤面（道路斜線制限については、道路の中心）から測り、屋上突出部分（階段室、昇降機塔、装飾塔、物見塔など屋上部分の水平投影面積の合計が建築面積の1/8以下の場合）については、避雷針設置義務、北側斜線制限、高度地区の制限の場合を除き、その部分の高さが12m（第1種・第2種低層住居専用地域及び日影規制地域にあっては5m）までは当該建築物の高さに算入しない。また、棟飾り、防火壁の屋上突出部分等は高さに算入しない。（図5、表2）

軒の高さ

»令第2条第1項第7号

地盤面から建築物の小屋組又はこれに代わる横架材を支持する壁、敷けた又は柱の上端までの高さを言う。ただし、令第130条の12第1号イの場合には、前面道路の路面の中心からの高さとする。（図6）

階数

»令第2条第1項第8号

階数とは、地上、地下を問わず、建築物の最大に数えられる階の数を言う。屋上突出部分（昇降機塔、装飾塔、物見塔、階段室等）と地階部分（機械室、倉庫等）で、その面積が建築面積の1/8以内のものは階数に算入しない。（図7）

地盤面

»令第2条第2項

地盤面とは、建築物が周囲の地盤面と接する位置の平均の高さを言う。高低差が3mを超えるときは、3m以内ごとに平均の高さをとる。したがって、高低差が3mを超えると、一の建築物で部分によって高さが異なることになる。ただし、日影規制の適用における地盤面の算定にあっては、一の建築物に3mを超える高低差がある場合や、敷地内に複数の建築物が計画されている場合であっても、敷地全体で平均の高さを算定することになる。（図8、9）

表2　建築物の高さの制限

<table>
<tr><th>条　文</th><th colspan="2">内　容</th><th>基準面</th><th>屋上突出部で高さに算入されない限度</th></tr>
<tr><td>法55条1項及び2項</td><td colspan="2">第1種及び第2種低層住居専用地域内の高さの制限</td><td rowspan="3">地盤面</td><td rowspan="3">5mまで</td></tr>
<tr><td>法56条の2・1項、4項
法別表4</td><td colspan="2">日影による中高層の建築物の制限</td></tr>
<tr><td>法59条の2
法55条1項に係る部分に限る</td><td colspan="2">敷地内に広い空地を有する場合の高さの特例</td></tr>
<tr><td>法56条1項1号</td><td colspan="2">道路幅員による斜線制限</td><td>前面道路の路面の中心</td><td>12mまで</td></tr>
<tr><td>法56条1項2号</td><td colspan="2">隣地境界線からの斜線制限</td><td rowspan="6">地盤面</td><td>12mまで</td></tr>
<tr><td>法56条1項3号</td><td colspan="2">第1・2種低層及び第1・2種中高層住居専用地域内の北側斜線制限</td><td rowspan="3">0</td></tr>
<tr><td>法33条</td><td colspan="2">避雷針の設置</td></tr>
<tr><td rowspan="2">法58条</td><td rowspan="2">高度地区</td><td>北側斜線の場合</td></tr>
<tr><td>その他の場合</td><td>12mまで</td></tr>
<tr><td>その他の場合</td><td colspan="2"></td><td>12mまで</td></tr>
</table>

注1）地盤面が傾斜している場合はその平均の高さによる。
注2）傾斜の高低差が3mを超える場合の高低差3m以内ごとにその平均の高さをとる。

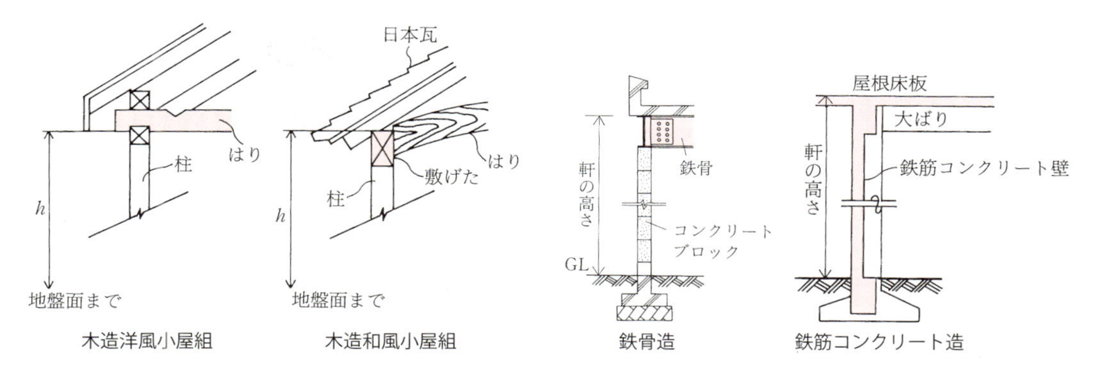

図 6　軒の高さ

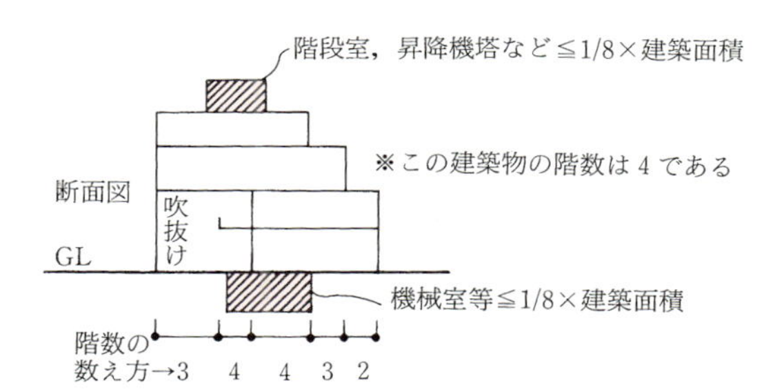

図 7　階数

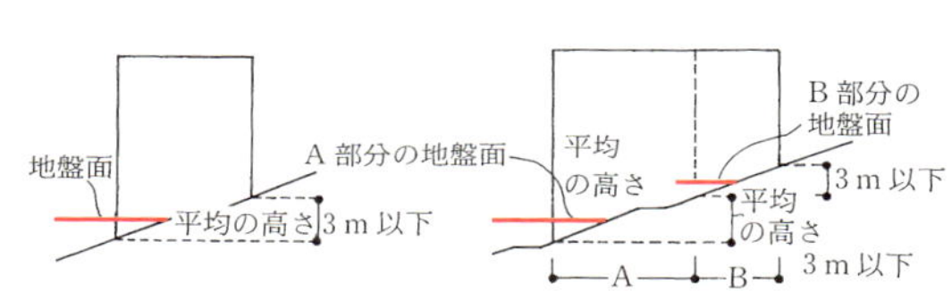

図 8　地盤面

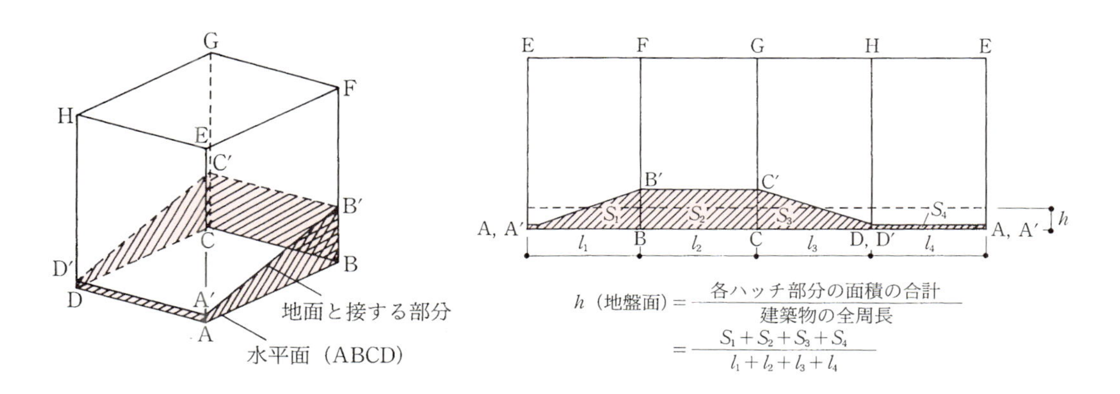

$$h\ (\text{地盤面}) = \frac{\text{各ハッチ部分の面積の合計}}{\text{建築物の全周長}} = \frac{S_1+S_2+S_3+S_4}{l_1+l_2+l_3+l_4}$$

図 9　地盤面の算定

04　建築確認申請

確認申請は着工前に建築主事か指定確認検査機関に提出する

建築確認申請を要する建築物等

建築主は、建築物の工事着手前に、その計画内容が建築基準関係規定（≫令第9条、表1）に適合するものであることについて、規則（≫規則第1条の3）に基づく所定の書式により、添付図書を添えた確認申請書を建築主事等に提出し、確認済証の交付を受けなければならない。建築主事等は、申請を受けた建築物の計画が、建築基準関係規定に適合することを確認したときは、期限内に確認済証を交付しなければならない。また、建築主事等は確認申請に係る建築物の計画が一定の高さ以上等になる場合、都道府県知事（指定構造計算適合性判定機関）の構造計算適合性判定を求めなければならない。なお、確認済証を受けた建築物の計画を変更する場合も、軽微な変更を除き、再度確認を受けなければならない。（≫法第6条、法第6条の2、図1～2、表2～5）

指定構造計算適合性判定機関
確認申請に係る建築物の計画が一定の高さ以上であるとき、建築主事等の求めにより、当該建築物が法第20条第2号又は第3号に定める基準に適合しているかどうか審査する都道府県知事指定の機関。（≫法第77条の35の2～法第77条の35の15）

確認申請を必要としない場合

①防火地域及び準防火地域以外で、増築、改築、移転しようとする場合で、その部分の床面積の合計が10m²以内のもの（≫法第6条第2項）
②災害があった場合の応急仮設建築物（≫法第85条第1項、2項）
③工事用仮設建築物（≫法第85条第2項）
④類似の用途相互間の用途変更（表5の「　　」内部分の用途間を変更する場合）（≫法第87条第1項、令第137条の17）
⑤法第6条第1項第4号の都市計画区域内等にある建築物の大規模の修繕、大規模の模様替え
⑥国、都道府県又は建築主事をおく市町村の建築物（ただし、建築主事に計画通知を提出する）（≫法第18条）

指定確認検査機関

指定確認検査機関の確認済証の交付を受けたときは、その確認済証は、建築主事により交付されたものとみなす。また、指定確認検査機関は、確認申請に係る計画が一定の高さ以上等になる場合、都道府県知事等の構造計算適合性判定を求めなければならない。（≫法第6条の2）（図2、表4）

建築確認における審査の特例

法第6条第1項の建築確認にあっては、建築物の計画が建築基準関係規定に適合しているかどうか、建築主事等が審査することとされているが、次の①又は②については一部の単体規定（≫令第10条）は、建築確認の審査の対象から除外される。（≫法第6条の3）

①法第6条第1項第1号～第3号の住宅で、材料･構法が規定された形式（国土交通大臣指定）の新築のもの。
②第6条第1項第4号の建築物で、建築士の設計したもの。

除外される規定は次の四つの区分によって異なっており、令第10条に定められている。

①（ア）一戸建住宅
　（イ）長屋住宅・共同住宅

表1　建築基準法令以外の法令の規定（令第9条）

法律名	関係条文
①消防法	9条・9条の2・15条・17条
②屋外広告物法	6条
③港湾法	40条1項
④高圧ガス保安法	24条
⑤ガス事業法	20条
⑥駐車場法	40条の4
⑦水道法	16条
⑧下水道法	10条1項・10条3項・30条1項
⑨宅地造成等規制法	8条1項
⑩流通業務市街地の整備に関する法律	5条1項
⑪液化石油ガスの保安の確保及び取引の適正化に関する法律	38条の2～13
⑫都市計画法	29条1項、2項、35条の2、1項・41条2項・42条・43条1項・53条1項
⑬特定空港周辺航空機騒音対策特別措置法	5条1項～3項
⑭自転車の安全利用の促進及び自転車等の駐車対策の総合的推進に関する法律	5条4項
⑮浄化槽法	3条の2、1項
⑯特定都市河川浸水被害対策法	8条

建築基準関係規定（確認・検査対象法令）
- 建築基準法の規定（建築基準法、施行令、施行規則及び同法に基づく命令・条例の規定）
- 建築基準法令以外の法令の規定（令第9条）

表2　確認審査に関する期間（法第6条第4項）及び消防長の同意に要する期間（法第93条）

建築物等の種類	確認期間	消防長の同意期間
・法6条1項1号～3号の建築物 ・昇降機、観覧車等の工作物 ・製造施設、貯蔵施設等の工作物	35日	7日
・法6条1項4号の建築物 ・建築設備 ・一般の工作物	7日	3日

*確認審査の期間には、消防長等の同意の期間が含まれる。
*確認審査の期間には、構造計算適合性判定の期間も含まれる。

表3　確認審査の延長期間及び構造計算適合性判定の延長期間

確認審査の最長の延長限度期間	70日	通常の期間35日＋延長期間35日
構造計算適合性判定の延長限度期間	49日	通常の期間14日＋延長期間35日

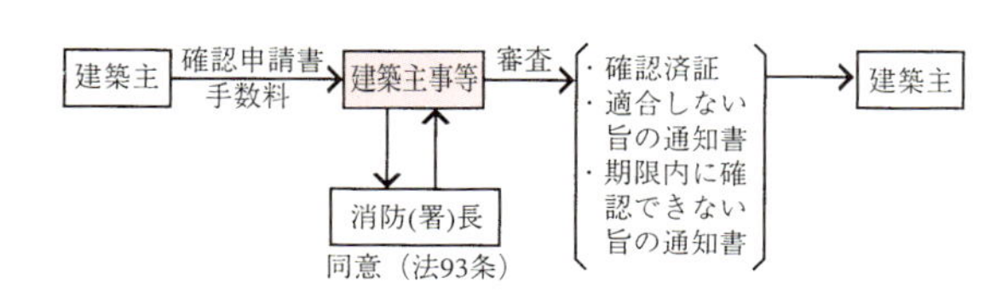

図1　確認のおおまかな過程

② （ウ）防火・準防火地域外の一戸建住宅（住宅以外の部分が、延べ面積の 1/2 以上又は $50m^2$ を超えるものを除く）

（エ）（ウ）以外の 4 号建築物

建築工事届、建築物除却届

建築工事届：建築主から建築主事を経由して都道府県知事へ提出（$10m^2$ 以内は除く）

建築物除却届：除却施工者から建築主事を経由して都道府県知事へ提出（$10m^2$ 以内は除く）

また、火災、震災等の災害により建築物が滅失、又は損壊した場合は、市町村長等が都道府県知事に報告する。

これらの届は、建築物の統計（建築物動態統計）上の必要性から義務付けられているもので、$10m^2$ 未満はこの限りでない。（»法第 15 条）

一定の高さ以上等の建築物※について指定機関による構造計算審査の義務付け

※木造 ：高さ13m超又は軒高9m超
RC造：高さ20m超 等

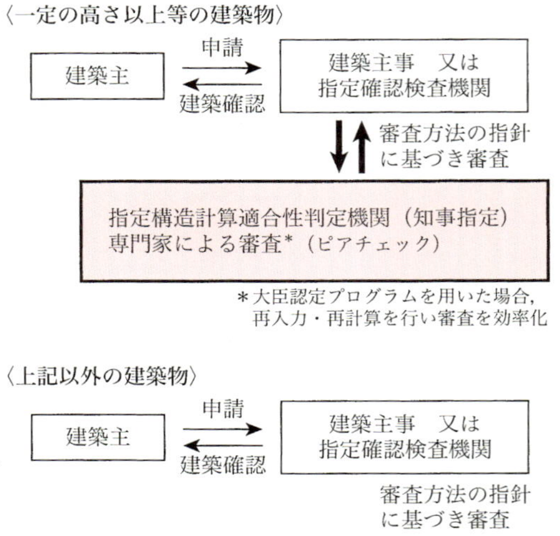

〈一定の高さ以上等の建築物〉

建築主 →申請→ 建築主事 又は 指定確認検査機関
建築主 ←建築確認← 建築主事 又は 指定確認検査機関

↓↑ 審査方法の指針に基づき審査

指定構造計算適合性判定機関（知事指定）
専門家による審査*（ピアチェック）

＊大臣認定プログラムを用いた場合，再入力・再計算を行い審査を効率化

〈上記以外の建築物〉

建築主 →申請→ 建築主事 又は 指定確認検査機関
建築主 ←建築確認← 建築主事 又は 指定確認検査機関

審査方法の指針に基づき審査

図 2 建築確認審査のフロー

表 4 指定構造計算適合性判定機関による構造計算適合性判定が必要な建築物

建築物の規模（H：高さ、A：延べ面積、F：階数）	構造計算の方法等	判定
I 超高層建築物〔法 20 条 1 号〕（$H > 60m$ の工作物を含む）	■時刻暦応答解析〔大臣認定〕	不要
II 大規模な建築物【高さ ≦ 60m】〔法 20 条 2 号〕 ①木造の建築物で、$H > 13m$ 又は軒高 > 9m ②鉄骨（S）造の建築物で、F（地階を除く）≧ 4、$H > 13m$ 又は軒高 9m ③鉄筋コンクリート（RC）造又は鉄骨鉄筋コンクリート（SRC）造またはそれぞれを併用する建築物で $H > 20m$ ④組積造又は補強コンクリートブロック造で、F(地階を除く) ≧ 4 ⑤木造、組積造、補強コンクリートブロック造、S 造のうち 2 以上の構造を併用する建築物で、F（地階を除く）≧ 4、$H > 13m$ 又は軒高 > 9m ⑥木造、組積造、補強コンクリートブロック造、S 造のうち 1 以上の構造と RC 造又は SRC 造と併用する建築物で、F（地階を除く）≧ 4、$H > 13m$ 又は軒高 > 9m ⑦その他告示で定めるもの ※②～⑥については $F ≧ 2$ 又は $A > 200m^2$ に限る	■時刻暦応答解析〔大臣認定〕	不要
	・許容応力度等計算［ルート 2］（$H ≦ 31m$ の場合） ・保有水平耐力計算［ルート 3］ ・限界耐力計算 ・上記と同等以上の基準	必要
III 中規模な建築物【上記 A、B 以外】〔法 20 条 3 号〕 ①木造の建築物で、$F ≧ 3$ 又は $A > 500m^2$ ②木造以外の建築物で、$F ≧ 2$ 又は $A > 200m^2$ ③石造・れんが造・コンクリートブロック造・無筋コンクリート造・その他これらに類する建築物で、$H > 13m$ 又は軒高 > 9m	■時刻暦応答解析〔大臣認定〕	不要
	・許容応力度等計算［ルート 2］ ・保有水平耐力計算［ルート 3］ ・限界耐力計算 ・上記と同等以上の基準 ・許容応力度計算［ルート 1］の構造計算で大臣認定プログラムによるもの	必要
IV 小規模な建築物【上記 A、B、C 以外】〔法 20 条 4 号〕	・限界耐力計算	必要
	その他（時刻暦応答解析を含む）	不要

表５　確認申請を要する建築物等

区域	条文	用途・構造	規模	工事の種類
全国	法６条１項１号	①「劇場、映画館、演芸場」、観覧場「公会堂、集会場」、病院、「診療所（患者の収容施設があるものに限る）、児童福祉施設等」、「ホテル、旅館」、「下宿、寄宿舎」、共同住宅、学校、「体育館、ボーリング場、スケート場、水泳場、スキー場、スポーツの練習場」、「百貨店、マーケット、物品販売業を営む店舗（＞10m2）」、展示場、「キャバレー、カフェー、ナイトクラブ、バー」、ダンスホール、遊技場、公衆浴場、飲食店、「待合、料理店」、倉庫、自動車車庫、自動車修理工場、「映画スタジオ、テレビスタジオ」	用途に供する部分の床面積の合計＞100m2　※	建築（新築･増築･改築･移転） 大規模の修繕 大規模の模様替 特殊建築物への用途変更
	法６条１項２号	②大規模の木造建築物	階数≧３※ 又は延べ面積＞500m2 高さ＞13m、軒高＞9m	
	法６条１項３号	③木造以外の建築物	階数≧２※ 又は延べ面積＞200m2	
都市計画区域、準都市計画区域及び知事指定区域内	法６条１項４号	④ ①～③以外のすべての建築物	規模に関係なし	建築（新築･増築･改築･移転）
全国	法87条の２、１項	⑤建築設備（令146条１項）	・エレベーター、エスカレーター ・特定行政庁が指定するもの	設置
都市計画区域、準都市計画区域及び知事指定区域内	法88条１項	⑥工作物	・煙突（高さ＞6m） ・木柱、鉄柱、RC柱の類（高さ＞15m） ・広告塔、記念塔、広告板、装飾塔の類（高さ＞4m） ・高架水槽、サイロ、物見塔の類（高さ＞8m）〔令138条１項〕	築造
全国			・観光用の乗用エレベーター、エスカレーター ・高架の遊技施設（ウォーターシュート、コースターの類） ・原動機を使用する回転遊技施設（メリーゴーランド、観覧車、オクトパス、飛行塔の類）〔令138条２項〕	
用途地域等によって制限	法88条２項		・コンクリートプラント、クラッシャープラント、アスファルトプラントの類 ・ごみ焼却場、その他の処理施設 ・自動車車庫（機械式）〔令138条３項〕	

※増改築するとこれらの規模になる場合も含む。

注１）確認申請を必要としないものは次のとおりである。

①防火地域及び準防火地域以外で、増築、改築、移転しようとする場合で、その部分の床面積の合計が $10m^2$ 以内のもの。

②災害があった場合の応急仮設建築物〔法85条１項、２項〕。

③工事用仮設建築物〔法85条５項〕。

④令137条の９の２各号の類似の用途間の用途変更（表５の「　　」内部分の用途間を変更する場合）〔法87条１項〕。

注２）国、都道府県又は建築主事を置く市町村の建築物については、確認申請を必要とせず、建築主事あてに計画通知を提出する〔法18条〕。

05 中間検査・完了検査

完了検査手続きは建築物の使用前に

完了検査

»法第７条

確認を要する工事が完了したときは、建築主は工事完了後４日以内に、建築主事あてに検査の申請をしなければならない。ただし、省令で定めるやむを得ない理由があるときは、申請の期日を延長できる。建築主事が完了検査の申請を受理した場合は、受理した日から７日以内に検査を行い、建築基準関係規定に適合している場合には検査済証を交付しなければならない。（図１、２）

指定確認検査機関による完了検査

»法第７条の２

指定確認検査機関が完了検査を引き受けた場合は、建築主事の完了検査の申請を不要とし、指定確認検査機関が建築主に対して交付した検査済証は、建築主事により交付された検査済証とみなす。

①指定確認検査機関は、完了検査の引き受けを行ったときは、その旨を証する書面を建築主に交付する。また、完了検査を引き受けた旨を建築主事に通知する。

②指定確認検査機関は、工事完了の日又は完了検査の引き受けを行った日の遅い日から７日以内に完了検査をしなければならない。

中間検査

»法第７条の３、令第11条、12条

建築主は、特定工程を含む建築工事をする場合、特定工程に係わる工事を終えたとき、建築主事の検査を申請しなければならない。

建築主事は、中間検査をし、工事中の建築物等が法令に適合しているときは、中間検査合格証を交付する。特定行政庁が定める特定工程後の工事は、中間検査合格証の交付を受けた後でなければ施工できない。（図１）

指定確認検査機関による中間検査

»法第７条の４

指定確認検査機関が中間検査を引き受けた場合、建築主事への中間検査の申請を不要とし、指定確認検査機関が交付した中間検査合格証は、建築主事により交付された中間検査合格証とみなす。また、中間検査を引き受けた旨を建築主事に通知するとともに、中間検査の結果を特定行政庁に報告しなければならない。（図１）

検査の特例

»法第７条の５

法第６条の３に規定する審査の特例を受けた建築物で、建築士である工事監理者により設計図書どおり施工されたことが確かめられたものは、審査から除外された規定に限り、完了検査対象から除外される。

検査済証交付前の使用制限

»法第７条の６、令第13条

次の①又は②に該当する場合には、原則として建築主事等の検査済証の交付を受けなければ建築物を使用してはならない。

①法第６条第１項第１号から第３号までの建築物を新築する場合。

②　①の建築物（共同住宅以外の住宅および居室を有しない建築物を除く）の増築、改築、移転、大規模の修繕又は大規模な模様替の工事で、廊下、階段、出入口などの避難施設等に関する工事を含む場合。

ただし、特定行政庁（完了検査の申請受理後は建築主事）が仮使用の承認をしたとき、工事完了の申請を受理した日から７日を経過したときは、検査済証の交付前に使用することができる。

表　建築申請にともなう手続き

条文	種類	申請者	申請先
法6条 法6条の2 (法18条) 法87条 法87条の2 法88条	確認申請 (計画通知)	建築主 (国、都道府県等)	建築主事 指定確認検査機関
法15条	建築工事届	建築主	都道府県知事
	建築物除却届	工事施工者	
法43条 法44条 法48条 法51条 法52条 法53条 法55条 法59条の2 法85条等	許可申請	建築主 築造主	特定行政庁
法90条の3	工事中における安全上の措置に関する計画届	建築主	特定行政庁
法7条の6	仮使用の承認申請	建築主	特定行政庁 建築主事
法7条 法7条の2	完了検査の申請	建築主	建築主事 指定確認検査機関
法7条の3 法7条の4	中間検査の申請	建築主	建築主事 指定確認検査機関
法42条1項5号	道路の位置の指定申請	築造しようとする者	特定行政庁

特定行程とは

・階数≧3の共同住宅の2階の床及びこれを支持する梁に鉄筋を配置する工事の工程（法第7条の3第1項第1号、令第1条）

・特定行政庁が、区域、期間又は建築物の構造、用途もしくは規模を限って指定する工程（1項第2号）。特定行政庁が特定工程を指定するときは、中間検査を開始する30日前までに、次の事項を公示しなければならない。（規則第4条の11）

①中間検査を行う区域
②中間検査を行う期間
③中間検査を行う建築物の構造、用途又は規模
④指定をする特定工程
⑤指定する特定工程後の工程
⑥その他特定行政庁が必要と認める事項

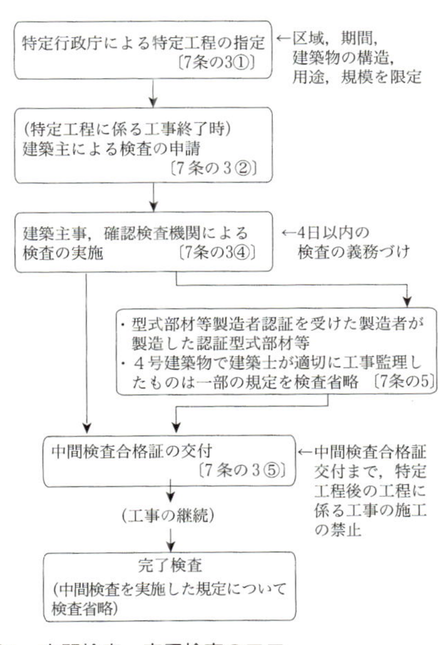

図1　中間検査・完了検査のフロー

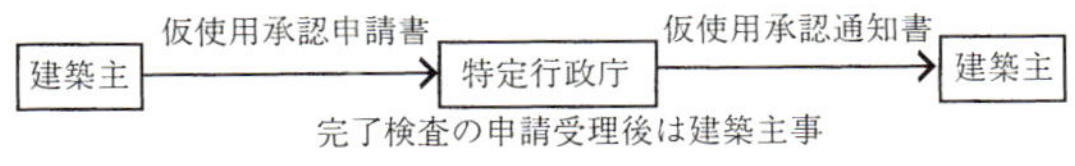

図3　仮使用の承認

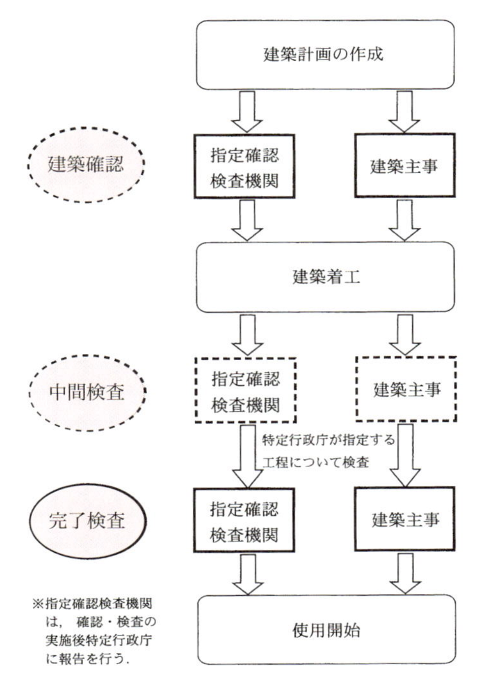

図2　建築確認・検査のフロー

06　特定行政庁の許可等

特定行政庁＝建築主事をおく地方公共団体の長

許可申請

建築基準法は一般的な条件の前提のもとに規定しているから、特例的な方法をもって、例外を認める制度を設けている。即ち、特定行政庁による許可である。建築基準法の許可の申請は、建築主から特定行政庁に対して行う。許可は禁止されている事項を解除する行為であるため、例えば、法第48条の許可をする場合にあっては、住環境等に与える影響が大きいことから、全ての用途地域の許可について、あらかじめ利害関係を有する者の出頭を求めて公開による意見の聴取を行い、建築審査会の同意を得なければならないことになっている。建築基準法上、特定行政庁が行う許可の主なものは表1、表2のものである。

定期報告

»法第12条、令第16条

建築物の正しい維持管理のために、特殊建築物、階数5以上で、延べ面積が1000m^{2}を超える建築物、昇降機、建築設備などについて、定期に、建築物の所有者又は管理者から特定行政庁に報告することが義務付けられている。(表3)

所有者等は、一級建築士、二級建築士又は国土交通大臣が定める調査資格者に、特定行政庁が指定した特殊建築物等の状況を調査等（建築物の敷地・構造についての損傷・腐蝕等）をさせて、特定行政庁に報告しなければならない。

また、国・都道府県及び建築主事を置く市町村所有の特殊建築物等については点検の義務がある。特定行政庁は、建築基準法令の規定による処分に係わる建築物の敷地、構造、設備又は用途に関する台帳を整備し、保存する。

建築審査会

»法第78条～第83条

建築審査会は、委員5人又は7人で、法律、経済、建築、都市計画、公衆衛生又は行政に関する知識と経験のある学識経験者から構成される。

建築基準法による許可等に際しての同意、特定行政庁、建築主事、建築監視員及び指定確認検査機関の処分又は不作為についての審査請求（不服申立て、»法第94条第1項）を審査し、裁決等を行うために、建築主事を置く市町村及び都道府県に設置される。

建築審査会の権限に属する事務は下記の通りである。

①特定行政庁の許可、指定等に対する同意
②審査請求（行政不服審査法に基づく）に対する裁決（»法第94条～第96条）（図1）
③特定行政庁の諮問に対する答申及び建築基準法の施行に関する建議

消防長等の同意

»法第93条、令第147条の3、消防法第7条

特定行政庁、建築主事又は指定確認検査機関が許可又は確認をする場合には、その建築物の所在地を管轄する消防長又は消防署長の同意を得なければならない。ただし、防火地域又は準防火地域以外の区域内における専用住宅（住宅以外の用途に供する部分の床面積の合計が延べ面積の1/2未満であるもの又は50m^{2}を超えない兼用住宅を含む）の場合は、法文上、防火避難規定が適用されないため、同意でなく建築確認後、消防長への通知でよい。また、昇降機等の確認（»法第87条の2）の場合も、同意でなく通知である。(図2)

表１　特定行政庁が行う許可

許可事項	条文	公開による意見の聴取	建築審査会の同意
(1)広い空地を有する建築物の許可	法43条	×	○
(2)道路内の建築物の許可	法44条	×	○
(3)壁面線を超える歩廊の柱等の建築の許可	法47条	×	○
(4)用途地域内の用途禁止建築物の解除の許可又は法88条2項の規定に基づき、政令で指定する工作物制限の許可	法48条	○	○
(5)卸売市場等の特殊建築物の位置の許可	法51条※	×	×
(6)計画道路を前面道路とすることの許可	法52条	×	○
(7)壁面線指定に係わる容積率の緩和	法52条	×	○
(8)容積制限を超える建築物の許可	法52条	×	○
(9)建ぺい率の緩和	法53条	×	○
(10)建築物の敷地面積	法53条の2	×	○
(11)第1種・第2種低層住居専用地域内の高さ制限を超える建築物の許可	法55条	×	○
(12)日影による中高層の建築物の高さ制限の例外許可	法56条の2	×	○
(13)特例容積率適用地区内の建築物の高さの緩和	法57条の4	×	○
(14)高度利用地区内の建築物の例外許可	法59条	×	○
(15)敷地内に広い空地を有する場合の容積率、絶対高、斜線制限の例外許可	法59条の2	×	○
(16)都市再生特別地区内の建築物の許可	法60条の2	×	○
(17)仮設建築物の建築許可	法85条	×	×
(18)一団地内の建築物の許可	法86条	×	○
(19)一団地内の建築物の許可	法86条の2	×	○

※都道府県都市計画審議会又は市町村都市計画審議会の議を経る。

注1）建築審査会の同意を要する場合は、上記の外、国宝等の再現に対する適用除外（法3条）、幅員1.8m未満の道路指定（法42条）、壁面線の指定（法46条）。住宅地高度利用地区計画の区域内の制限緩和（法68条の4）、再開発地区計画の区域内の制限緩和〔法68条の3）。予定道路の指定、予定道路の容積率緩和（法68条の7）。

注2）建築審査会は同意の外、不服申立ての裁決を行う（法94条）。

注3）公開による意見の聴取を必要とする場合は、上記(4)の外、壁面線の指定（法46条）、建築協定の認可（法73条）。ただし、壁面線の指定には建築審査会の同意を要する。

注4）許可の条件（法92条の2）。許可には、建築物又は建築物の敷地を交通上、安全上、防火上又は衛生上支障のないものとするための条件その他必要な条件を付することができる。

表２　建築基準法の執行機関とその主な役割

執行機関	主な役割の内容	条文
国土交通大臣	特定行政庁に対する勧告、助言又は援助	法14条2項
	特定行政庁等に対する監督	法17条
	建築基準適合判定資格者検定	法5条
	その他	法77条の30、法77条の48
知事	特定行政庁に対する指導・監督	法14条1項、法17条3項
	都道府県の建築主事の任命	法4条6項
	都道府県の建築主事に対する指揮監督	法4条5項
	その他	法77条の30、法77条の35の11
市町村長	市町村の建築主事の任命	法4条6項
	市町村の建築主事に対する指揮監督	法4条1項、2項
	建築協定書の公告等	法71条、法72条
特定行政庁	違反建築物に対する措置	法9条等
	ただし書きに基づく許可	法48条等
	建築協定の認可	法73条
	総合的設計による一団地の建築物の取扱いの承認	法86条
建築審査会	特定行政庁が行う許可に対する事前の同意	法43条1項、法48条等、法78条1項
	審査請求に対する裁決	法78条1項、法94条2項
	重要事項の調査・審議	法78条1項
	関係行政庁への建議	法78条2項
建築主事指定確認検査機関	建築確認申請書の受理、審査及び確認	法6条（法6条の2）
	工事完了検査、中間検査	法7条（法7条の2）、法7条の3（法7条の4）
消防（署）長	許可又は確認に関する同意	法93条
指定構造計算適合性判定機関	構造計算適合性判定の実施	法18条の2
指定資格検定機関	建築基準適合判定資格者検定の実施に関する事務	法5条の2
指定認定機関	型式適合認定	法68条の25
指定性能評価機関	構造方法等の認定のための審査に必要な評価	法68条の26
承認性能評価機関	構造方法等の認定のための審査に必要な評価（外国において事業を行う者に限定）	法68条の26

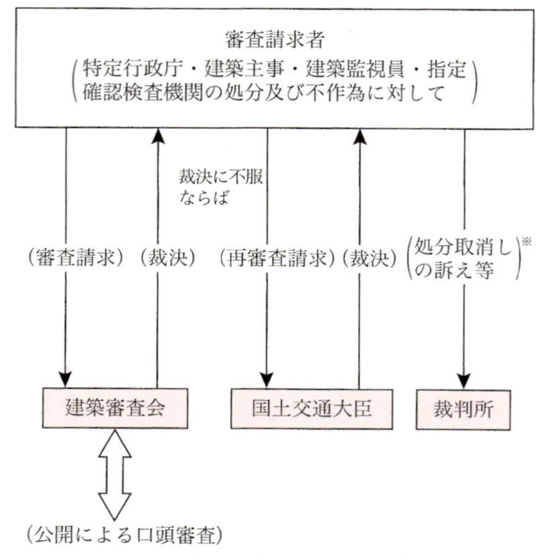

図１　審査請求に対する裁決

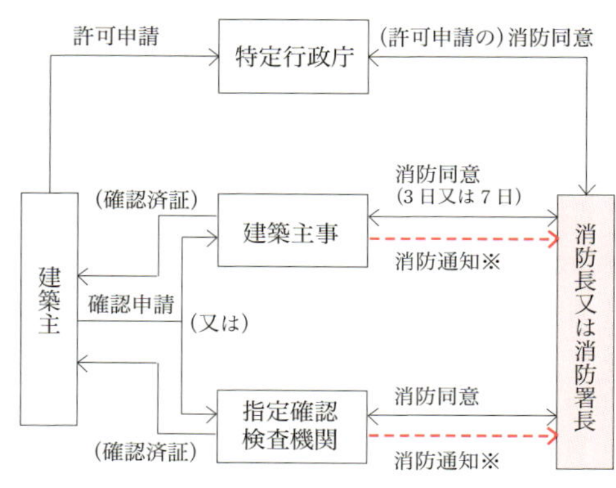

※消防通知の要件
・防火地域又は準防火地域以外にある専用住宅
・住宅以外の用途に供する部分の床面積の合計延べ面積の1/2未満又は50㎡を超えない兼用住宅も含む

図２　消防通知の要件

表３　定期検査・検査の報告を必要とする建築物等（法12条1項、3項、5項）

建築物などの種類		法12条による調査・検査資格者（規則4条の20）
(1)劇場、映画館、演芸場、観覧場、公会堂、集会場、病院、診療所（患者の収容施設があるものに限る） 児童福祉施設等（令19条参照） ホテル、旅館、下宿、寄宿舎、共同住宅、学校、体育館、ボーリング場、スケート場、水泳場、スキー場、スポーツの練習場、博物館、美術館、図書館、百貨店、マーケット、物品販売業を営む店舗（$>10m^2$）、展示場、キャバレー、カフェー、ナイトクラブ、バー、ダンスホール、遊技場、公衆浴場、飲食店、待合、料理店、倉庫、自動車車庫、自動車修理工場、映画スタジオ、テレビスタジオ等の特殊建築物	これらの用途に供する建築物で特定行政庁が指定したもの	特殊建築物調査資格者
(2)事務所その他これに類する用途に供する建築物（金融機関の店舗、学習塾、研究施設等）（令16条）のうち、階数≧5で延べ面積$>1000m^2$の建築物		
(3)昇降機		昇降機検査資格者
(4)遊戯施設	特定行政庁が指定したもの	昇降機検査資格者
(5)上記(1)(2)の建築物の建築設備	特定行政庁が指定したもの	建築設備検査資格者

注）一級・二級建築士は、調査・検査の資格者である。

第２章

集団規定

まちの形に関するルール

敷地は原則として道路に 2m 以上接する

道路の定義 »法第 42 条

建築基準法上の道路には、幅員が 4m 以上（特定行政庁が指定した区域内は 6m 以上）のものと、4m 未満（特定行政庁が指定した区域内は 6m 未満）のものとに分けられる。後述のものがいわゆる「2 項道路」又は「みなし道路」と呼ばれるものである。（図 1 〜 2、表 1）

道に関する基準 »令第 144 条の 4

法第 42 条第 1 項第 5 号の規定により、新たに築造して特定行政庁の指定を受ける道は、原則として以下の基準に適合するものとする。

①両端が他の道路に接続していること。ただし、次のア〜エのいずれかに該当する場合は、袋路状道路（行き止まり道路）とすることができる。（図 4）

ア　延長が 35m 以下のもの

イ　終端が公園、広場などで自動車の転回に支障がないもの

ウ　延長が 35m を超える場合で、終端及び区間 35m 以内ごとに自動車の転回広場を設けたもの

エ　幅員が 6m 以上のもの

②交差点（交差角 120 度以上の場合は除く）に辺の長さ 2m の二等辺三角形の隅切りを設けること（図 4）

③砂利敷その他ぬかるみとならない構造とする

④縦断勾配が 12％以下で、階段状でないこと（図 4）

⑤私道及び周辺敷地内の排水に必要な側溝等を設けること

表 1　道路の定義

幅員	条文	道路の種類	実例
4m 以上	法 42 条 1 項 1 号	道路法による道路	国道、都道府県道、市町村道、（認定道路）
	法 42 条 1 項 2 号	都市計画法、土地区画整理法、都市再開発法等による道路	都市計画として決定され、都市計画事業・土地区画整理事業等により築造されたもの
	法 42 条 1 項 3 号	法施行の際すでにある道	都市計画区域の決定を受けたとき（本法施行の日にすでに都市計画区域の指定を受けていた区域については本法施行の日）現に存在するものを言う 公道、私道にかかわらず幅員 4m 以上あるもので現に一般交通の用に供しているもの
	法 42 条 1 項 4 号	都市計画法、土地区画整理法、都市再開発法等で 2 年以内に事業が行われるものとして特定行政庁が指定したもの	実際には、道路としての効用は果たしていないが、特定行政庁が 2 年以内に事業を執行されるものとして指定したもの
	法 42 条 1 項 5 号	土地を建築物の敷地として利用するため、政令で定める基準に適合する私道を築造し、特定行政庁から指定をうけたもの	宅地造成と併行して造られた私道 私道の基準は政令で定めるほか、土地の状況等により各特定行政庁で政令と異なる基準を定めることができる（位置指定道路）
4m 未満	法 42 条 2 項	法施行の際すでに建物が立ち並んでいた幅員 4m 未満の道で、特定行政庁が指定したもの	道路の中心線から 2m の線をその道路の境界線とみなす。ただし道路の片側が、がけ地、川、線路敷等に沿ってある場合は道路の反対側から 1 方後退 4m の線を道路の境界線とみなす（**2 項道路又はみなし道路**）
	法 42 条 3 項	土地の状況によりやむをえない場合で特定行政庁が指定したもの	この指定は 4m 未満 2.7m 以上（中心後退は 1.35m 以上）

注 1）特定行政庁が幅員 6m 以上の区域と指定した区域内については、4m を 6m と読み替える。

注 2）法 42 条 1 項 5 号の道路は令 144 の 4 の基準を参照すること。

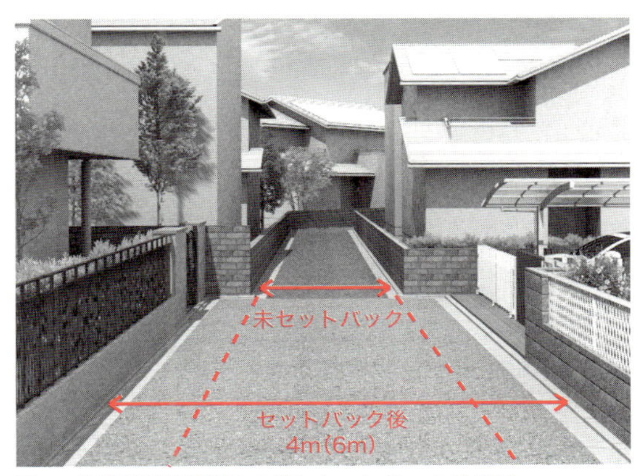

図1　狭隘道路は建替えの際にセットバックが必要

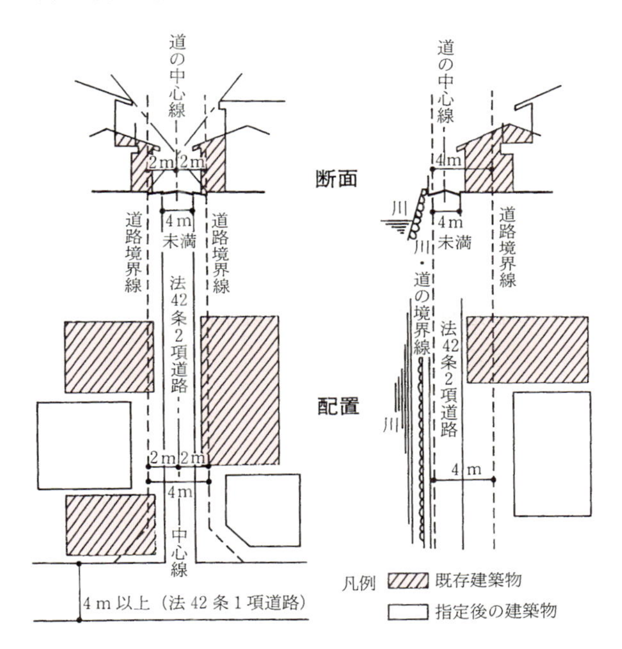

図2　法42条2項道路

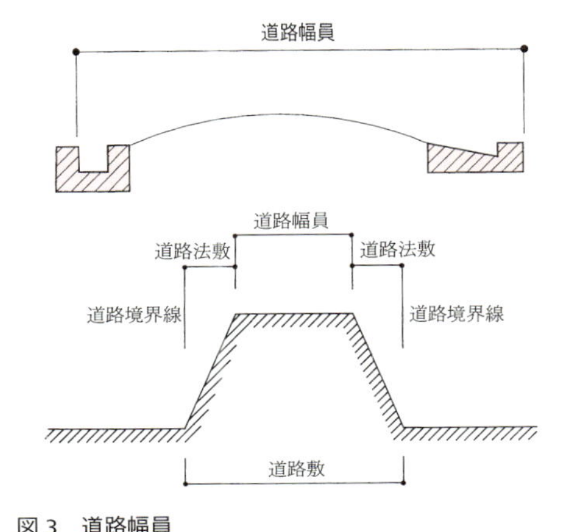

図3　道路幅員

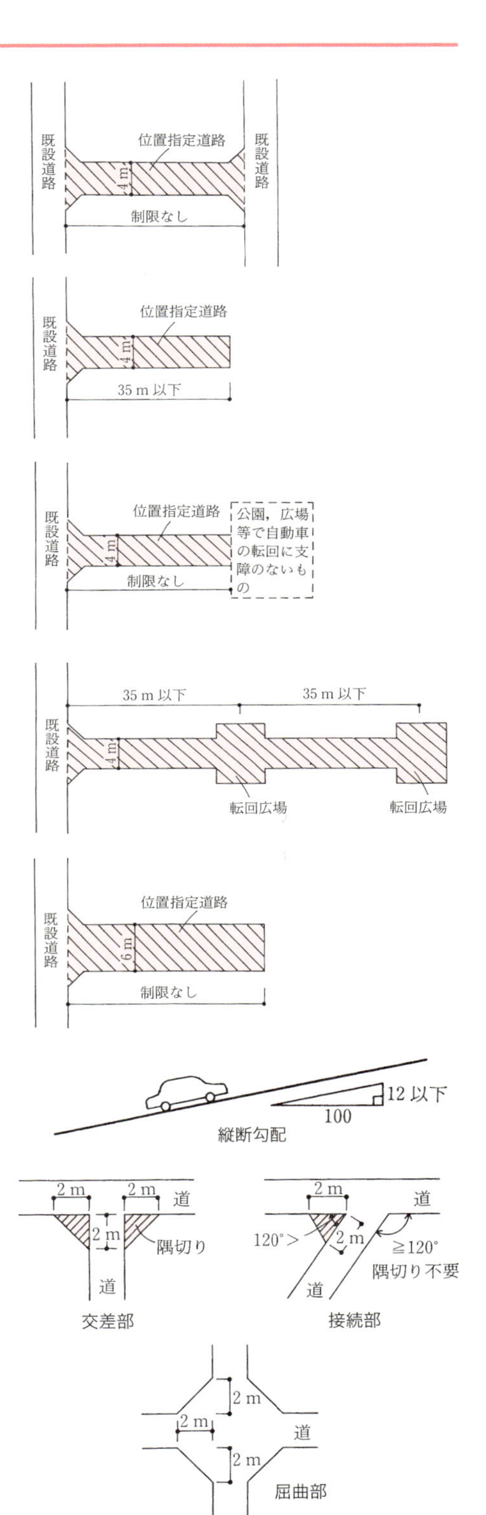

図4　道に関する基準

敷地と道路との関係　»法第 43 条

建築物の敷地は、道路（自動車専用道路、特定高架道路等は除く）に 2m 以上接しなければならない（接道義務、図 5）。ただし、その敷地の周囲に広い空地を有する建築物又は国土交通省で定める基準に適合する建築物で、特定行政庁が交通上、安全上、防火上、衛生上支障がないものとして建築審査会の同意を得て許可した場合はこの限りでない。なお、地方公共団体は次の建築物について、条例でさらに厳しい制限を付加することができる。（表 2）

①特殊建築物（学校、病院、劇場、百貨店、共同住宅等）
②階数 3 以上の建築物
③延べ面積＞ 1000m² の建築物
④無窓の居室を有する建築物

道路内の建築制限　»法第 44 条、令第 145 条

建築物又は敷地を造成するための擁壁は、道路内又は道路に突き出して建築し、又は築造することはできない。ただし、次の場合は建築することができる。（図 6、表 3）

①地盤面下に設ける建築物
②公衆便所、巡査派出所など公益上必要な建築物で通行上支障がないと特定行政庁が認めるもの
③地区計画等の区域内の自動車専用道路又は特定高架道路の上空又は路面下に設ける建築物で特定行政庁が認めるもの
④公共用歩廊（アーケード）等
　ア　道路上空に設ける渡り廊下
　・学校、病院、老人ホームなど通行上危険防止のためのもの
　・建築物の 5 階以上の階に設けた避難施設
　・多人数の通行、多量の物品の運搬に供するもの
　イ　高架道路下の建築物
　ウ　自動車専用道路に設けられる休憩所、給油所、自動車修理所等（パーキングエリア等）

ただし、②及び④については建築審査会の同意を得た上、特定行政庁の許可を必要とする。

私道の変更・廃止の制限　»法第 45 条

私道の変更又は廃止によって、道路に接しない敷地ができるような場合には、特定行政庁はその変更又は廃止を制限することができる。

壁面線の指定　»法第 46 条

街区内における建築物の位置を整えて、環境の向上を図るために、特定行政庁は壁面線の指定をすることができる。壁面線の指定には、利害関係者の意見の聴取、建築審査会の同意を得て公告するなどの手続が必要である。

壁面線

壁面線指定による建築制限　»法第 47 条

壁面線が指定された場合は、次に掲げるものは、原則として壁面線を越えて建築してはならない。

・建築物の壁又はこれに代わる柱
・高さ 2m を超える門又は塀

ただし、地盤面下の部分や特定行政庁が建築審査会の同意を得て許可した歩廊（アーケード等）の柱などは建築することができる。（図 7）

表2　道路と敷地（法 43 条）

要項	説明
(1)敷地の接道	敷地 2m 以上道路に接しなければならない。
(2)建築物の用途・規模による敷地の接道等	特殊建築物 階数≧3 の建築物 無窓居室の建築物 延べ面積＞1000m² の建築物 の敷地が接する道路の幅員・接道の長さ等は各都道府県の条例で、必要な制限が付加されている。

注）①道路に接していない敷地には、原則として建築物を建築できない。
②私道の変更・廃止は、法 43 条に抵触する場合は制限される（法 45 条）。
③かど敷地は、条例によって一辺 2m 以上の二等辺三角形で隅切りをする。

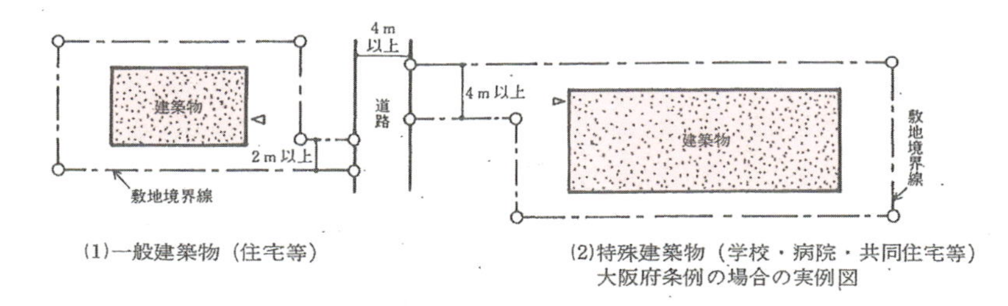

表3　道路内の建築制限（法 44 条）

道路内の制限	建築物等の種類
①道路内に建築が禁止されるもの	建築物（扉の先端・軒樋・門・へいを含む） 擁壁
②建築確認を受けて道路内に建築できるもの	地盤面下に建築するもの 地区計画等の区域内の自動車専用道路、特定高架道路の上空、路面下に設ける建築物で特定行政庁が認めるもの
③許可を受けて道路内に建築できるもの	公衆便所・巡査派出所等で、公益上必要で通行上支障のないもの、公共用歩廊（アーケード）、道路上空に設ける渡り廊下（令 145 条参照）、高架道路の路面下に設ける建築物等

注）③の場合は建築審査会の同意を得て、特定行政庁が許可をする（建築確認申請も必要）。

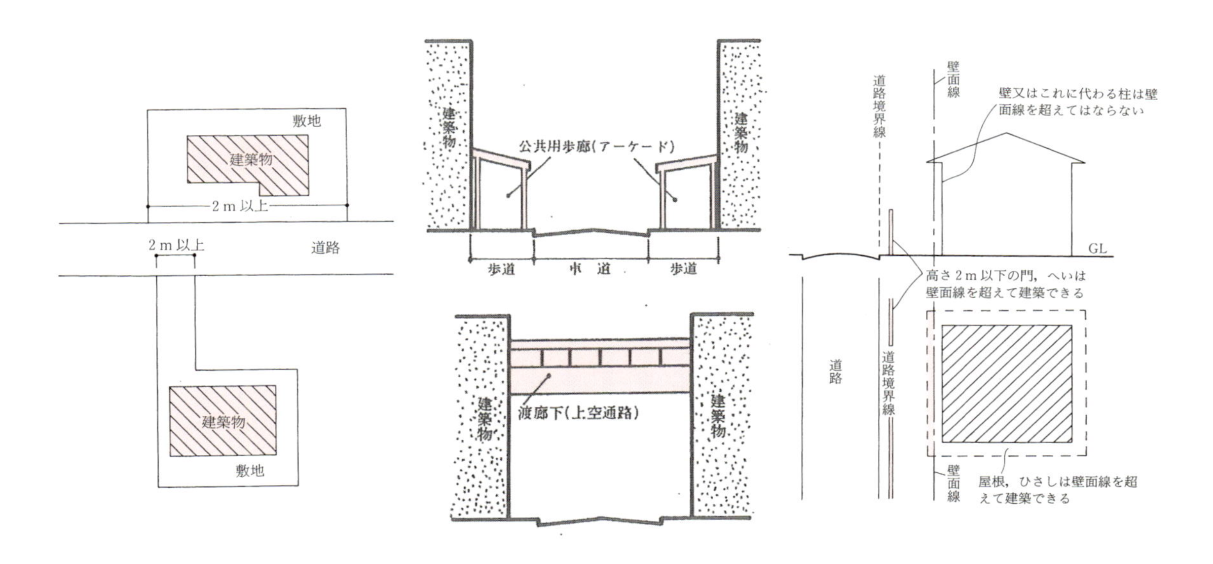

図5　敷地と道路のとの関係

図6　公共用歩廊等

図7　壁面線

12種類の用途地域の特性と目的に応じた制限がある

用途地域

»法第48条、法別表第2

用途地域は、都市計画で定められる地域地区の最も基礎的なものであり、都市全体の基本的な枠組みを設定するものである。市街地の土地利用の観点から住居、商業、工業などを適正に配置して機能的な都市活動を確保するとともに、建築物の用途や容積率、建ぺい率、高さ等の形態を規制・誘導し、秩序あるまちづくりに大きな役割を果たしている。用途地域は大きく住居系、商業系、工業系の3種類に分類され、それがさらに12種類の地域に細分化されている。また、これらの用途地域の他に用途地域の指定のない区域もある（市街化調整区域内では、原則として用途地域は指定されない）。（表1〜3、5）

建築物の敷地が制限の異なる用途地域・地区にまたがる場合

»法第91条

敷地が2種類以上の用途地域・地区の内外にわたる場合は、全敷地について過半の属する地域の用途地域・地区を適用する。この場合、敷地内の建築物の位置及び面積には関係なく、敷地が対象である。（図1）

特例による建築制限の許可

»法第48条第13項、第14項

用途制限にかかる建築物でも、法第48条第1項〜第13項ただし書きの規定により、用途地域指定の趣旨に反しない場合又は公益上必要な場合には、特定行政庁の許可を受ければ建築することができる。その場合、利害関係者の出頭を求めて公開による意見の聴取を行った上、建築審査会の同意を得なければならない。ただし、令第130条の範囲内の許可については、公開による意見の聴取及び建築審査会の同意は必要ない。（図2）

（注）一般的に、建築物以外の工作物は用途規制の対象外であるが、令第138条第3項に指定されている製造施設、貯蔵施設、遊戯施設などの工作物は、用途制限を受ける（「準用工作物」と言う）。（表4）

表1　用途地域の種類と目的

	地域の種類	地域設定の目的
住居系	第1種低層住居専用地域	低層住宅に係る良好な住居の環境を保護するために定める
	第2種低層住居専用地域	主として低層住宅に係る良好な住居の環境を保護するために定める
	第1種中高層住居専用地域	中高層住宅に係る良好な住居の環境を保護するために定める
	第2種中高層住居専用地域	主として中高層住宅に係る良好な住居の環境を保護するために定める
	第1種住居地域	住居の環境を保護するために定める
	第2種住居地域	主として住居の環境を保護するために定める
	準住居地域	道路の沿道としての地域の特性にふさわしい業務の利便の増進を図りつつ、これと調和した住居の環境を保護するために定める
商業系	近隣商業地域	近隣の住宅の住民に対する日用品の供給を行うことを主たる内容とする商業その他の業務の利便を増進するために定める
	商業地域	主として商業その他の業務の利便を増進するために定める
工業系	準工業地域	主として環境の悪化をもたらすおそれのない工業の利便を増進するために定める
	工業地域	主として工業の利便を増進するために定める
	工業専用地域	工業の利便を増進するために定める

注）敷地が2種類以上の用途地域にまたがるときは、過半の属する地域による。（法91条）

表２　用途地域内の建築物の用途制限の概要

建築物の用途・規模	第1種低層住居専用地域	第2種低層住居専用地域	第1種中高層住居専用地域	第2種中高層住居専用地域	第1種住居地域	第2種住居地域	準住居地域	近隣商業地域	商業地域	準工業地域	工業地域	工業専用地域
住宅、共同住宅、寄宿舎、下宿												
兼用住宅のうち店舗、事務所等の部分が一定規模以下のもの												
幼稚園、小学校、中学校、高等学校												
図書館等												
神社、寺院、教会等												
老人ホーム、身体障害者福祉ホーム等												
保育所等、公衆浴場、診療所												
老人福祉センター、児童厚生施設等	①	①										
巡査派出所、公衆電話所等												
大学、高等専門学校、専修学校等												
病院												
床面積の合計が 150m^2 以内の一定の店舗、飲食店等												
床面積の合計が 500m^2 以内の一定の店舗、飲食店等												
上記以外の物品販売業を営む店舗、飲食店				②	③	④	④				④	
上記以外の事務所等				②	③							
展示場				②	③	④	④				④	④
ボーリング場、スケート場、水泳場等					③							
ホテル、旅館					③							
自動車教習所、床面積の合計が 15m^2 を超える畜舎					③							
マージャン屋、ぱちんこ屋、射的場、ゲームセンター、勝馬投票券発売所、場外車券売場等						④	④				④	
カラオケボックス等						④	④				④	④
アミューズメント施設				②	③	④	④				④	④
2 階以下かつ床面積の合計が 300m^2 以下の自動車車庫												
営業用倉庫、3階以上又は床面積の合計が300m^2を超える自動車車庫（一定規模以下の附属車庫等を除く）												
客席の部分の床面積の合計が 200m^2 未満の劇場、映画館、演芸場、観覧場												
客席の部分の床面積の合計が 200m^2 以上の劇場、映画館、演芸場、観覧場												
キャバレー、料理店、ナイトクラブ、ダンスホール等												
個室付浴場業に係る公衆浴場等												
作業場の床面積の合計が 50m^2 以下の工場で危険性や環境を悪化させるおそれが非常に少ないもの												
作業場の床面積の合計が 150m^2 以下の自動車修理工場												
作業場の床面積の合計が 150m^2 以下の工場で危険性や環境を悪化させるおそれが少ないもの												
日刊新聞の印刷所、作業場の床面積の合計が 300m^2 以下の自動車修理工場												
作業所の床面積の合計が 150m^2 を超える工場又は危険性や環境を悪化させるおそれがやや多いもの												
危険性が大きいか又は著しく環境を悪化させるおそれがある工場												
火薬類、石油類、ガス等の危険物の貯蔵、処理の量が非常に少ない施設				②	③							
火薬類、石油類、ガス等の危険物の貯蔵、処理の量が少ない施設												
火薬類、石油類、ガス等の危険物の貯蔵、処理の量がやや多い施設												
火薬類、石油類、ガス等の危険物の貯蔵、処理の量が多い施設												

：建てられる用途　　：建てられない用途

①については、一定規模以下のものに限り建築可能。

②については、当該用途に供する部分が２階以下かつ 1500m^2 以下の場合に限り建築可能。

③については、当該用途に供する部分が 3000m^2 以下の場合に限り建築可能。

④については、当該用途に供する部分が１万 m^2 以下の場合に限り建築可能。

注）遊技場とは、マージャン屋、ぱちんこ屋、勝馬投票券販売所、場外車券売場、ゲームセンター、アミューズメント施設、カラオケボックス等を言う。

特別用途地区

≫法第 49 条

特別用途地区は、用途地域内の一定の地区において、当該地区の特性にふさわしい土地利用の増進、環境の保護等の特別な目的の実現を図るため、当該用途地域の指定を補完して定める地区である。特別用途地区の趣旨は、主に用途地域による用途規制について、制限を加重したり緩和したりすることにより、当該地区の特別な目的を果たそうとするものであり、制限の内容は地方公共団体の条例で定められる。また、用途地域による用途規制を緩和する場合には、一般的制限に重大な例外を設けることとなるので、国土交通大臣の承認を得る必要がある。

特別用途地区の種類については、中高層住居専用地区、商業専用地区、特別工業地区、文教地区、小売店舗地区、厚生地区、娯楽レクリエーション地区、観光地区、特別業務地区、研究開発地区の他に地方公共団体が具体の都市計画において定めることができる。

特定用途制限地域

≫法第 49 条の 2、令第 130 条の 2

都市計画区域及び準都市計画区域において、都市計画に用途地域が定められていない区域（市街化調整区域を除く）内において、その良好な環境の形成又は保持のため当該区域の特性に応じて合理的な土地利用が行われるよう、制限すべき特定の建築物の用途の概要を定める特定用途制限地域を指定することができる。また、地方公共団体の条例で建築物の用途の制限を定めることができる。この地域が指定されると、危険性が大きい又は環境を悪化させる工場や風俗関連営業等の建築物を規制することができる。

用途地域等における建築物の敷地、構造、設備に対する制限

≫法第 50 条

用途地域、特別用途地区、特別用途制限地域又は都市再生特別地区内における建築物の敷地、構

表 3　政令で定める兼用住宅及び店舗等の内容

建築物の用途 ＼ 用途地域		1種低層住専	2種低層住専	1種中高層住専	2種中高層住専	1種住居	2種住居	準住居	近隣商業	商業	準工業	工業	工業専用	備考（条件）	
兼用住宅	事務所	※	※	※	○	○	○	○	○	○	○	○	×	(※) 居住の用に供する面積が延べ面積の 1/2 以上で、兼用する用途部分の床面積の合計が 50m2 以下のものに限る。	(※) 汚物運搬用自動車等で駐車施設を同一敷地内に設けて業務運営するものは不可
	食堂、喫茶店、理髪店、美容院、クリーニング取次店、質屋、貸衣装屋、貸本屋、学習塾、華道教室、囲碁教室	※	※	※	○	○	○	○	○	○	○	○	×		
	洋服店、畳屋、建具屋、自転車店、家庭電気器具店	※	※	※	○	○	○	○	○	○	○	○	×		(※) 出力の合計が 0.75kW を超える原動機使用のものは不可
	パン屋、米屋、豆腐屋、菓子屋	※	※	※	○	○	○	○	○	○	○	○	×		(※) 出力の合計が 0.75kW 以下の原動機使用の自家販売の食品製造・加工業のみ可
	アトリエ、工房	※	※	※	○	○	○	○	○	○	○	○	×		(※) 出力の合計が 0.75kW 以下の原動機を使用して美術品、工芸品を製作するものは可
食堂、喫茶店、理髪店、美容院、クリーニング取次店、質屋、貸衣装屋、貸本屋、学習塾、華道教室、囲碁教室		×	※1	※2	○	○	○	○	○	○	○	○	○	(※1) 床面積の合計が 150m² 以内かつ 2 階以下のみ可 (※2) 床面積の合計が 500m² 以内かつ 2 階以下のみ可	
洋服店、畳屋、建具屋、自転車店、家庭電気器具店		×	※1	※2	○	○	○	○	○	○	○	○	○	(※1)(※2) 作業場の床面積の合計が 50m² 以内、原動機の出力の合計が 0.75kW 以下のものに限る。	(※1) 床面積の合計が 150m² 以内かつ 2 階以下のみ可 (※2) 床面積の合計が 500m² 以内かつ 2 階以下のみ可
パン屋、米屋、豆腐屋、菓子屋		×	※1	※2	○	○	○	○	○	○	○	○	○		自家販売の食品製造業で (※1) 床面積の合計が 150m² 以内かつ 2 階以下のみ可 (※2) 床面積の合計が 500m² 以内かつ 2 階以下のみ可

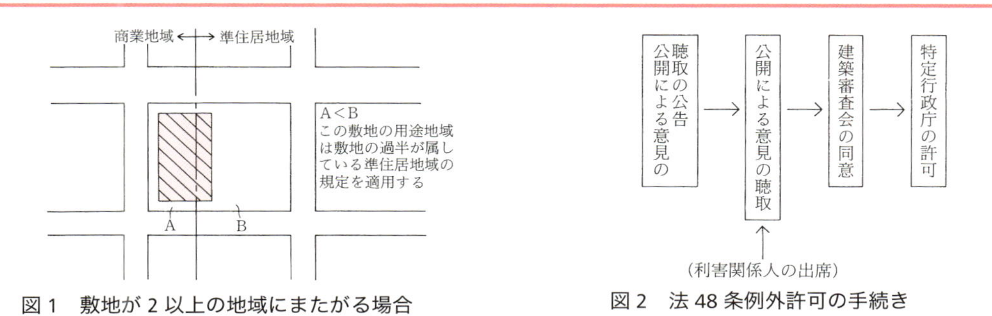

図1　敷地が2以上の地域にまたがる場合

図2　法48条例外許可の手続き

表4　用途の規制を受ける工作物（準用工作物）

用途地域 ＼ 工作物名	第2種低層住居専用地域・第1種低層住居専用地域	準住居地域・第2種住居地域・第1種住居地域・第2種中高層住居専用地域・第1種中高層住居専用地域	商業地域・近隣商業地域	準工業地域	工業専用地域・工業地域
クラッシャープラント・コンクリートプラント等	×	×	×		
アスファルトプラント等	×	×	×	×	
自動車車庫（独立）注1	×（＞50m^2）	×（＞300m^2）			
サイロ類	×				
遊戯施設等	×				
処理施設等 注2	×	（都市計画区域内にあるもの）			

注1)　工作物である附属車庫の規定については、法138条3項2号を参照すること（表5参照）。
注2)　処理施設等にはごみ焼却場、汚物処理場などがある。
・ごみ処理施設（ごみ焼却場を除く）で1日5t以上の処理を有するもの。
・廃棄物の処理及び清掃に関する法律15条、令7条に規定する産業廃棄物処理施設を含む。

表5　住居系地域の自動車車庫の用途規制

	(1)単独自動車車庫					(2)附属自動車車庫
	(イ)建築物		(ロ)工作物			A＝同一敷地内の建築物に附属する自動車車庫で建築物であるものの床面積の合計 B＝同一敷地内の建築物に附属する自動車車庫の用途に供する工作物の築造面積の合計 C＝同一敷地内の建築物（自動車車庫の用途に供する部分を除く）の床面積の合計
床(築造)面積 ＼ 用途地域	300m^{2}以下かつ2階以下	300m^{2}超又は3階以上	50m^{2}以下	50m^{2}超300m^{2}以下	300m^{2}超	
第1種・第2種低層住居専用地域	×	×	○	×	×	①～④のいずれかで、かつ2階以上の部分にないこと ①C＞600m^{2}かつB＞50m^{2}の時：A＋B≦600m^2 ②C＞600m^{2}かつB≦50m^{2}の時：A≦600m^2 ③C≦600m^{2}かつB＞50m^{2}の時：A＋B≦C ④C≦600m^{2}かつB≦50m^{2}の時：A≦C
第1種・第2種中高層住居専用地域	○	×	○	○	×	①～④のいずれかで、かつ3階以上の部分にないこと ①C＞3000m^{2}かつB＞300m^{2}の時：A＋B≦3000m^2 ②C＞3000m^{2}かつB≦300m^{2}の時：A≦3000m^2 ③C≦3000m^{2}かつB＞300m^{2}の時：A＋B≦C ④C≦3000m^{2}かつB≦300m^{2}の時：A≦C
第1種・第2種住居地域	○	×	○	○	×	①、②のいずれかで、かつ3階以上の部分にないこと ①B＞300m^{2}の時：A＋B≦C ②B≦300m^{2}の時：A≦C
準住居地域	制限条件なし					

造又は建築設備に関して、地方公共団体の条例で制限を定めることができる。

卸売市場等の位置

≫法第51条、令第130条の2の2、第130条の2の3

卸売市場、火葬場、と畜場、汚物処理場、ごみ焼却場等の用途に供する建築物は、都市に必要不可欠な供給処理施設であると同時に周辺環境に大きな影響を及ぼす恐れがあることから、これらの施設の立地については、原則として都市計画でその位置が決定したものでなければならない。ただし、小規模な施設で周辺環境に大きな影響を及ぼす恐れがないもの等（規模、処理能力が軽微で、政令で定める規模の範囲内）については、特定行政庁は、都道府県都市計画審議会（その敷地の位置を都市計画に定める者が市町村であり、かつ、その敷地が所在する市町村に市町村都市計画審議会が置かれている場合は、当該市町村都市計画審議会）の議を経て許可した場合は建築することができる。（表6）

敷地面積の最低限度 ≫法第53条の2

敷地面積の制限は、一つの広い敷地を複数に分割してしまうようなミニ開発を防止し、良好な住環境を保護するために設けられたものである。建築物の敷地面積は、200m²を超えない範囲で都市計画で定められた敷地面積の最低限度以上でなければならない。ただし、次のいずれかに該当する場合は、最低限度未満とすることができる。

①建ぺい率の限度が8/10の地域内で、かつ防火地域内にある耐火建築物

②公衆便所、巡査派出所等公益上必要なもの

③敷地周囲に公園、広場、道路等の空地を有する建築物で、市街地の環境を害するおそれがないと認めて特定行政庁が許可したもの

④建築物の用途上又は構造上やむを得ないと認めて特定行政庁が許可したもの

ただし、③及び④において特定行政庁が許可するにあたっては、建築審査会の同意が必要である。

外壁の後退距離 ≫法第54条

第1種低層住居専用地域、第2種低層住居専用地域においては、良好な住居の環境を保護するため、都市計画で外壁の後退距離（建築物の外壁又はこれに代わる柱の面から敷地境界線までの距離）を定めることができる。

都市計画で定める外壁の後退距離の限度は、1.5m又は1mである。

なお、次に該当する場合は、外壁の後退距離は制限されない（後退距離の緩和）。（≫令第135条の20）

①外壁又はこれに代わる柱の中心線の長さの合計が3m以下のもの。

②物置等で、軒高が2.3m以下で、かつ、床面積の合計が5m²以下のもの。（図3）

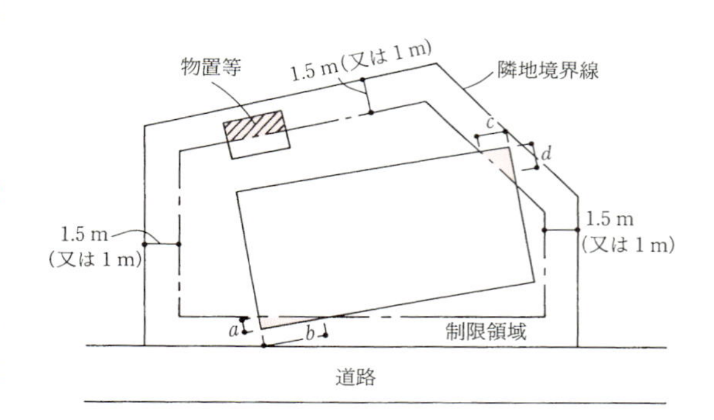

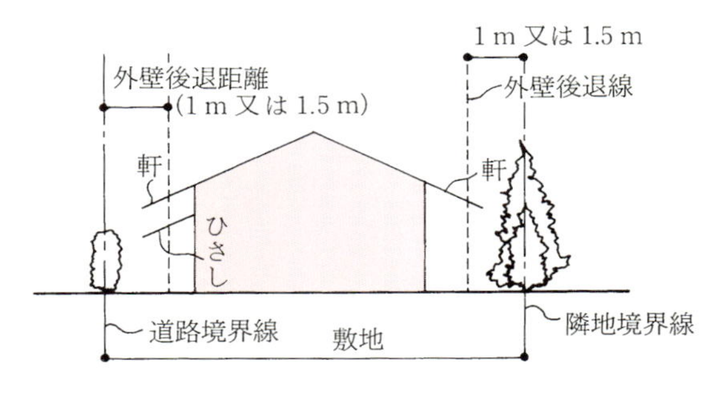

図3 外壁後退距離

表 6　卸売市場等の用途に供する特殊建築物の位置に対する制限の緩和（令第 130 条の 2 の 3）

	新築、増築、用途変更	法第 51 条のただし書きの許可を受けた建築物の増築、用途変更	既存不適格建築物の増築、用途変更
卸売市場	①「第 1 種・第 2 種低層住居専用地域」「第 1 種・第 2 種中高層住居専用地域」「第 1 種・第 2 種住居地域」「工業専用地域」以外の区域内 ②延べ面積の合計≦ 500m^2	延べ面積の合計≦許可時の延べ面積の合計× 1.5 又は 延べ面積の合計≦ 750m^2	延べ面積の合計≦基準時の延べ面積の合計× 1.5 又は 延べ面積の合計≦ 750m^2
と畜場 火葬場			
汚物処理場 ごみ焼却場 その他の ごみ処理施設	処理能力≦ 3000 人*	処理能力≦許可時の処理能力× 1.5 又は 処理能力≦ 4500 人*	処理能力≦基準時の処理能力× 1.5 又は 処理能力≦ 4500 人*
産業廃棄物 処理施設	①「工業地域」「工業専用地域」の区域内 ②1 日当たりの処理能力 イ．汚泥の脱水施設≦ 30m^3 ロ．汚泥の乾燥施設≦ 20m^3 ハ．汚泥の天日乾燥施設≦ 120m^3 ニ．汚泥（PCB 処理物を除く）の焼却施設≦ 10m^3 ホ．廃油の油水分離施設≦ 30m^3 ヘ．廃油（廃 PCB 等を除く）の焼却施設≦ 4m^3 ト．廃酸又は廃アルカリの中和施設≦ 60m^3 チ．廃プラスチック類の破砕施設≦ 6t リ．廃プラスチック類（PCB 汚染物を除く）の焼却施設≦ 1t ヌ．廃棄物処理法施行令 2 条 2 号に掲げる廃棄物又はがれき類の破砕施設≦ 100t ル．廃棄物処理法施行令別表第 3 の 3 に掲げる物質又はダイオキシン類を含む汚泥のコンクリート固型化施設≦ 4m^3 ヲ．水銀又はその化合物を含む汚泥のばい焼施設≦ 6m^3 ワ．汚泥、廃酸又は廃アルカリに含まれるシアン化合物の分解施設≦ 8m^3 カ．廃ポリ塩化ビフェニル等又は PCB 汚染物の焼却施設≦ 0.2t ヨ．廃ポリ塩化ビフェニル等又は PCB 汚染物の分解施設≦ 0.2t タ．PCB 汚染物の洗浄施設又は分離施設≦ 0.2t レ．焼却施設（ニ、ヘ、リ、カを除く）≦ 6t	処理能力≦許可時の処理能力× 1.5	処理能力≦基準時の処理能力× 1.5

注）増築、用途変更の場合、表の規模は増築、用途変更後の規模

*総合的設計による一団地の住宅施設内のものにあっては、処理能力の限度は 3000 人、4500 人はそれぞれ 10000 人、15000 人となる。

※「その他政令で定める処理施設」（令第 130 条の 2 の 2）

①廃棄物の処理及び清掃に関する法律施行令第 5 条 1 項のごみ処理施設（ごみ焼却場を除く）

②次のイ又はロに掲げる処理施設（工場等に附属するもので、当該建築物において生じた産業廃棄物のみの処理を行うものを除く）

イ．廃棄物処理法施行令第 7 条第 1 号から第 13 号の 2 までの産業廃棄物処理施設

ロ．海洋汚染及び海上災害の防止に関する法律第 3 条第 14 号の廃油処理施設

09 容積率

容積率＝(延べ面積／敷地面積)×100%

容積率制限

»法第 52 条第 1 項

容積率とは、建築物の延べ面積の敷地面積に対する割合のことである。限られた市街地の中では土地の合理的な高度利用が望まれる。都市への人口の集中による様々な問題に対して、道路、公園、下水道などの都市施設と建築物の均衡をとる必要から、容積率により建築物の規模をコントロールする。建築物の容積率は、原則として用途地域に応じて都市計画で定められた限度（指定容積率）以下でなければならない。（表 1）

容積率の限度は、この指定容積率に加えて、前面道路の幅員による容積率の 2 種類があり、それらのうちの厳しい方の値が、その敷地の容積率の限度となる。

道路幅員による容積率の限度

»法第 52 条第 2 項

敷地に接する前面道路の幅員が 12m 以上である場合には、都市計画で定められた数値（指定容積率）がそのまま当該敷地の容積率の限度となり、12m 未満である場合には、前面道路の幅員に用途地域による係数を乗じて算出した数値と指定容積率の数値のうち厳しい方が当該敷地の容積率の限度となる。（表 1）

住居系の用途地域内：前面道路の幅員 × $\frac{4}{10}$

その他の用途地域内：前面道路の幅員 × $\frac{6}{10}$

敷地が容積率の異なる 2 以上の地域又は区域にまたがる場合

»法第 52 条第 7 項

敷地が容積率の異なる 2 以上の地域又は区域にまたがる場合は、それぞれについて延べ面積を計算し、その合計が全体として建築できる延べ面積になる。（加重平均）（図 5、6）

加重平均の計算法

容積率制限値 x（%）の敷地面積… A

容積率制限値 y（%）の敷地面積… B

全体の容積率制限値（加重平均値）… Z（%）

$$Z=x\times\frac{A}{A+B}+y\times\frac{B}{A+B}$$

容積率が緩和される場合

住宅の地階等の容積制限の緩和

»法第 52 条第 3 項

建築物の地階で住宅（長屋、共同住宅を含む）の用途に供する部分については、当該建築物の住宅の用途に供する部分の床面積の合計の 1/3 を限度として、延べ面積に算入しない。（図 2 ～ 4）

車庫及び防災施設等の容積制限の緩和

»令第 2 条第 1 項第 4 号、令第 2 条第 3 項

自動車車庫、その他もっぱら自動車又は自転車の停留又は駐車のための施設（誘導車路、操車場所及び乗降場を含む）の用途に供する部分、もっぱら防災のために設ける備蓄倉庫に供する部分、蓄電池（床に据え置きするものに限る）を設ける部分、自家用発電設備を設ける部分、貯水槽を設ける部分の床面積は容積率算定の延べ面積に算入されない。この場合、自動車又は自転車の停留又は駐車のための施設の用途に供する部分の床面積については、当該敷地内の延べ面積（同一敷地内に 2 以上の建築物がある場合においては、それらの建築物の延べ面積）の 1/5、備蓄倉庫・蓄電池設置部分は 1/50、自家発電設備・貯水槽部分は 1/100 を限度として適用される。

エレベーターの昇降路の部分及び共同住宅の共用部分の容積制限の緩和

»法第 52 条第 6 項

エレベーターの昇降路の部分、共同住宅の共用

表１　容積率の制限

制限値＼用途地域	指定容積率 都市計画で定められる値 (用途地域内は 下記数値から指定)	道路幅員による数値 (*W*が 12m 未満の 場合に限る) *W*：前面道路の幅員の最大のもの(単位は m)
第１種低層住居専用地域 第２種低層住居専用地域	50、60、80、100、150、200%	*W* × 4/10
第１種中高層住居専用地域 第２種中高層住居専用地域	100、150、200、300、400、500%	① *W* × ×4/10 ただし特定行政庁が都道府県都市計画審議会の議を経て指定する区域内では *W* × 6/10
第１種住居地域 第２種住居地域 準住居地域	100、150、200、300、400、500% (750%)※	② (高層住居誘導地区) *W* × 6/10 ただし特定行政庁が都道府県都市計画審議会の議を経て指定する区域内では *W* × 4/10 又は *W* × 8/10
近隣商業地域 準工業地域	100、150、200、300、400、500% (750%)※	*W* × 6/10 ただし特定行政庁が都道府県都市計画審議会の議を経て指定する区域内では *W* × 4/10 又は *W* × 8/10
工業地域 工業専用地域	100、150、200、300、400%	
商業地域	200、300、400、500、600、700、800、900、1000、1100、1200、1300%	
用途地域無指定区域 (都市計画区域内)	(50、80、100、200、300、400%)	

注) 用途地域無指定区域における（　）内は特定行政庁が都道府県都市計画審議会の議を経て指定した区域内に適用される数値である。

※高層住居誘導地区内の建築物で、住宅の用途に供する部分の床面積の合計が 2/3 以上のもの（容積率は、750%以下の数値で都市計画で定める）。

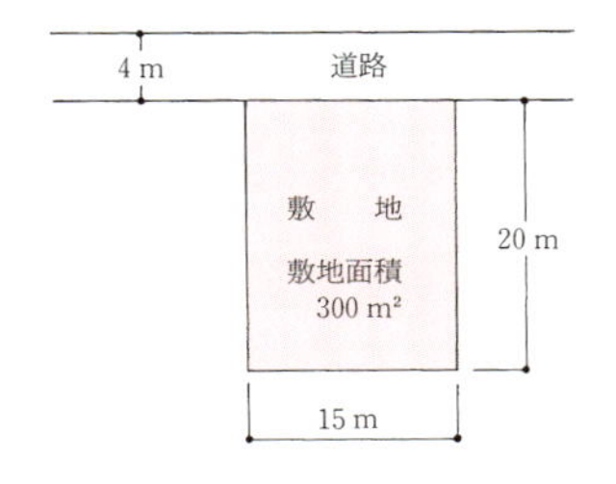

- 第１種住居地域（指定容積率 20/10）の場合
  道路幅員による数値
  （道路幅員）4×4/10＝16/10
  したがって，16/10 が容積率の限度となる．
  敷地面積に対する延べ面積の最大は，
  （敷地面積）300×16/10＝480 m² となる．
- 近隣商業地域（指定容積率 30/10），特定行政庁指定区域外の場合
  道路幅員による数値
  4×6/10＝24/10
  したがって，24/10 が容積率の限度となる．
  敷地面積に対する延べ面積の最大は，
  （敷地面積）300×24/10＝720 m² となる．

図１　最大延べ面積の算定

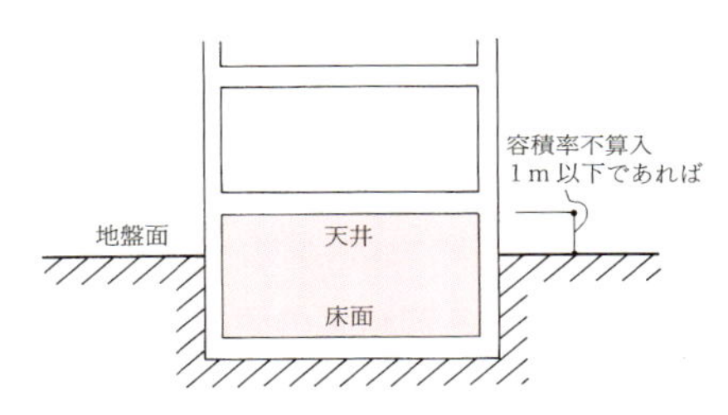

不算入の対象となる地下室は，建築基準法施行令１条２号に規定する地階のうち，その天井が地盤面からの高さ１m 以下にあるものである．

図２　地階と天井の位置と容積率不算入の考え方

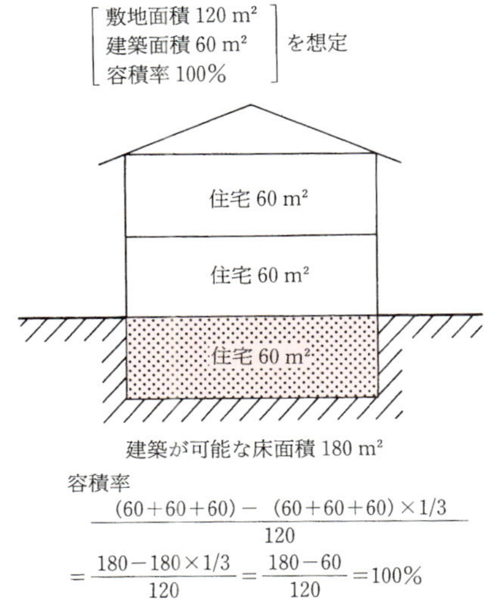

容積率

$$\frac{(60+60+60)-(60+60+60)\times 1/3}{120}$$

$$=\frac{180-180\times 1/3}{120}=\frac{180-60}{120}=100\%$$

図３　住宅の地下室の容積率の取り扱い

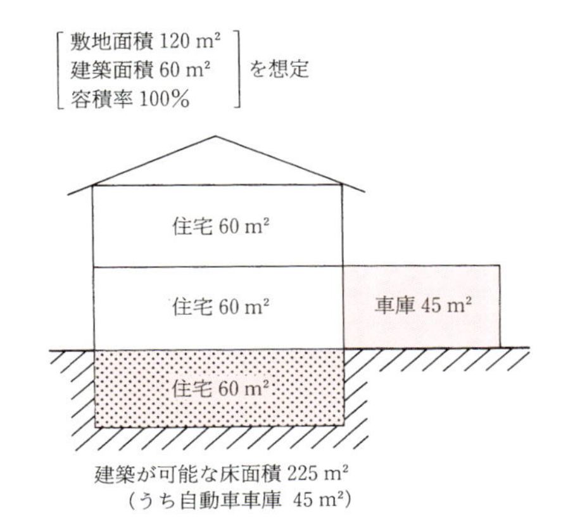

容積率

$$\frac{(60+60+60+45)-(60+60+60)\times 1/3-(60+60+60+45)\times 1/5}{120}$$

$$=\frac{225-180\times 1/3-225\times 1/5}{120}=\frac{225-60-45}{120}=100\%$$

図４　住宅の地下室の容積率の取り扱い（自動車車庫のある場合）

の廊下又は階段の用に供する部分は、容積制限の対象から除外される。共用の廊下の用途に供する部分には、エントランスホールやエレベーターホールで共用のものも含まれる。

特定道路による容積制限の緩和

》法第52条第9項、令第135条の17

敷地が、特定道路（幅員15m以上の道路を言う）に接続する幅員6m以上12m未満の道路に面する場合で、特定道路までの距離が70m未満の場合には、令第135条の17の規定に基づき計算した数値を加えた数値を、前面道路幅員として容積率の計算をする。（図7）

$$W_a=\frac{(12-W_r)\times(70-L)}{70}$$

W_a：前面道路幅員に加える数値（m）

W_r：前面道路の幅員（m）

L：敷地から特定道路までの距離（m）

住宅を含む建築物の容積制限の緩和

》法第52条第8項

建築物の全部又は一部を住宅の用途に供するもので、次の①及び②の条件に該当するものは、都市計画で定められた容積率の数値の1.5倍以下で、住宅の床面積の割合に応じて、政令で定める方法により算出した数値を当該地域の容積率の限度とみなし、緩和することができる。

①第1種住居地域、第2種住居地域、準住居地域、近隣商業地域、商業地域又は準工業地域であること（高層住居誘導地区及び特定行政庁が都道府県都市計画審議会の議を経て指定する区域を除く）（》第1号）

②空地規模が一定面積以上で、そのうち一定割合は道路に接し、かつ、敷地面積が政令で定める規模以上であること（》第2号）（表2）

計画道路に接する場合の容積制限の緩和

》法第52条第10項

敷地が都市計画において定められた計画道路に接する場合、特定行政庁の許可（建築審査会の同意を要する）を受ければ、計画道路を前面道路とみなし容積率を算定できる。この場合、計画道路部分は敷地面積に算入できない。

壁面線の指定がある場合の容積制限の緩和

》法第52条第11号

敷地の前面道路に沿って壁面線の指定がある場合、特定行政庁の許可（建築審査会の同意を要する）を受ければ、壁面線を道路境界線とみなし、容積率を算定できる。この場合、前面道路と壁面線間の部分は敷地面積に算入できない。

住居系地域で壁面線などの指定がある場合の容積制限の緩和

》法第52条第12項、13項、令第135条の18

住居系用途地域等において、前面道路の境界線から後退して壁面線の指定、又は地区計画の条例で定める壁面の位置の制限がある場合に、一定の空間が確保されれば、前面道路の境界線は当該壁面線等にあるものとみなして、前面道路幅員による容積制限を適用する。ただし、容積率は前面道路幅員×0.6以下、前面道路と壁面線等との間の部分は、敷地面積から除外する。（図8）

その他の容積制限の緩和

》法第52条第14項

次のような場合、特定行政庁の許可（建築審査会の同意を要する）を受ければ容積率の限度を超えることができる。

①同一敷地内の建築物の機械室等の床面積が著しく大きい場合

②敷地の周囲に広い公園、広場、道路などの空地を有する場合

高層住居誘導地区内の建築物及び法52条8項に規定する建築物の容積率の算出方法（令135条の14）

$$V_r=\frac{3V_c}{3}-R$$

V_r：法52条1項又7項の規定に基き算出した数値

V_c：都市計画で定められた容積率の数値

R：$\frac{\text{建築物の住宅の用途に供する部分の床面積の合計}}{\text{建築物の延べ面積}}$

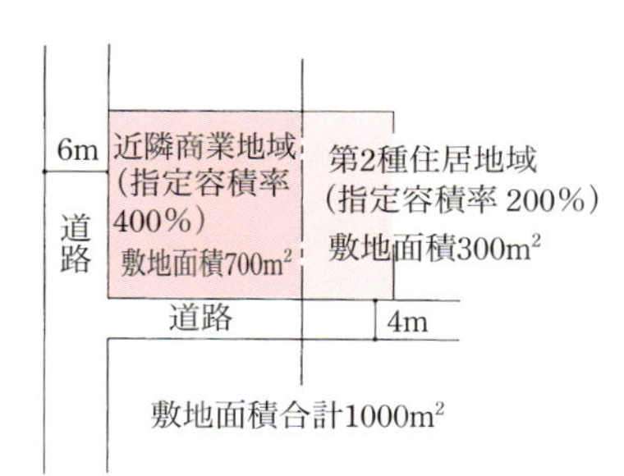

- 近隣商業地域部分の計算　6×6/10＝36/10
  道路幅員が 12 m 未満なので，指定容積率 40/10 より小さい，36/10 が制限値となる．　700×36/10＝2520 m²
- 第 2 種住居地域部分の計算　6×4/10＝24/10
  指定容積率 20/10 の方が小さいので，20/10 が制限値となる．　300×20/10＝600 m²
  敷地面積に対する延べ面積の最大は，2520＋600＝3120 m² となる．
  当該敷地の容積率制限値は，3120/1000＝31.2/10 となる．→312%

図 5　異なった制限値の区域にまたがる場合（1）

道路 6m
近隣商業地域 (指定容積率 400%) 敷地面積 200m²
第 2 種住居地域 (指定容積率 200%) 敷地面積 100m²

- 近隣商業地域部分の計算　6×6/10＝36/10
  道路幅員が 12 m 未満なので，指定容積率 40/10 より小さい，36/10 が制限値となる．　200×36/10＝720 m²
- 第 2 種住居地域部分の計算　6×4/10＝24/10
  指定容積率 20/10 の方が小さいので，20/10 が制限値となる．　100×20/10＝200 m²
  敷地面積に対する延べ面積の最大は，720＋200＝920 m² となる．
  当該敷地の容積率制限値は，920/300＝30.67/10 となる．→306.7%

図 6　異なった制限値の区域にまたがる場合（2）

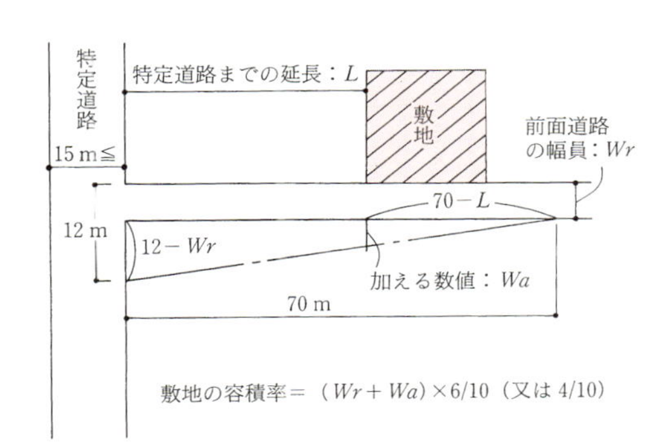

図 7　特定道路による緩和

表 2　法 52 条 8 項 2 号の規定による空地の規模等

(イ)空地の規模〔令 135 条の 16 第 1 項〕

法 53 条の規定による建ぺい率 C の最高限度	空地の面積の規模 $B \geqq S \times A$ S の数値	地方公共団体が条例で定めることができる S の数値
$C \leqq 4.5/10$	$S = (1 - C) + 1.5/10$	$8.5/10 \geqq S > (1 - C) + 1.5/10$
$4.5/10 < C \leqq 5/10$		$(1 - C) + 3/10 \geqq S > (1 - C) + 1.5/10$
$5/10 < C \leqq 5.5/10$	$S = 6.5/10$	$(1 - C) + 3/10 \geqq S > 6.5/10$
$5.5/10 < C$	$S = (1 - C) + 2/10$	$(1 - C) + 3/10 \geqq S > (1 - C) + 2/10$
建ぺい率限度の定めがない	$S = 2/10$	$3/10 \geqq S > 2/10$

A：敷地面積（m²）、B：空地の面積（m²）、C：建ぺい率の最高限度

(ロ)道路に接して有効な部分の空地の規模〔令 135 条の 15 第 2 項〕
上記の表に定める空地の面積 B × 1/2 以上であること。

(ハ)敷地面積の規模〔令 135 条の 16 第 3 項〕

	地域・地区	敷地面積 A の規模	地方公共団体が条例で定めることのできる敷地面積の規模
①	第 1 種住居地域 第 2 種住居地域 準住居地域 準工業地域 （高層住居誘導地区及び特定行政庁が都道府県都市計画審議会の議を経て指定する区域を除く）	$A \geqq 2000m^2$	$500m^2 \leqq A < 4000m^2$
②	近隣商業地域（高層住居誘導地区及び特定行政庁が都道府県都市計画審議会の議を経て指定する区域を除く） 商業地域（特定行政庁が都道府県都市計画審議会の議を経て指定する区域を除く）	$A \geqq 1000m^2$	$500m^2 \leqq A < 2000m^2$

注 1）建築物の敷地がこの表の①②の地域とこれらの地域として指定されていない区域にわたる場合、この表に掲げる地域の規定を適用する。
注 2）建築物の敷地がこの表に掲げる地域①と②の地域にわたる場合、敷地の属する面積の大きい方の地域の規定を適用する。

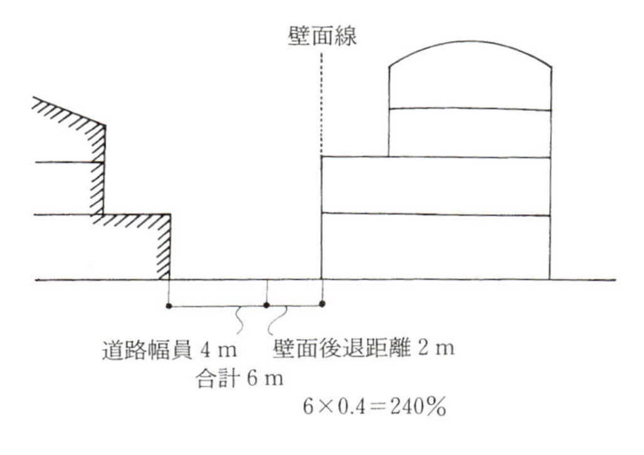

注　容積率制限の緩和は道路幅員×0.6 を上限とする．

図 8　容積率の緩和

10　建ぺい率

建ぺい率＝（建築面積／敷地面積）×100％

建ぺい率制限

»法第53条第1項

建ぺい率の制限は、敷地内に空地をある程度確保することにより、通風、日照、採光、延焼防止と言った防災のための空間及び緑化や日常生活のための空間を確保することを目的としている。建築物の建ぺい率は、原則として用途地域に応じて都市計画で定められた限度（指定建ぺい率）以下でなければならない。（右表）

敷地が建ぺい率制限の異なる2以上の地域にまたがる場合

»法第53条第2項

敷地が2以上の地域又は区域にわたる場合は、それぞれの区域ごとに建築面積を計算し、それらの建築面積を合計したものが、その敷地全体に建築することのできる最大建築面積となる。（加重平均）（図1）

建ぺい率の緩和

»法第53条第3項

次のいずれかに該当するときは1/10、両方に該当するときには2/10を建ぺい率に加える。

①第1種・第2種住居地域、準住居地域、準工業地域、及び近隣商業地域で建ぺい率の限度が8/10の地域外、防火地域内にある耐火建築物

②街区の角地等で特定行政庁が指定する敷地内にある建築物

敷地内に壁面線等の指定がある場合

»法第53条第4項、令第135条の19

隣地境界線から後退して壁面線の指定がある場合又は地区計画等の規定（»法第68条の2第1項）に基づく条例で定める壁面の位置の制限がある場合において、敷地内に壁面線等が指定された連続した空地が確保されるなど、特定行政庁が安全上、防火上及び衛生上支障がないと認めて許可した場合に、建ぺい率の限度を超えることができる。

ただし、本規定による許可をする場合には、あらかじめ、建築審査会の同意を得なければならない。

建ぺい率の制限を受けない場合

»法第53条第5項

次の建築物については建ぺい率の制限を適用しない。

①第1種・第2種住居地域、準住居地域、準工業地域、近隣商業地域、商業地域で建ぺい率の限度が8/10の地域内で、防火地域内にある耐火建築物。

②巡査派出所、公衆便所、公共用歩廊など。

③公園、広場、道路、川などの内にある建築物で特定行政庁が安全上、防火上、衛生上支障がないと認めて許可したもの。

※本規定による許可をする場合には、あらかじめ、建築審査会の同意を得なければならない。

建築物の敷地が防火地域の内外にわたる場合

»法第53条第6項

敷地が防火地域と準防火地域、又は防火地域と指定なしの地域にまたがる場合、その敷地内の全建築物が耐火建築物であるときは、敷地全体が防火地域にあるものとみなして、建ぺい率の緩和を受けることができる。（図2）

表　建ぺい率の制限

	① 都市計画で定める 制限値	② 防火地域内の 耐火建築物の緩和	③ 特定行政庁指定の 角地等の緩和	②＋③の場合の緩和
第１種・第２種低層住居専用地域、第１種・第２種中高層住居専用地域、工業専用地域	3/10、4/10、5/10、6/10のうち都市計画で定める割合	①＋ 1/10	①＋ 1/10	①＋ 2/10
第１種・第２種住居地域、準住居地域、準工業地域	5/10、6/10、8/10のうち都市計画で定める割合	①＋ 1/10 制限値が 8/10 の場合制限なし	①＋ 1/10	①＋ 2/10 制限値が 8/10 の場合制限なし
近隣商業地域	6/10、8/10 のうち都市計画で定める割合	①＋ 1/10 制限値が 8/10 の場合制限なし	①＋ 1/10	①＋ 2/10 制限値が 8/10 の場合制限なし
商業地域	8/10	制限なし	8/10 ＋ 1/10	制限なし
工業地域	5/10、6/10 のうち都市計画で定める割合	①＋ 1/10	①＋ 1/10	①＋ 2/10
用途地域無指定区域（都市計画区域内）	3/10、4/10、5/10 6/10、7/10 *のうち、特定行政庁が土地利用の状況等を考慮し、当該区域を区分して都道府県都市計画審議会の議を経て定める割合	①＋ 1/10	①＋ 1/10	①＋ 2/10

＊無指定地域は、3/10、4/10、5/10、6/10、7/10 のうち、特定行政庁が土地利用の状況等を考慮し、都道府県都市計画審議会の議を経て定める割合。

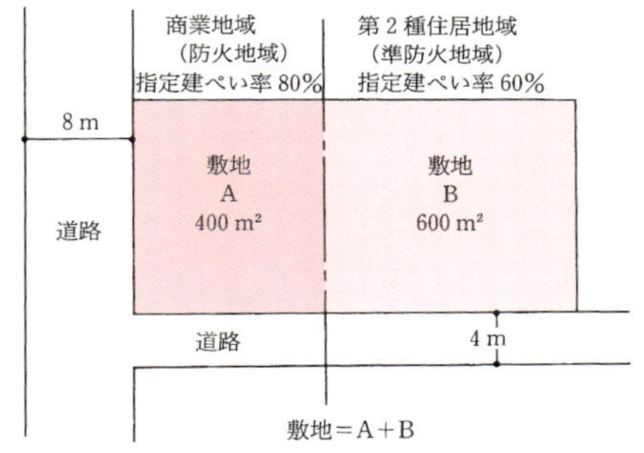

当該敷地（A＋B）に耐火建築物を建築する場合

- A 敷地の建ぺい率は，商業地域で 80％かつ防火地域の建築物であるので，10/10 である．
- B 敷地の建ぺい率は，第２種住居地域であるが，敷地の一部が防火地域にかかり，かつ角地であり，耐火建築物であるので，6/10→8/10 に緩和される．

したがって，建築面積の最大限度は，

（A）400×（A に対する建ぺい率）10/10＋（B）600×（B に対する建ぺい率）8/10
＝400＋480＝880 m²

図１　敷地が制限の異なる２以上の地域にわたる場合

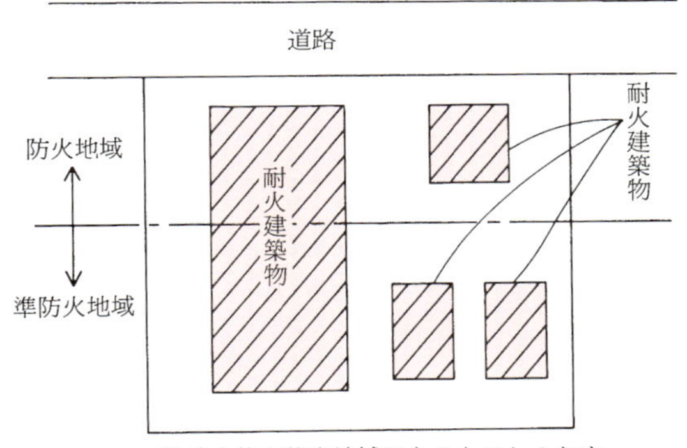

敷地全体を防火地域にあるものとみなす

図２　建築物の敷地が防火地域の内外にわたる場合

建築物の形態を制限する最も一般的な規制

絶対高さ制限 ≫法第 55 条、令第 130 条の 10

第 1 種低層住居専用地域、第 2 種低層住居専用地域では、地域設定の主旨から、建築物の高さは 10m 又は 12m のうち都市計画で定められた数値以下としなければならない。ただし、次の①〜③に該当する場合は、10m 又は 12m を超えることができる。なお、①、②は特定行政庁の許可を受ける必要があり、③は 10m 以下と定められた区域内においては、高さ 12m 以下の場合に限られる。（表 1）

①敷地周囲に広い公園、広場、道路等があって、低層住宅の良好な環境を害する恐れがないもの
②学校等用途上やむを得ないもの
③建ぺい率の制限値に応じて、一定以上の余分な空地を有し、かつ、敷地面積が一定以上で、低層住宅の良好な環境を害しないものとして、特定行政庁が認めるもの

なお、①及び②の場合、建築審査会の同意を得て、特定行政庁が許可をする。

特定行政庁が認める条件（≫令第 130 条の 10）は下記の通り、高さが 10m 以下と定められた地区内で、次の A 及び B の両方を満たした場合である。

A　一定の空地を確保すること

$$空地率=\frac{敷地内の空地面積}{敷地面積}$$

・建ぺい率の限度が定められている場合

$$空地率\geqq（1-建ぺい率の限度）+\frac{1}{10}$$

・建ぺい率の限度が定められていない場合

$$空地率\geqq\frac{1}{10}$$

B　$1500m^2$ 以上の敷地であること

道路斜線制限

≫法第 56 条第 1 項第 1 号、法別表第 3

道路斜線は、その道路の採光・通風をある程度確保し、街並みの統一的な景観等を確保するために、道路の幅員に応じて道路に接する建築物の高さを制限しようとするものである。

道路斜線の起点

道路斜線の起点は、前面道路の反対側の境界線にあり、起点の高さは前面道路の路面の中心の高さである。

道路斜線の勾配

道路斜線の勾配

用途地域	勾配
住居系	$\frac{1.25}{1}$
商業系・工業系	$\frac{1.5}{1}$
無指定	$\frac{1.25}{1}$ 又は $\frac{1.5}{1}$

道路斜線制限の計算式

$$\left(\begin{array}{l}前面道路の反対側の\\境界線までの水平距離\end{array}\right)\times 勾配$$

道路斜線制限を受けた建築物

表1　絶対高さ制限の緩和

高さ制限の区域	高さ（特定行政庁が認めるもの又は許可したもの）	要件	建築審査会の同意
10m	12m （認定）	その敷地内に政令で定める空地があり、かつ、その敷地面積が政令で定める規模以上で、低層住宅に係る良好な住居の環境を害するおそれがないと認める場合〔令第130条の10〕	不要
10m 12m	制限なし （許可）	その敷地の周辺に広い公園、広場、道路等の空地があって、低層住宅に係る良好な住居の環境を害するおそれのない場合 学校その他の建築物であって、用途上やむを得ない場合	必要

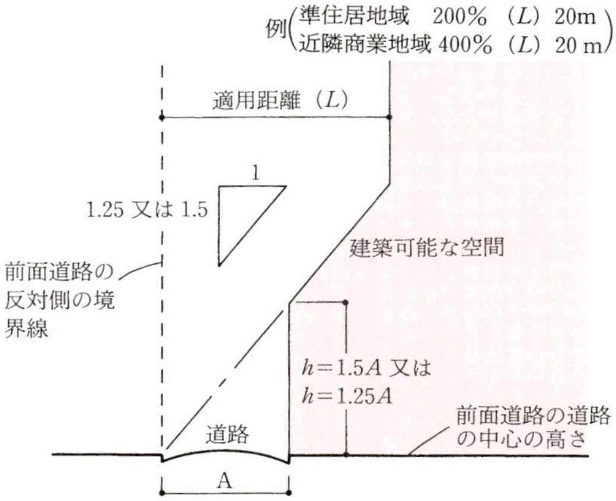

図1　道路斜線制限の勾配

表2　各種斜線制限の立ち上がりと勾配

地域・地区・区域	道路斜線（勾配）	隣地斜線（立ち上がり＋勾配）	北側斜線（立ち上がり＋勾配）
第1種低層住居専用地域 第2種低層住居専用地域	$\frac{1.25}{1}$		5m＋$\frac{1.25}{1}$
第1種中高層住居専用地域 第2種中高層住居専用地域	$\frac{1.25}{1}$	20m＋$\frac{1.25}{1}$	10m＋$\frac{1.25}{1}$ 注1
第1種住居地域 第2種住居地域 準住居地域	$\left(\frac{1.5}{1}\right)$ 注2	$\left(31\text{m}+\frac{2.5}{1}\right)$ 注2	
近隣商業地域 商業地域 準工業地域 工業地域 工業専用地域 第1種、第2種住居地域、準住居地域又は準工業地域内における高層住居誘導地区内の建築物で、住宅の用途に供する部分の床面積の合計が延べ面積の2/3以上のもの	$\frac{1.5}{1}$	31m＋$\frac{2.5}{1}$ （隣地斜線適用除外）注3	
無指定	〔$\frac{1.25}{1}$ 又は $\frac{1.5}{1}$〕注4	〔20m＋$\frac{1.25}{1}$ 又は 31m＋$\frac{2.5}{1}$〕注4	

注1）日影規制の対象区域内にある第1種中高層及び第2種中高層住居専用地域内の建築物は北側斜線制限の適用を受けない（法56条1項3号）。

注2）第1種・第2種中高層住居専用地域（容積率の限度が40/10以上とされている地域に限る）、第1種・第2種住居地域又は準住居地域で、特定行政庁が都道府県都市計画審議会の議を経て指定した区域。

注3）近隣商業地域、商業地域、準工業地域、工業地域、工業専用地域内又は高層住居誘導地区内の建築物で、住宅の用途に供する部分の床面積の合計が、延べ面積の2/3以上であるものは、特定行政庁が都道府県都市計画審議会の議を経て指定した区域。

注4）用途地域の指定のない区域における〔　〕内は、特定行政区庁が都道府県都市計画審議会の義を経て指定した区域内に適用される数値である。

道路斜線の適用距離

道路斜線制限は、前面道路の反対側の境界線から、用途地域や容積率の限度に応じて定められた一定の水平距離（適用距離）以内の範囲に限り適用される。（表3、図1）

セットバックによる緩和（≫法第56条第2項）

建築物を道路から後退させ、敷地の道路側に空地を設けた場合には、後退した距離だけ前面道路の反対側にある境界線は外側にあるものとして、道路斜線を適用する。（図2）

また、道路斜線の適用距離も建築物の後退距離に応じて移動する。（図3）

なお、後退距離は建築物（地盤面下の部分等を除く）から前面道路の境界線までの水平距離のうち最少のもので測定する。（図4、5）

外壁より突出してよい部分（≫令第130条の12）

後退部分とみなされて、斜線制限の緩和対象となる空地には、次のものが建築できる。

①物置等（図6）
- 軒の高さ2.3m以下
- 床面積5m²以下
- 間口率1/5以下
- 前面道路の境界線から1m以上後退

②ポーチ等（図7）
- 高さ5m以下
- 間口率1/5以下
- 前面道路の境界線から1m以上後退

③門、塀（図8）
- 道路に沿って設けられる高さが2m以下の門又は塀で、高さが1.2mを超える部分が網状等の形状のもの
- 隣地境界線に沿って設けられる門又は塀

④歩廊等
- 特定行政庁が規則で定めたもの

⑤その他
- 高さ1.2m以下の建築物の部分（図9）

住居系地域で道路幅員が12m以上の場合

≫法第56条第3項、第4項

第1種・第2種中高層住居専用地域、第1種・第2種住居地域又は準住居地域において、前面道路の幅員が12m以上である建築物について、前面道路の反対側の境界線からの水平距離が前面道路の幅員の1.25倍以上の範囲においては、道路斜線制限の勾配を1.5とすることができる。（図10）

また、法第56条第4項の規定により前面道路の境界線より後退して建築する場合は、同条第2項のセットバックによる緩和の規定を適用する。

建築物の敷地が2以上の用途地域等にまたがる場合

≫法第56条第5項、令第130条の11

建築物が斜線制限の異なる2以上の地域又は区域にまたがる場合は、それぞれの制限を適用する（図11、12）。ただし、道路斜線の適用距離については、道路に接する地域又は区域の適用距離（≫法別表第3）とする。

道路斜線制限の緩和

≫法第56条第6項

①2以上の前面道路がある場合（≫令第132条）

幅員の広い道路境界線から、その道路幅員の2倍かつ35m以内の区域、及び狭い幅員の道路の中心から10mを超える区域については、狭い幅員の道路は広い幅員の道路と同じ幅と考える（図13、14）。前面道路の境界線から後退した建築物については、その後退距離に応じて道路斜線が移動する（図15）。

②前面道路の反対側に公園等がある場合（≫令第134条）

前面道路の反対側に公園、広場、水面等がある場合は、前面道路の反対側の境界線までの水平距離の代わりに公園等の反対側の境界線をとる。（図16）

③道路面と敷地の地盤面に高低差がある場合（≫令第135条の2）

道路斜線は、前面道路の路面の中心から高さを測るが、地盤面が道路より1m以上高い場合には、その高低差から1mを引いた数値の1/2だけ、道路が高い位置にあるものとみなす。（図17）

表３　道路斜線の適用距離（L）＊

地域・地区・区域	容積率（t）	適用距離（m）
第１種低層住居専用地域 第２種低層住居専用地域 第１種中高層住居専用地域 第２種中高層住居専用地域 第１種住居地域 第２種住居地域 準住居地域	$t \leqq \frac{20}{10}$	20
	$\frac{20}{10} < t \leqq \frac{30}{10}$	25
	$\frac{30}{10} < t \leqq \frac{40}{10}$	30
	$\frac{40}{10} < t$	35
近隣商業地域 商業地域	$t \leqq \frac{40}{10}$	20
	$\frac{40}{10} < t \leqq \frac{60}{10}$	25
	$\frac{60}{10} < t \leqq \frac{80}{10}$	30
	$\frac{80}{10} < t \leqq \frac{100}{10}$	35
	$\frac{100}{10} < t \leqq \frac{110}{10}$	40
	$\frac{110}{10} < t \leqq \frac{120}{10}$	45
	$\frac{120}{10} < t$	50
準工業地域	$t \leqq \frac{20}{10}$	20
工業地域	$\frac{20}{10} < t \leqq \frac{30}{10}$	25
工業専用地域	$\frac{30}{10} < t \leqq \frac{40}{10}$	30
	$\frac{40}{10} < t$	35
第１種、第２種住居地域、準住居地域又は準工業地域内、高層住居誘導地区内の建築物で、住宅の用途に供する部分の床面積の合計が延べ面積の2/3以上のもの		35
無指定	$t \leqq \frac{20}{10}$	20
	$\frac{20}{10} < t \leqq \frac{30}{10}$	25
	$\frac{30}{10} < t$	30

＊適用距離（L）：法別表第３(は)欄の距離

注）第１種・第２種中高層住宅専用地域（容積率の限度が40/10以上とされている地域に限る）、第１種・第２種住居地域又は準住居地域で、特定行政庁が都道府県都市計画審議会の議を経て指定する区域内にあっては、適用距離（L）については、「25m」とあるのは「20m」と、「30m」とあるのは「25m」と、「35m」とあるのは「30m」とする。

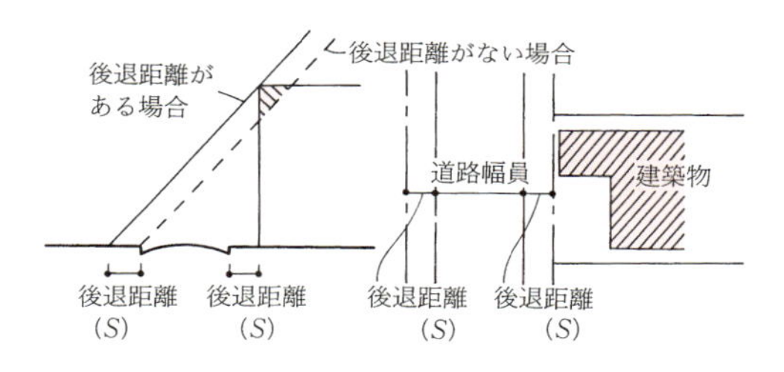

図２　セットバックによる緩和①

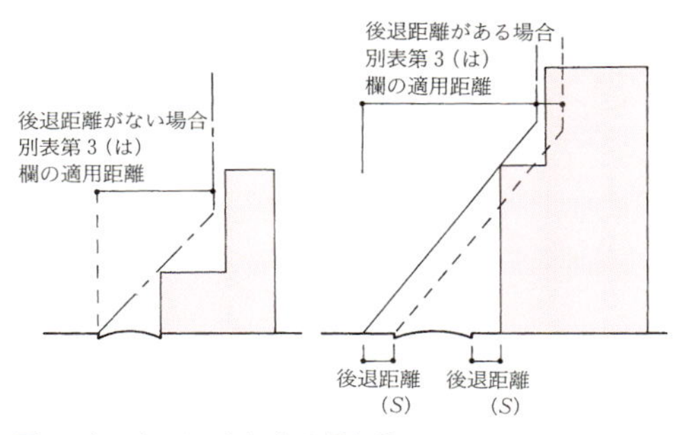

図３　セットバックによる緩和②

前面道路の反対側の境界線とみなされる境界線

S

道路幅員

後退距離（S）

建築物

図４　セットバックによる緩和③

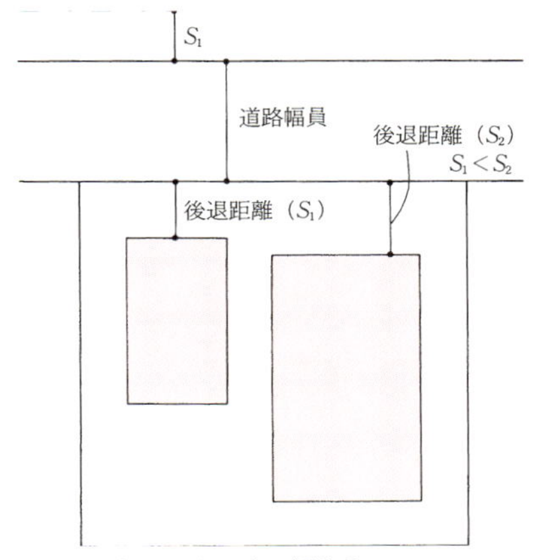

図５　セットバックによる緩和④

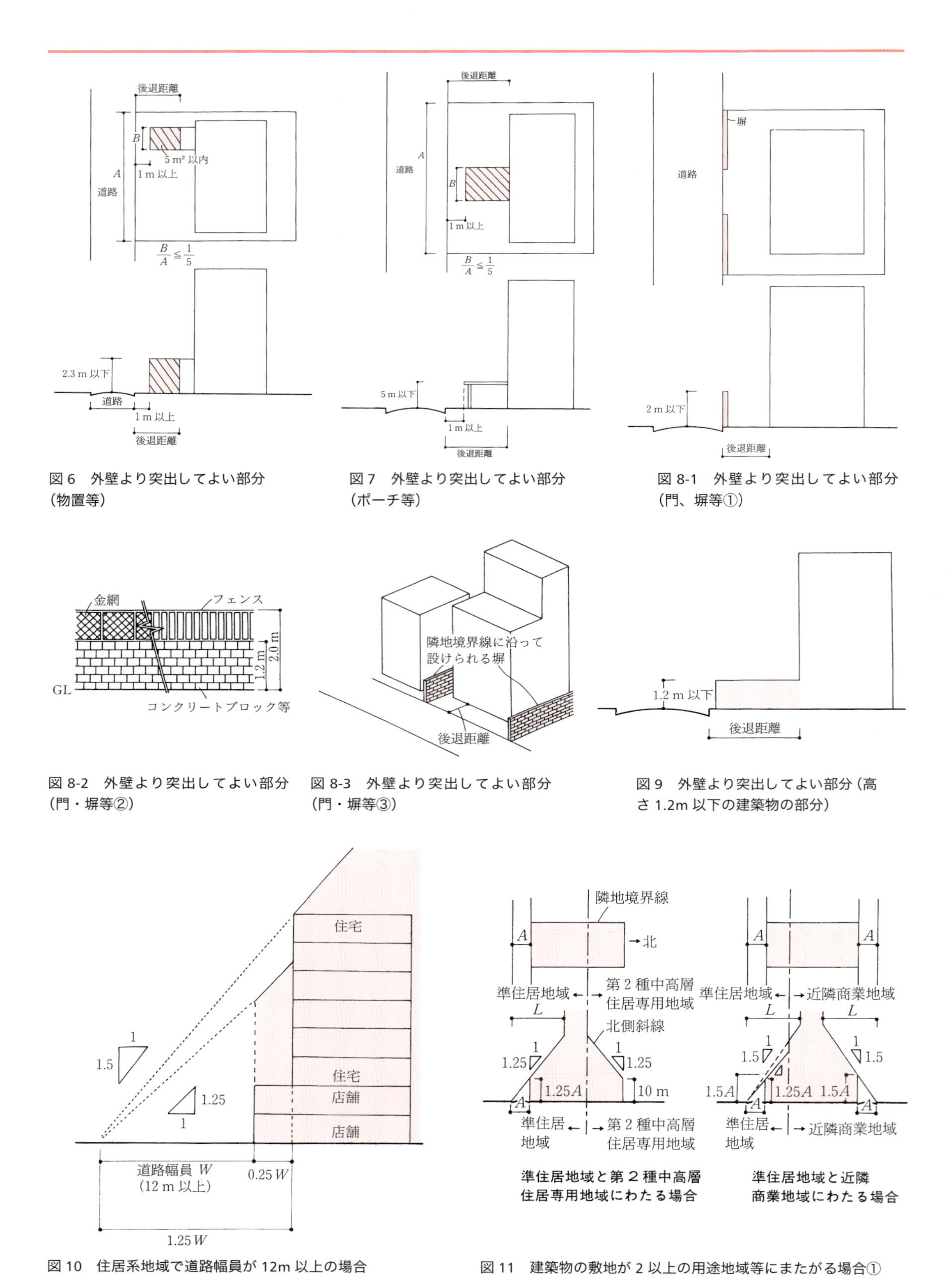

図 6　外壁より突出してよい部分（物置等）

図 7　外壁より突出してよい部分（ポーチ等）

図 8-1　外壁より突出してよい部分（門、塀等①）

図 8-2　外壁より突出してよい部分（門・塀等②）

図 8-3　外壁より突出してよい部分（門・塀等③）

図 9　外壁より突出してよい部分（高さ 1.2m 以下の建築物の部分）

図 10　住居系地域で道路幅員が 12m 以上の場合

図 11　建築物の敷地が 2 以上の用途地域等にまたがる場合①

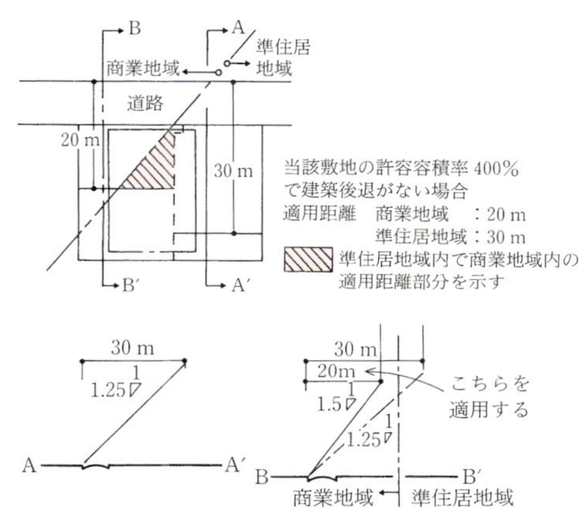

図 12　建築物の敷地が 2 以上の用途地域等にまたがる場合②

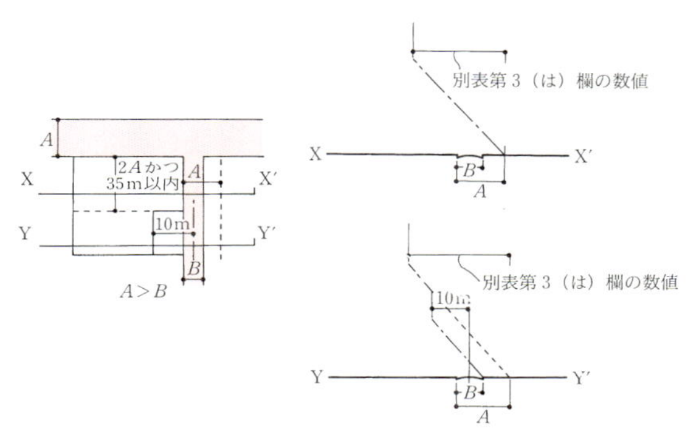

図 14　道路斜線の緩和（2 以上の前面道路がある場合）②

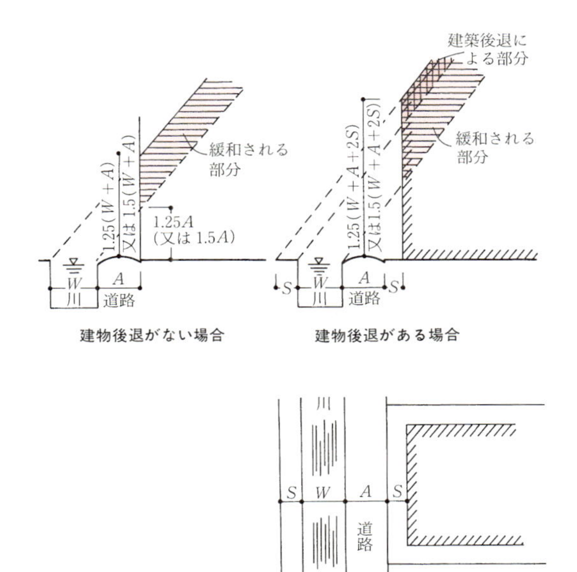

図 16　道路斜線の緩和（前面道路の反対側に公園等がある場合）

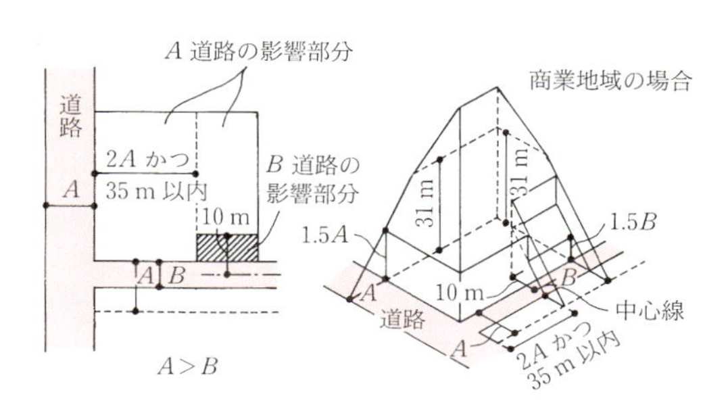

図 13　道路斜線の緩和（2 以上の前面道路がある場合）①

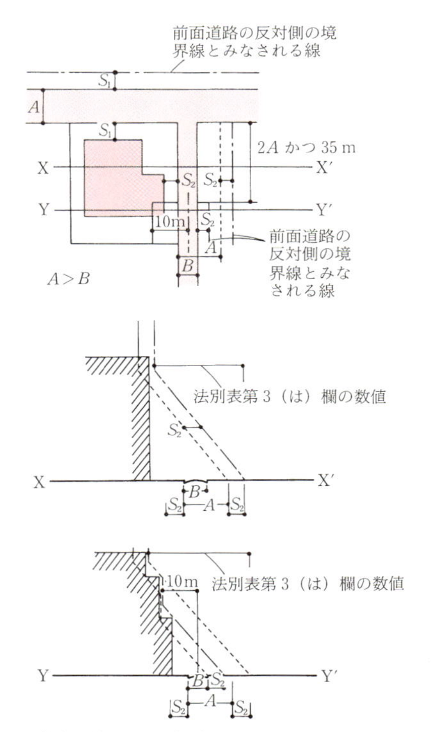

図 15　道路斜線の緩和（2 以上の前面道路がある場合）③

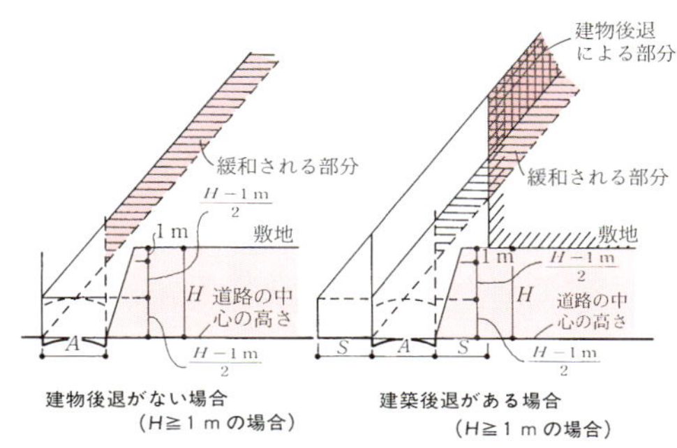

図 17　道路斜線の緩和（道路面と敷地の地盤面に高低差がある場合）

隣地斜線制限

隣地斜線制限による建築物の各部分の高さ

隣地斜線の勾配

用途地域	立上がり＋勾配
住居系（低層住居専用を除く）	$20m+\frac{1.25}{1}$
商業系・工業系	$31m+\frac{2.5}{1}$
無指定	$20m+\frac{1.25}{1}$ $31m+\frac{2.5}{1}$

セットバックによる緩和

隣地境界線から後退して建築する場合は、地上20m又は31mを超える建築物の部分から隣地境界線までの最小の水平距離だけ隣地境界線が反対側に移動したものとして隣地斜線を適用する。なお、地上20m又は31mを超える建築物の部分から隣地境界線までの水平距離は、隣地境界線ごとに敷地単位で算定する。（図18、19）

隣地斜線制限の緩和

①敷地が公園、水面等に接する場合（≫令第135条の3第1項第1号）

敷地が公園（街区公園を除く）、広場、水面等に接する場合は、境界線を公園、広場、水面等の幅の1/2だけ外側にあるものとして、隣地斜線制限を適用する。（図20）

②敷地の地盤面に高低差がある場合（≫令第135条の3第1項第2号）

敷地の地盤面が隣地の地盤面より1m以上低い場合は、その高低差から1mを引いたものの1/2だけ敷地が高い位置にあるものとみなし、隣地斜線制限を適用する。（図21）

北側斜線制限　≫法第56条第1項第3号

第1種・第2種低層住居専用地域及び第1種・第2種中高層住居専用地域は、これらの地域の性格上、北側隣地の日照等の影響を考慮して北側からの斜線制限が設けられている。

北側斜線制限による建築物の各部分の高さ（図22）

①第1種・第2種低層住居専用地域

建築物の各部分の高さ$\leqq 5m+\frac{1.25}{1}\times L$

②第1種・第2種中高層住居専用地域

建築物の各部分の高さ$\leqq 10m+\frac{1.25}{1}\times L$

（L：当該部分から隣地境界線又は道路の反対側の境界線までの真北方向の水平距離）

北側斜線制限における留意事項

①制限を受ける地域又は区域が2以上にわたる場合は、異なる区域に属する部分ごとにその部分が属する区域の制限が適用される。（≫法第56条第5項）

②日影規制の対象区域に指定された第1種・第2種中高層住居専用地域では、北側斜線制限は適用されない。（≫法第56条第1項第3号）

③北側斜線からは塔屋等の屋上部分の突出は認められない。（≫令第2条第1項第6号）

北側斜線制限の緩和（≫令第135条の4）

①北側の前面道路の反対側に水面、線路敷等がある場合、前面道路の反対側の境界線が、水面、線路敷等の1/2だけ外側にあるものとみなす。（図23）

②建築物の敷地が北側で水面、線路敷等に接する場合、隣地境界線は当該水面、線路敷等の1/2だけ外側にあるものとみなす。（図24）

③敷地の地盤面が北側隣地の地盤面より1m以上低い場合は、その高低差から1mを引いた高さの1/2だけ地盤面が高い位置にあるものとみなす。（図25）

④計画道路を前面道路とみなす場合は、その計画道路内の隣地境界線はないものとして扱う。これは、計画道路の斜線が働くからである。（≫令第131条の2第2項）

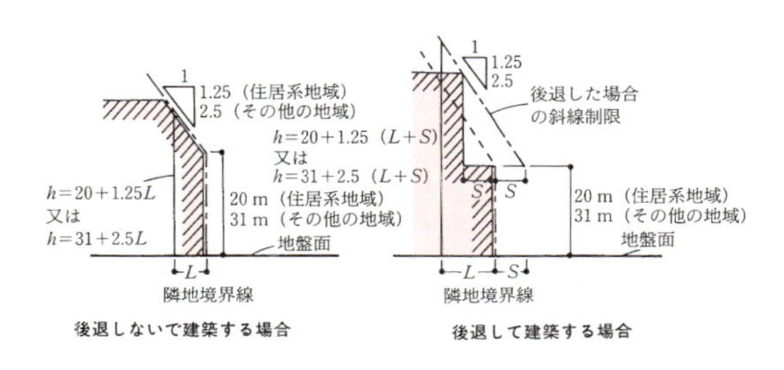

図 18　セットバックによる緩和（1）

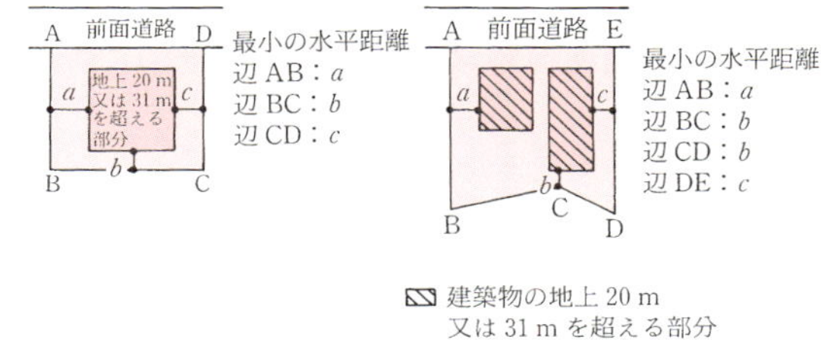

図 19　セットバックによる緩和（2）

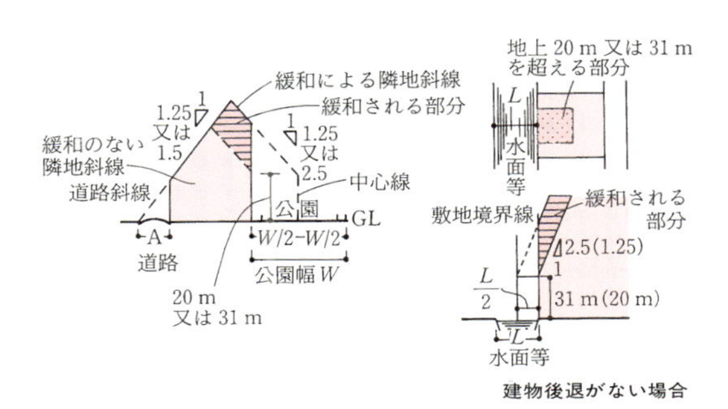

図 20　敷地が公園、水面等に接する場合

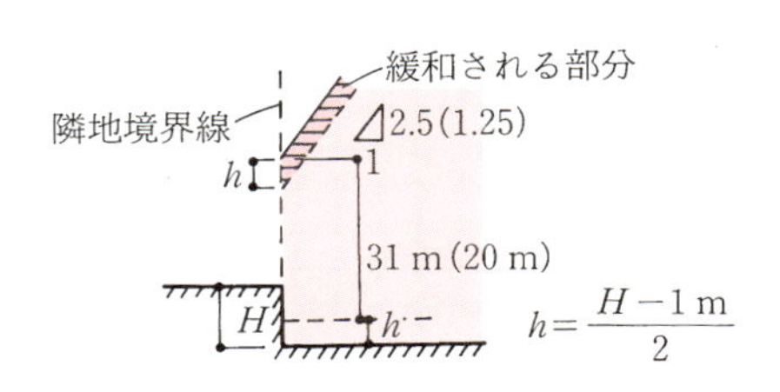

図 21　敷地の地盤面に高低差がある場合

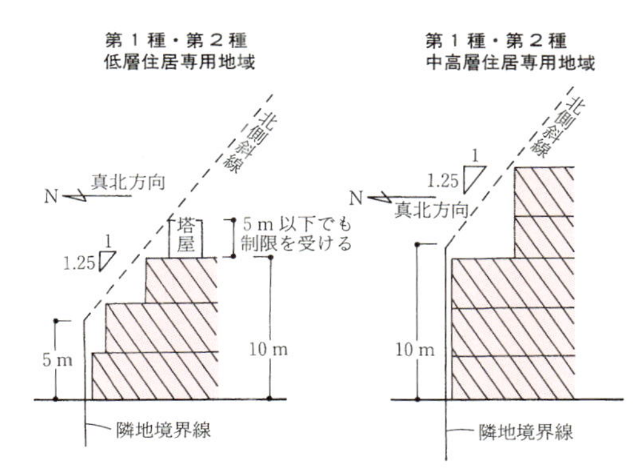

図 22　北側斜線制限による建築物の各部分の高さ

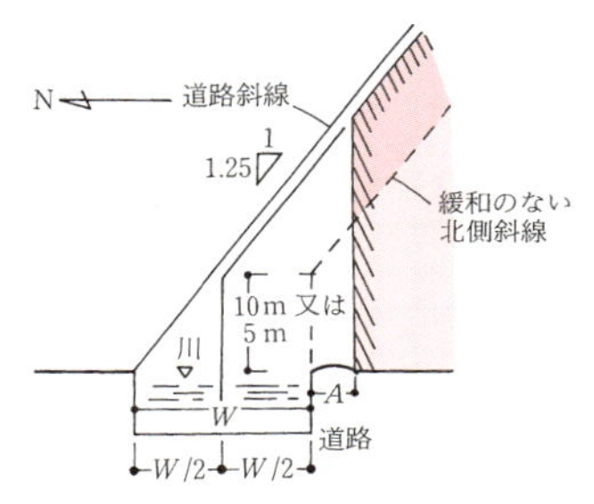

図 23　北側斜線制限の緩和①

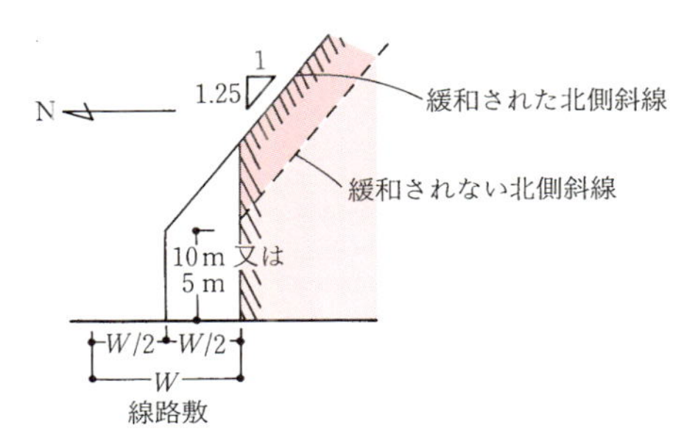

図 24　北側斜線制限の緩和②

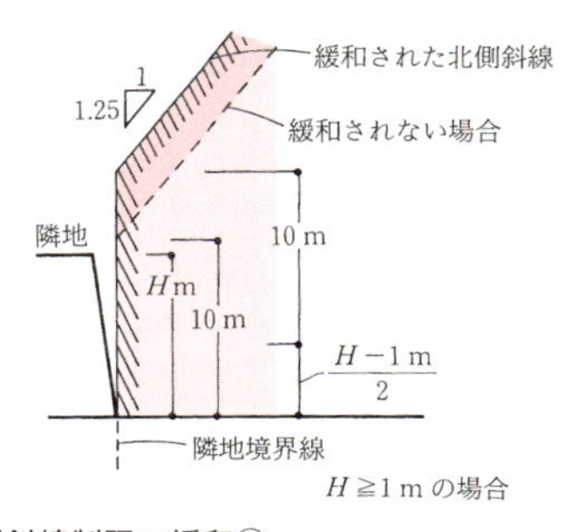

図 25　北側斜線制限の緩和③

Point

北側斜線の緩和に公園や広場が対象とされていないのは、住居専用地域内の公園・広場は当然日照等の影響を考慮すべきものとして除外しているからである。

天空率による高さの制限

性能規定による斜線制限の適用除外（≫法第 56 条第 7 項、令第 135 条の 5 ～ 11）

政令で定める、地上の一定の位置において、仕様規定による道路、隣地、北側の各斜線制限により確保される採光、通風等と同程度以上の採光、通風等が確保されるものとして政令で定める基準に適合する建築物については、当該斜線制限を適用しない。（図 26）

天空率の定義（≫令第 135 条の 5）

天空率は、建築物を天空に正射影した場合の全天に対する空の面積の割合。

$$R_s = \frac{A_s - A_b}{A_s} \times 100\%$$

R_s：天空率

A_s：地上のある位置を中心として、その水平面上に想定する半球（想定半球）の水平投影面積（天空図の円の面積）

A_b：建築物及びその敷地の地盤を A_s の想定半球と同一の想定半球に投影した投影面積の水平投影面積（天空図の建物の影の面積）

各斜線制限を適用しない建築物の形態規制の基準（≫令第 135 条の 6 ～ 8）（図 27）

道路高さ制限
隣地高さ制限
北側高さ制限 ｝ 適合建築物の天空率 ≦ 計画建築物の天空率

各斜線制限を適用しない場合の天空率算定のための想定半球中心位置の基準（≫令第 135 条の 9 ～ 11）（表 4）

日影による中高層の建築物の高さの制限（日影規制）

日影規制は、建築物から生じる日影を一定の時間以下に規制し、その建築物の周辺地域の日照条件の悪化を防ぎ、地域レベルでの日照等を確保するために、良好な住環境を守るのに必要な最低基準として定められた。

対象区域（≫法第 56 条の 2、法別表第 4）

日影規制では、対象となる建築物、敷地境界から一定の水平距離の位置における日影時間等が定められているが、日影規制対象区域及び日影時間は、気候、風土、土地利用など地方の実情を勘案して地方公共団体の条例で指定される。その条例で指定することのできる区域（対象区域）は、第 1 種低層住居専用地域、第 2 種低層住居専用地域、第 1 種中高層住居専用地域、第 2 種中高層住居専用地域、第 1 種住居地域、第 2 種住居地域、準住居地域、近隣商業地域、準工業地域又は用途地域の指定のない区域に限られる。従って、商業地域、工業地域、工業専用地域では指定することはできない。（表 5）

対象建築物

日影規制は、日照阻害の影響範囲の大きい中高層建築物を主な対象としている。第 1 種・第 2 種低層住居専用地域、都市計画区域内で用途地域の指定のない区域（イ）では、軒の高さ 7m を超える建築物又は地階を除く階数が 3 以上の建築物、一方、第 1 種・第 2 種中高層住居専用地域、第 1 種・第 2 種住居地域、準住居地域、近隣商業地域、準工業地域、都市計画区域内で用途地域の指定のない区域（ロ）では、高さが 10m を超える建築物が規制対象となる。（表 5）

軒の高さ及び建築物の高さの算定

軒の高さ及び建築物の高さは、地盤面（≫令第 2 条第 2 項）から測る。

①軒の高さ（7m）の算定

地盤面から建築物の小屋組又はこれに代わる横架材を支持する壁、敷げた又は柱の上端までの高さを算定する。（≫令第 2 条第 1 項第 7 号）

②建築物の高さ（10m）の算定の緩和

階段室等の屋上部分の水平投影面積の合計が建築面積の 1/8 以内の場合は、その部分の高さは 5m までは建築物の高さに算入しない。ただし、階段

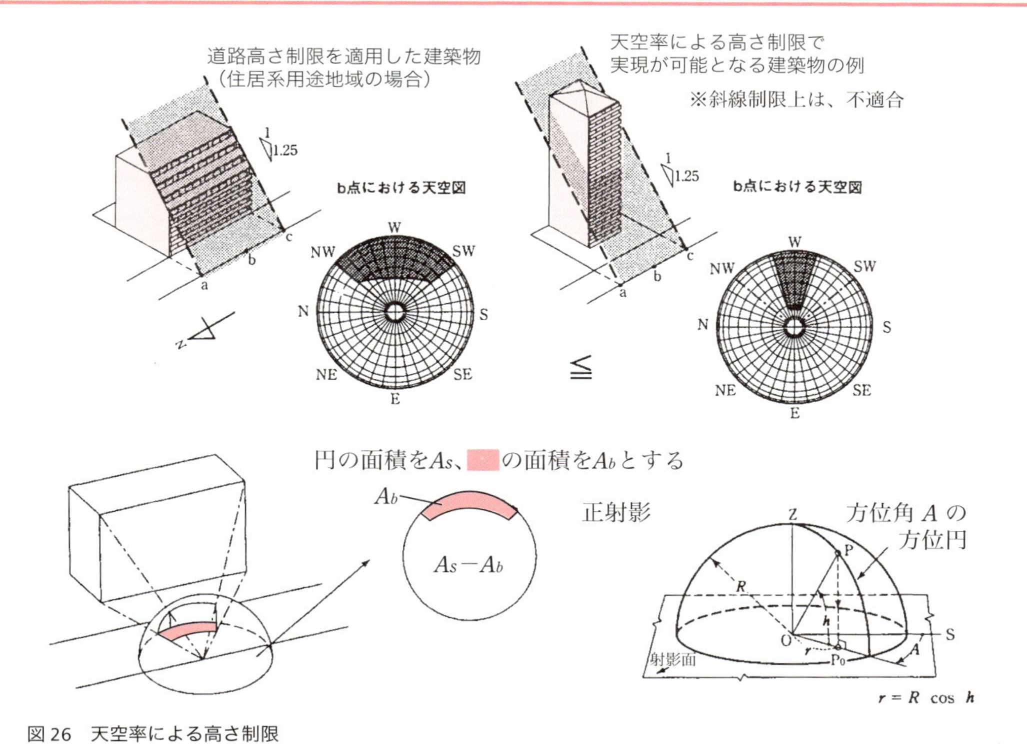

図 26　天空率による高さ制限

道路高さ制限の場合

敷地の前面道路に面する部分の両端の反対側の境界線上の点

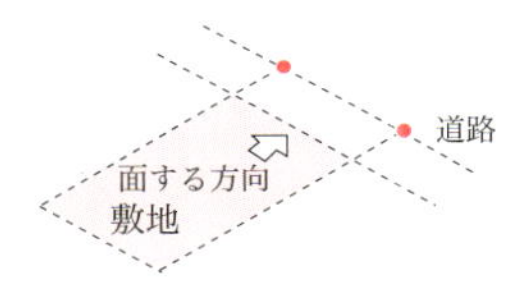

隣地高さ制限の場合

基準線の敷地に面する部分の両端

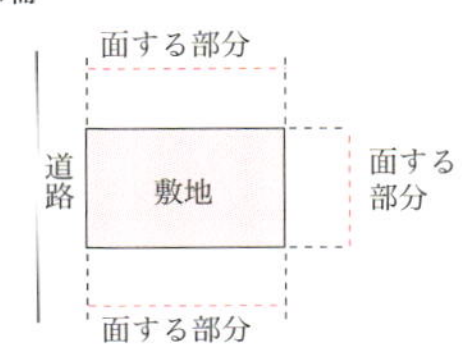

変形している敷地の場合の両端の点

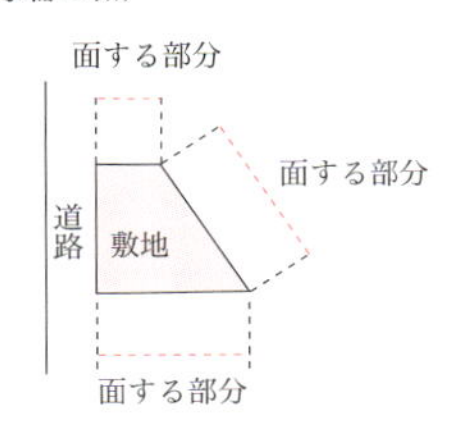

【前面道路の反対側の両端及び一定間隔以内に均等な間隔で配置する位置のイメージ】

（令135条の9第1項第2号関係）

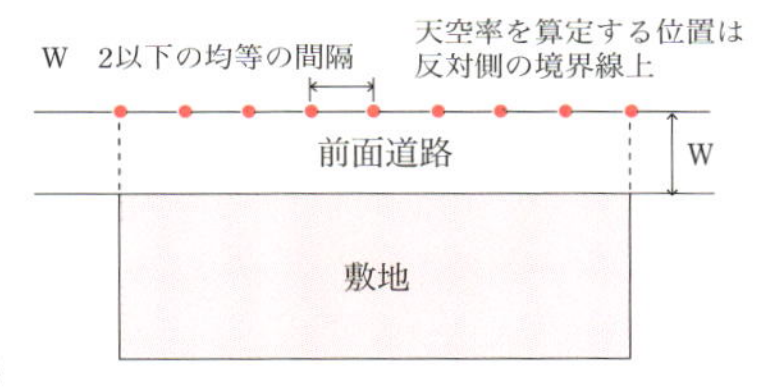

北側高さ制限の場合

（令135条の11第1項第2号）

敷地境界線から真北方向への水平距離が4mの場合は1m以内の均等な間隔とし、当該水平距離が8mの場合は2m以内の均等な間隔とする。

（真北方向への水平距離が4mの場合）

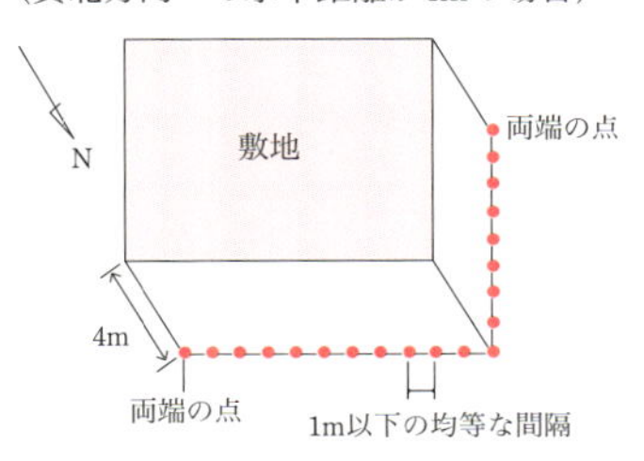

図 27　天空率の算定位置

表 4　想定半球の中心点位置の基準
（令第 135 条の 9 ～ 11）

斜線の種類	天空率算定のための想定半球の中心点位置			
道路斜線を適用しない場合	・敷地の前面道路に面する部分の両端の反対側の境界線上の点 ・前面道路の反対側の境界線上の前面道路の幅員の 1/2 以内の均等な点全て			
隣地斜線を適用しない場合	住居系及び無指定の区域	斜線勾配 1.25 の場合	16m 外側の線が基準線	・基準線の敷地に面する部分の両端の点 ・基準線上の 8m 以内の均等な点全て
	全ての区域	斜線勾配 2.5 の場合	12.4m 外側の基準線	・基準線の敷地に面する部分の両端の点 ・基準線上の 6.2m 以内の均等な点全て
北側斜線を適用しない場合	第 1 種、第 2 種低層住居専用地域	・敷地の真北方向基準線上へ敷地の両端から 4m の点 ・基準線上の 1m 以内の均等な点全て		
	第 1 種、第 2 種中高層住居専用地域	・敷地の真北方向基準線上へ敷地の両端から 8m の点 ・基準線上の 2m 以内の均等な点全て		

室等の屋上部分が5mを超えた場合は、屋上部分の高さから5mを減じた数値を建築物の高さに算入する。(»令第2条第1項第6号ロ、ハ)(図28)

日影時間の測定

冬至日の真太陽時による午前8時から午後4時まで(北海道の区域内にあっては、午前9時から午後3時まで)の間に、地上(平均地盤面)1.5m、4m、6.5m(これらの数値は概ね1階から3階の各階の窓の中心付近の位置)の高さの水平面で測定した日影時間は、各地域、地区で定められる日影時間の規制値を超えてはならない。(図29)

なお、特定行政庁が土地の状況等により周囲の居住環境を害する恐れがないと認めて建築審査会の同意を得て許可した場合は、この限りでない。

日影規制のその他の規定

①同一敷地内に二以上の建築物がある場合

同一敷地に二以上の建築物がある場合は、これらの建築物を一つの建築物とみなし、どちらかの建築物が制限を受ける高さ以上であればその全ての建築物に日影規制の制限が適用される。(»法第56条の2第2項)(図31)

②敷地が道路等に接する場合

建築物の敷地が道路、水面、線路敷等に接する場合、その敷地境界線を外側にみなし、測定線を移行することにより日影規制が緩和される。(»法第56条の2第3項、令第135条の12第1項第1号)

・道路等の幅が10m以下の場合

敷地境界線が道路等の幅の1/2だけ外側にあるものとみなし、道路等の中心線を境界線とする。(図32)

・道路等の幅が10mを超える場合

道路等の反対側の境界線から敷地の側に水平距離で5m寄った線を敷地境界線とみなす。この場合、日影の制限範囲となる5mの測定線は、道路等の反対側の境界線上となり、10mの測定線は、その境界線よりさらに5m外側の測定線となる。(図33)

③敷地と隣地に1m以上の高低差がある場合

建築物の敷地の平均地盤面が、隣地又は連続する土地で日影を及ぼす土地の地盤面より1m以上低い場合は、その高低差から1mを引いたものの1/2だけ、敷地の平均地盤面が高い位置にあるものとみなす。(»令第135条の12第1項第2号)(図34)

④建築物の日影が制限の異なる対象区域の内外等にわたる場合

対象区域外(商業地域、工業地域、工業専用地域等)にある高さ10mを超える建築物が、冬至日の真太陽時の8時から16時までに対象区域内(住居系地域等)に日影を生じさせた場合は、その対象区域内に建築物があるものとして規制を受ける。(»法第56条の2第4項)

日影規制対象区域内に建つ対象建築物が、工業地域等の規制対象区域外に日影を落としても、規制の対象にならない。

建築物の日影が制限の異なる区域にわたる場合は、対象建築物は、日影を生じさせた区域の規制を受ける(日影を生じさせた区域に対象建築物があるものとみなす)。(»法第56条の2第5項、令第135条の13)(図35)

注)第1種・第2種中高層住居専用地域で、日影規制対象区域内では、北側斜線制限(»法第56条第1項第3号)は適用されない。

表５　日影による中高層建築物の高さの制限

	(い)	(ろ)	(は)	(に)		
	地域又は区域	制限を受ける建築物	平均地盤面からの高さ		敷地境界線からの水平距離が 10m 以内の範囲における日影時間	敷地境界線からの水平距離が 10m を超える範囲における日影時間
(1)	第１種低層住居専用地域又は第２種低層住居専用地域	軒の高さが 7m を超える建築物又は地階を除く階数が３以上の建築物	1.5m	①	3 時間（道の区域内にあっては、2 時間）	2 時間（道の区域内にあっては、1.5 時間）
				②	4 時間（道の区域内にあっては、3 時間）	2.5 時間（道の区域内にあっては 2 時間）
				③	5 時間（道の区域内にあっては、4 時間）	3 時間（道の区域内にあっては、2.5 時間）
(2)	第１種中高層住居専用地域又は第２種中高層住居専用地域	高さが 10m を超える建築物	4m 又は 6.5m	①	3 時間（道の区域内にあっては、2 時間）	2 時間（道の区域内にあっては、1.5 時間）
				②	4 時間（道の区域内にあっては、3 時間）	2.5 時間（道の区域内にあっては、2 時間）
				③	5 時間（道の区域内にあっては、4 時間）	3 時間（道の区域内にあっては、2.5 時間）
(3)	第１種住居地域、第２種住居地域、準住居地域、近隣商業地域又は準工業地域	高さが 10m を超える建築物	4m 又は 6.5m	①	4 時間（道の区域内にあっては、3 時間）	2.5 時間（道の区域内にあっては、2 時間）
				②	5 時間（道の区域内にあっては、4 時間）	3 時間（道の区域内にあっては、2.5 時間）
(4)	用途地域の指定のない区域 （地方公共団体がその地方の気候及び風土、当該区域の土地利用の状況を勘案して条例で指定する区域）	軒の高さが 7m を超える建築物又は地階を除く階数が３以上の建築物（イ）	1.5m	①	3 時間（道の区域内にあっては、2 時間）	2 時間（道の区域内にあっては、1.5 時間）
				②	4 時間（道の区域内にあっては、3 時間）	2.5 時間（道の区域内にあっては、2 時間）
				③	5 時間（道の区域内にあっては、4 時間）	3 時間（道の区域内にあっては、2.5 時間）
		高さが 10m を超える建築物（ロ）	4m	①	3 時間（道の区域内にあっては、2 時間）	2 時間（道の区域内にあっては、1.5 時間）
				②	4 時間（道の区域内にあっては、3 時間）	2.5 時間（道の区域内にあっては、2 時間）
				③	5 時間（道の区域内にあっては、4 時間））	3 時間（道の区域内にあっては、2.5 時間

表において、平均地盤面からの高さとは、当該建築物が周囲の地面と接する位置の平均の高さにおける水平面からの高さをいうものとする。

注 1）（　）内の時間は北海道の区域にかかるもの。

注 2）屋上突出部（階段室等で屋上部分の水平投影面積が建築面積の 1/8 以下の場合に限る）については、その部分の高さが 5m までは高さに算入しない。

注 3）高層住居誘導地区内の建築物（住宅の用途に供する部分の床面積の合計が延べ面積の 2/3 以上のもの）については、地区内は適用除外（法 57 条の 5、4 項）。

注 4）表中(2)(3)の項においては、当該各項に掲げる平均地盤面の高さのうちから地方公共団体が条例で指定する。

注 5）都市再生特別地区内は、適用除外。

第１種低層住宅専用地域
軒の高さ＞7m
地上階数≧3
測定面は平均地盤面より1.5m

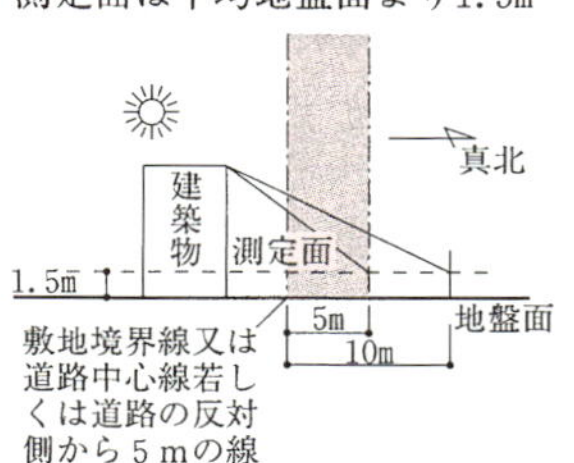

その他の対象区域
高さ＞10m
測定面は平均地盤面より
4m又は6.5m

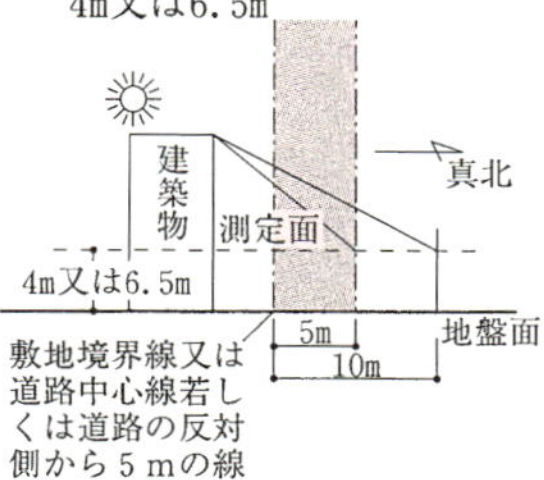

日影の規制を受けない部分

図 28　軒の高さ及び建築物の高さの算定

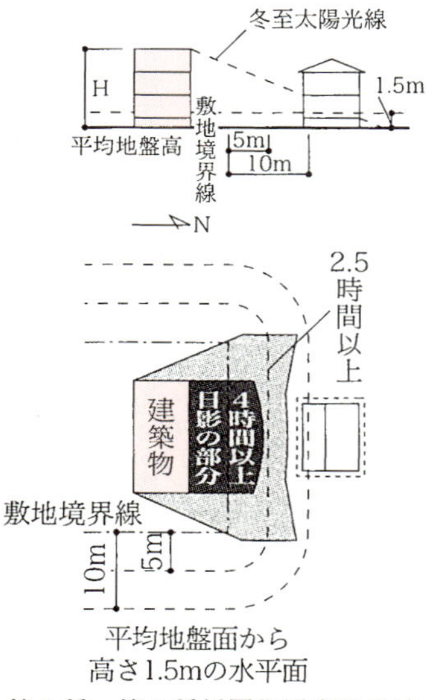

平均地盤面から
高さ1.5mの水平面
第１種・第２種低層住居専用地域
〔規制時間の種類(2)の場合〕

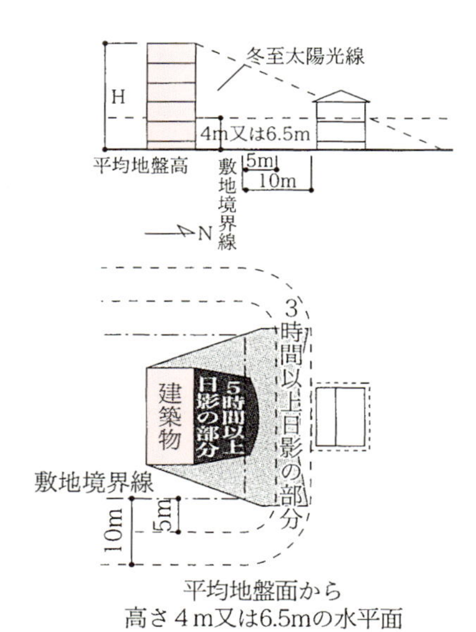

平均地盤面から
高さ４m又は6.5mの水平面
第１種・第２種中高層住居専用地域
〔規制時間の種類(3)の場合〕

図 29　日影時間の測定

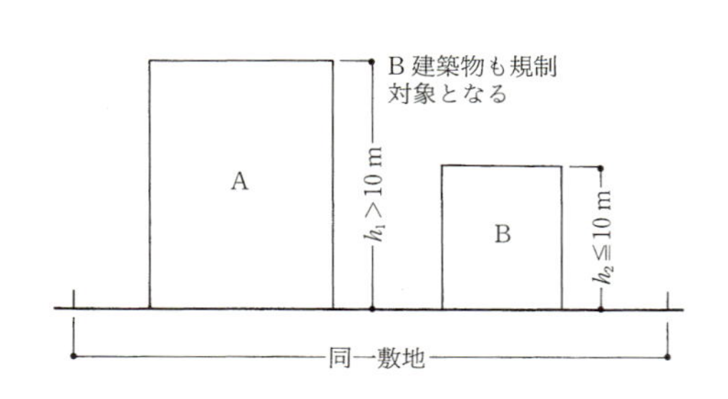

図 30　敷地内に２棟の建築物がある場合（第１種・第２種低層住居専用地域以外）

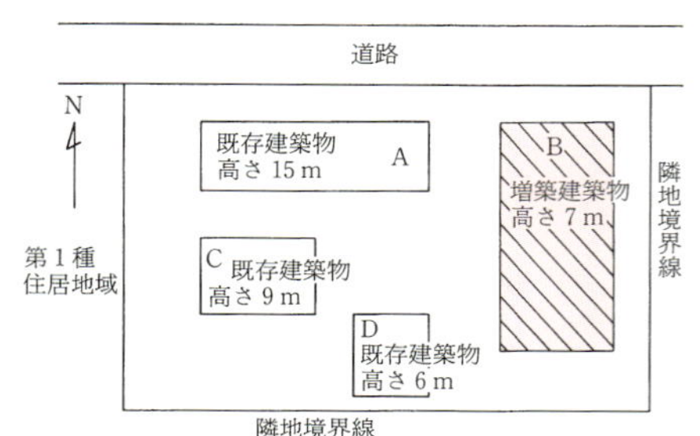

（例）既存建築物Ａが規制対象建築物として高さを有しているため，Ａ，Ｂ，Ｃ，Ｄ全部が日影規制を受ける．（ただし，Ａ，Ｂ，Ｃ，Ｄとも用途上不可分にある建築物である．）

図 31　同一敷地に２以上の建築物がある場合

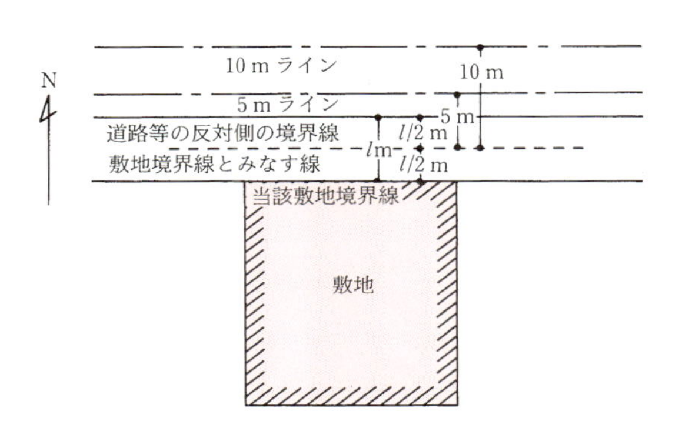

図 32　敷地に接する道路の幅が 10m 以下の場合

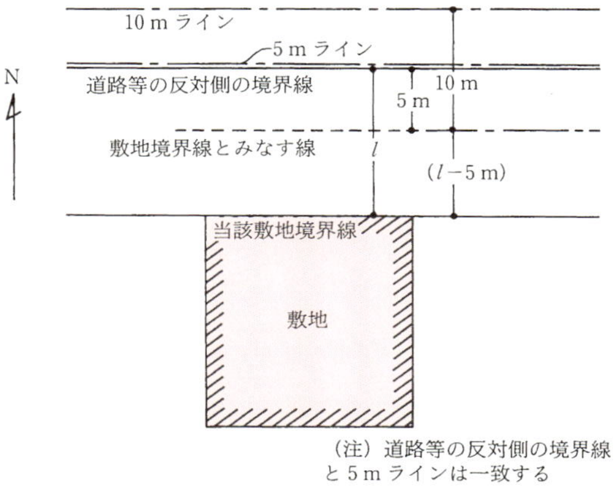

図 33　敷地に接する道路の幅が 10m を超える場合

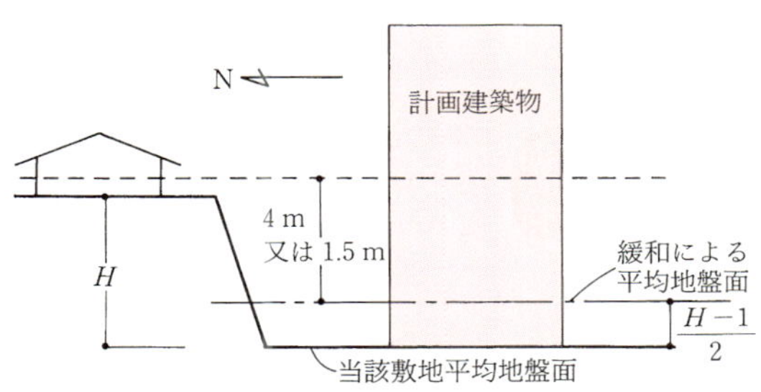

図 34　敷地と隣地に 1m 以上の高低差がある場合

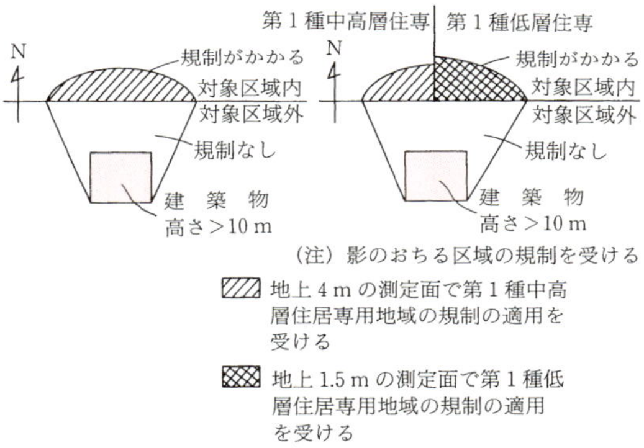

図 35　建築物の日影が制限の異なる対象区域の内外等にわたる場合

市街地における火災の危険を防除する

防火地域（建築物は原則として耐火建築物とする）

都市計画上の地域地区の一つとして防火地域及び準防火地域があり、都市計画法第9条第20項の規定では、「市街地における火災の危険を防除するため定める地域」とされている。これは建築物が密集した市街地において火災が発生した場合、大参事になる恐れがあるため、一定規模の建築物に対して制限を加えたものである。一般的に、防火地域の方が準防火地域より防火上の規制が厳しい。また、防火地域及び準防火地域以外の市街地でも、火災の延焼防止といった目的から建築物の屋根を不燃化する区域として特定行政庁が指定する（都市計画区域外でも指定できる）。

防火地域内の建築物に対する制限

防火地域内の建築物は、原則として耐火建築物としなければならない。ただし、次に掲げる建築物は例外的に耐火建築物としなくてもよい。（»法第61条）（表1）

①階数が2又は1であり、かつ延べ面積100m²以下の建築物は準耐火建築物とすることができる。

②外壁及び軒裏を防火構造とした延べ面積50m²以内の平家建の附属建築物は、耐火建築物又は準耐火建築物でなくても建築できる。

③卸売市場の上家又は機械製作工場で主要構造部が不燃材料で造られたもの、その他これらに類する構造でこれらと同等以上に火災の発生が少ない用途に供するもの。

注）防火地域内の建築物で、耐火又は準耐火建築物でないものは、屋根を不燃材料で造り、又はふく。外壁の開口部で延焼の恐れのある部分には防火設備（防火戸等）を設けなければならない（»法第63条、第64条）。また、防火地域内にある看板、広告塔、装飾塔などの工作物で、建築物の屋上に設けるもの、又は高さが3mを超えるものは、その主要部分を不燃材料で造るか、覆わなければならない（»法第66条）。

準防火地域内の建築物に対する制限

準防火地域内においては、大規模なものや階数が多いものには耐火建築物の義務づけがある。しかし、次に掲げる建築物は、耐火建築物以外とすることができる（»法第62条）。（表2）

表1　防火地域の建築制限

耐火建築物としなければならないもの	耐火建築物又は準耐火建築物としなければならないもの	その他
階数≧3（地階を含む） 延べ面積＞100m²	左記以外のもの	①外壁及び軒裏が防火構造で延べ面積≦50m²の平家建付属建築物 ②主要構造部が不燃材料で造られた卸売市場の上家又は機械製作工場の類 ③不燃材料で造り又はおおわれた高さ＞2mの門、塀 ④高さ≦2mの門、塀

表2　準防火地域の建築制限

耐火建築物としなければならないもの	耐火建築物又は準耐火建築物としなければならないもの	その他
地階を除く階数≧4 延べ面積＞1500m²	500m²＜延べ面積≦1500m² 地階を除く階数が3 （政令で定める技術的基準に適合する木造建築物は可能〔令136条の2〕）	①主要構造部が不燃材料で造られた卸売市場の上家又は機械製作工場の類 ②木造は外壁、軒裏で延焼のおそれのある部分を防火構造としたもの ③高さ＞2mの門、塀は延焼のおそれのある部分は、不燃材料で造るか、おおう

表3　屋根に必要な性能

屋根	火災	要件
22条区域の建築物の屋根（法第22条、令第109条の5）	通常の火災	・防火上有害な発炎をしないこと。 ・屋内に火炎が達する損傷を生じないこと。防火上有害な損傷を生じないこと（不燃性の物品を保管する倉庫等で屋根以外の主要構造部が準不燃材料で造られたものの屋根を除く）
防火地域及び準防火地域の建築物の屋根（法第63条、令第136条の2の2）	市街地における通常の火災	

注）市街地における通常の火災による火の粉は、通常の区域よりも建築物周辺の市街地が稠密であり、火の粉の大きさも大きくなることが予想されるため、当該地域での火災の状況を考慮してより大きな火の粉に対する性能を求めることとした。

表4　防火地域又は準防火地域内にある建築物の開口部の延焼のおそれのある部分に設ける防火設備の構造方法を定める件（平成12年告示1366号）

(1)	令136条の2の3に定める技術的基準に適合する防火設備の構造方法は、法2条9号のニ、ロに規定する構造とする
(2)	1に定めるもののほか、防火戸が枠又は他の防火設備と接する部分は、相じゃくりとし、又は定規縁若しくは戸当たりを設ける等閉鎖した際に隙間が生じない構造とし、かつ、防火設備の取付金物は、取付部分が閉鎖した際に露出しないように取付なければならない

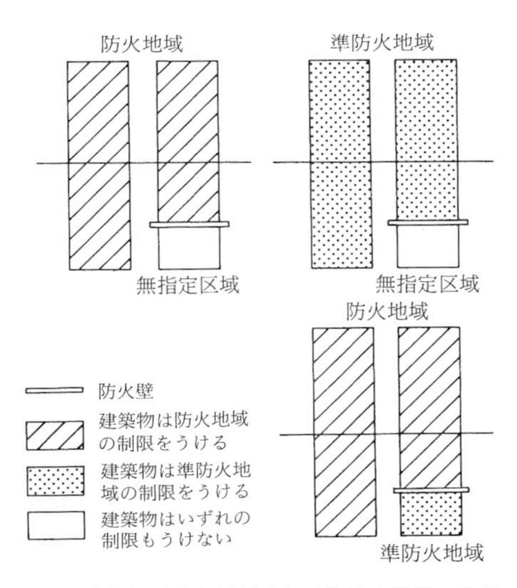

図1　建築物が防火地域または準防火地域の内外にわたる場合

準防火地域

屋根不燃化区域

①延べ面積が $1500m^2$ 以下で、かつ、地階を除く階数が3以下である建築物は、準耐火建築物とすることができる。

②卸売市場の上家又は機械製作工場の用途に供する建築物で、主要構造部が不燃材料で造られたもの等。

③延べ面積が $500m^2$ 以下、かつ、地階を除く階数が3以下の建築物は、木造で建てることができる。ただし、地階を除く階数を3とした木造3階建の建築物の場合には、政令（»令第136条の2）で定める防火措置をしなければならない（表5、図2）。木造平家建又は2階建の場合は、屋根を不燃材料で造り、又は葺き、外壁、軒裏で延焼の恐れのある部分は防火構造とし、かつ、開口部等には防火設備を設けなければならない。（»法第63条、第64条、令第136条の2の3）

建築物が防火地域又は準防火地域の内外にわたる場合

建築物が防火地域と準防火地域、あるいはこれらの地域と無指定区域とにまたがる場合は、防火壁で区画されている場合を除いて、建築物の全部について、制限の厳しい方の地域に属しているものとして取り扱う。（»法第67条）（図1）

法第22条区域（屋根不燃化区域）

この区域は、建築基準法第22条の規定により、防火・準防火地域以外の市街地で特定行政庁の指定を受けた区域で、主たる目的が屋根の不燃化にあることから、「法22条区域」あるいは、「屋根不燃化区域」とも呼ばれている（»法第22条）。防火・準防火地域よりも規制が緩やかである。（表3）

この区域では、建築物の屋根を不燃化しなければならない。木造の建築物の外壁で延焼の恐れのある部分は、延焼防止上、土塗壁（準防火性能を有する構造）とする。しかし、準防火地域内のように防火構造あるいは開口部に防火設備（防火戸等）を設ける必要はない。ただし、木造建築物等で学校等の特殊建築物では、延焼の恐れのある部分である外壁・軒裏を防火構造としなければならない。（»法第23条、第24条）

建築物が法第22条の区域の内外にわたる場合

建築物（敷地ではなく建築物自体）が法第22条の指定区域の内外にわたる場合は、建築物の面積の大小に関係なく、建築物全体が法第22条の指定区域内にあるものとみなす。（»法第24条の2）

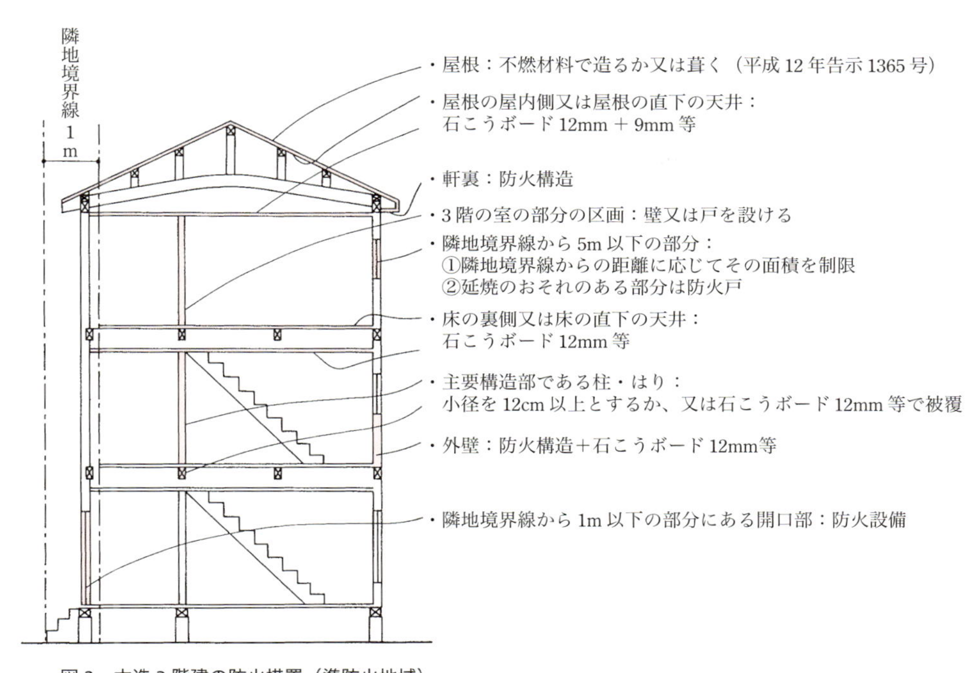

図2　木造3階建の防火措置（準防火地域）

表5　準防火地域内で建築できる地階を除く階数が3である建築物の技術的基準（令136条の2）

外壁の開口部構造	・隣地境界線等から1m以下の外壁の開口部には、常時閉鎖式又は煙・熱感知器連動閉鎖式で法2条9号の2ロに規定する防火設備（はめごろし戸も含む）等を設ける。ただし、換気孔又は便所、浴室等（居室及び火気使用室を除く）の換気用の0.2m²以下の窓を除く（注1）
面積制限	・隣地境界線等又は道路中心線から5m以下にある開口部は水平距離に応じて面積制限する〔昭和62年告示1903号〕
外壁の構造	・防火構造かつ、屋内側からの火熱で燃え抜けないこと 石こうボード12mm等 〔昭和62年告示1905号〕
軒裏	防火構造
主要構造部である柱・梁、その他国土交通大臣指定の建築物の部分（注2）	①小径は12cm以上 ただし、防火上有効に被覆した壁又は床の内部、天井裏等にあるものは除く 石こうボード12mm等 〔昭和62年告示1905号〕 ②通常火災により容易に倒壊するおそれのない構造
床（最下階の床を除く）、又はその直下の天井	・容易に燃え抜けないこと 石こうボード12mm 〔昭和62年告示1905号〕
屋根又はその直下の天井	・容易に燃え抜けないこと 石こうボード12mm＋9mm等 〔昭和62年告示1905号〕
3階の部分	・室とその他の部分とを壁・戸（ふすま、障子を除く）で区画する

注1）隣地境界線等：隣地境界線及び同一敷地内の他の建築物（同一敷地内の建築物が500m²以内である場合における当該地の建築物を除く）との外壁間の中心線

注2）国土交通大臣指定の建築物の部分〔昭和62年告示1904号〕：枠組壁工法の建築物の床（最下階の床を除く）、耐力壁、小屋根トラスの直下の天井

13　総合設計制度

敷地内に広い空地（公開空地）を有する建築物の容積率の特例

総合設計制度の適用を受けて敷地の一部を公開空地にしたビルの例

総合設計制度の狙い

»法第 59 条の 2、令第 136 条

最近の市街地の環境条件は著しく変化を遂げており、敷地の狭小化、オープンスペースの不足等の問題が生じている。これらの問題を抱えた市街地の環境改善のためには、都市計画による規制・誘導とともに、個々の建築活動においても、これに対応した手法の一つとして、総合設計制度がある。

総合設計制度は、空地の整備を中心に、市街地環境の整備改善を図るため、個々の建築活動の規制・誘導を行うことが理念・目的である。一定規模以上の敷地内に一定割合以上の空地を確保した建築物で、特定行政庁が、交通上、安全上、防火上及び衛生上支障がなく、かつ、建ぺい率、容積率及び各部分の高さについて総合的な判断がなされることにより、市街地環境の整備改善に資すると認めて許可したものについては、容積率及び各部分の高さは、その許可の範囲内において、法第52条第1項から第9項まで、第55条第1項、第56条又は第57条の2第6項の規定による限度を超えることができる。

総合設計制度適用の主な要件

総合設計制度の適用を受けるための条件は、下記の通りである。

①一定規模以上の敷地面積を有すること
②敷地内に一定規模以上の空地（絶対空地）を確保すること
③絶対空地の一部を、歩行者が日常自由に利用できるような空地（公開空地）として整備すること（例：広場、歩道、植え込み、池、公衆便所等）
④敷地が一定以上の幅員の道路に接していること

（右図、表1～3）

表1　総合設計制度の適用に必要な空地率（令 136 条 1 項）

法 53 条の規定による建ぺい率 C の最高限度	空地の面積の敷地面積に対する割合（空地率 B）
$C \leqq \frac{5}{10}$	$B \geqq (1-C)+\frac{1.5}{10}\left(\text{又は}\frac{1}{10}\right)$
$\frac{5}{10} < C \leqq \frac{5.5}{10}$	$B \geqq \frac{6.5}{10}\left(\text{又は}\frac{6}{10}\right)$
$\frac{5.5}{10} < C$	$B \geqq (1-C)+\frac{2}{10}\left(\text{又は}\frac{1.5}{10}\right)$
最高限度の定めがない場合	$B \geqq \frac{2}{10}\left(\text{又は}\frac{1.5}{10}\right)$

表2　総合設計制度の適用に必要な敷地面積の規模

地域又は区域	敷地面積 A の規模〔令136条3項〕	特定行政庁が規則で定めることができる敷地面積 A の規模〔令136条3項〕
第1種低層住居専用地域 第2種低層住居専用地域	$A \geqq 3000m^2$	$1000m^2 \leqq A < 3000m^2$
第1種中高層住居専用地域 第2種中高層住居専用地域 第1種住居地域 第2種住居地域 準住居地域 準工業地域 工業地域 工業専用地域	$A \geqq 2000m^2$	$500m^2 \leqq A < 2000m^2$
近隣商業地域 商業地域	$A \geqq 1000m^2$	$500m^2 \leqq A < 1000m^2$
用途地域の指定のない区域	$A \geqq 2000m^2$	$1000m^2 \leqq A < 2000m^2$

表3　技術的助言に基づく総合設計制度の区分

名称	容積率の限度	備考
街区設計型総合設計制度	概ね基準容積率の1.5倍	敷地が街区の少なくとも一辺全てを占める場合
都心居住型総合設計制度	基準容積率の2.0倍かつ400%増以内	住宅の割合が3/4以上の場合
再開発方針等適合型総合設計制度	基準容積率の1.75倍かつ250%増以内	再開発方針、地区計画等に適合する場合
市街地住宅総合設計制度	基準容積率の1.75倍かつ300%増以内	住宅の割合が1/4以上の場合
総合設計制度	基準容積率の1.5倍かつ200%増以内	

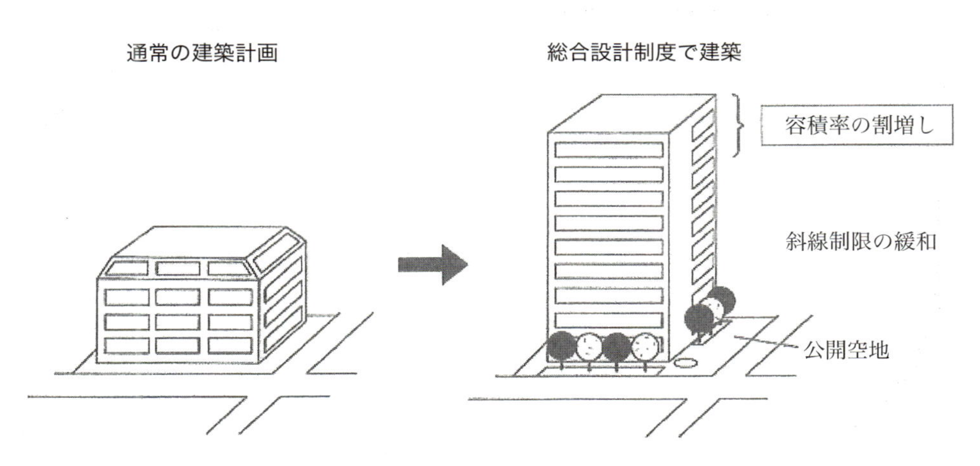

図　総合設計制度のしくみ（国土交通省資料より）

14　都市再生のための容積率の特例　③まちづくりのための規定

土地の有効活用を促進する手法の一つ

特例容積率適用地区

»法第 57 条の 2、令第 135 条の 21、都市計画法第 9 条第 15 項

特例容積率適用地区として都市計画で指定され、複数の敷地内で建設する建築物の容積率を移転することが認められている地区で、未利用となっている建築物の容積の活用を促進して、土地の有効利用などを図るために導入された建築基準法上の特例制度の一つである。

例えば、指定容積率が 800%の地区で、容積率を 300%しか利用していない敷地がある場合、未使用の 500%分を、同じ地区の他の敷地に上乗せし、指定容積率を超える建築物を建設できる。

容積率を移転する敷地は隣接していなくてもよい。これによって区域内での「空中権」の売買が可能となる。当該地区の指定に当たっては、原則として、特例容積の指定基準、建築物の高さの上限などが定められる。（図 1、2）

高層住居誘導地区

»法第 57 条の 5、都市計画法第 9 条第 16 項

郊外への拡散した住宅地を都心部に呼び戻し、利便性の高い高層住宅の建築を促進するため、住宅と非住宅の混在を前提とした用途地域における高層住宅の建設を誘導すべき地区を都市計画において位置づける。

高層住居誘導地区は、第 1 種・第 2 種住居地域、準住居地域、近隣商業地域、準工業地域で、指定容積率が 400%又は 500%である地域に指定される。当該地区内では、都市計画において建ぺい率の最高限度又は敷地の最低限度が定められた場合には、建築物はこの内容に適合しなければならない。また、次のような制限の緩和がある。

①容積率の緩和―住宅の用途に供する部分の床面積が 2/3 以上である建築物について、その住宅割合に応じた容積率の引き上げ（指定容積率の 1.5 倍以下）

②前面道路幅員による容積率の緩和―商業系用途地域と同じ制限を適用（幅員 × 6/10）

③斜線制限の緩和―商業系用途地域と同じ制限を適用（道路・隣地斜線制限の勾配）

④日影規制の適用除外

都市再生特別地区

»法第 60 条の 2, 都市計画法第 8 条第 1 項第 4 号の 2

都市再生緊急整備地区の内、都市の再生に貢献し、土地の合理的かつ高度の利用を図る必要があると認められる区域を、都市計画に都市再生特別地区と定める。当該地区においては、地域地区の種類、位置、区域、面積のほか、建築物の用途、容積率の最高限度と最低限度、建ぺい率の最高限度、建築面積の最低限度、壁面の位置の制限を定める。これらの規定は建築物の誘導のために必要な範囲で定めるものであり、その地区の防災、交通、衛生等に関する機能が確保されるよう定める。

都市再生特別地区内の建築物は、都市計画で定められた内容に適合するものでなければならないが、移転・除却が容易なもの、公益上必要な建築物は対象外となる。また、建築基準法の規定の内、第 48 条～第 49 条の 2、第 56 条、第 57 条の 4、第 58 条は適用されない。

図1　特例容積率適用地区制度により「空中権」を周辺の「新丸の内ビル」「東京ビル」「ツインタワー」などに売却して資金を調達し、名建築駅舎を保存再生した東京駅の例

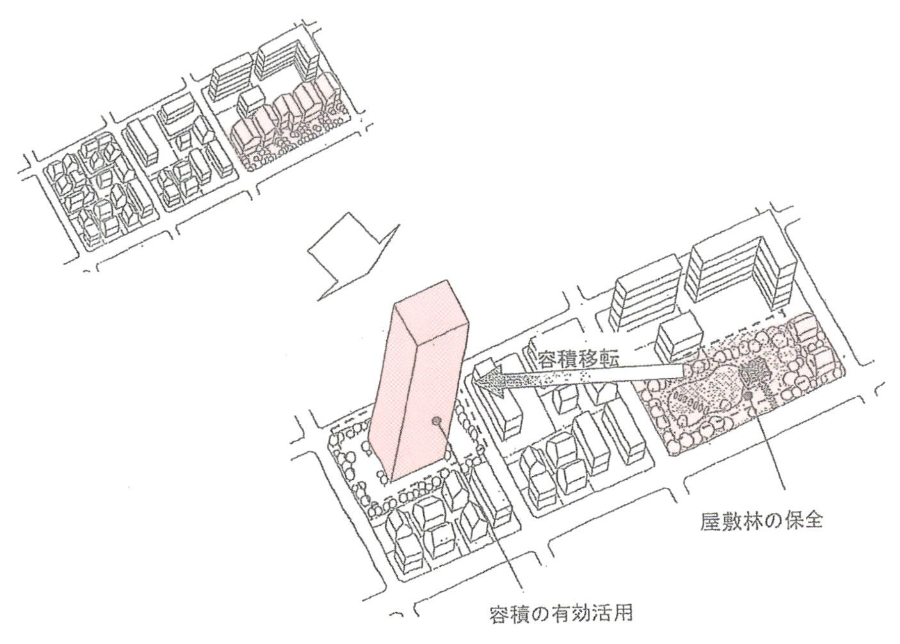

図2　特例容積率適用地区（国土交通省資料より）

15　高度地区・高度利用地区

③まちづくりのための規定

高さと容積等の調和で住環境の整備・高度利用を図る

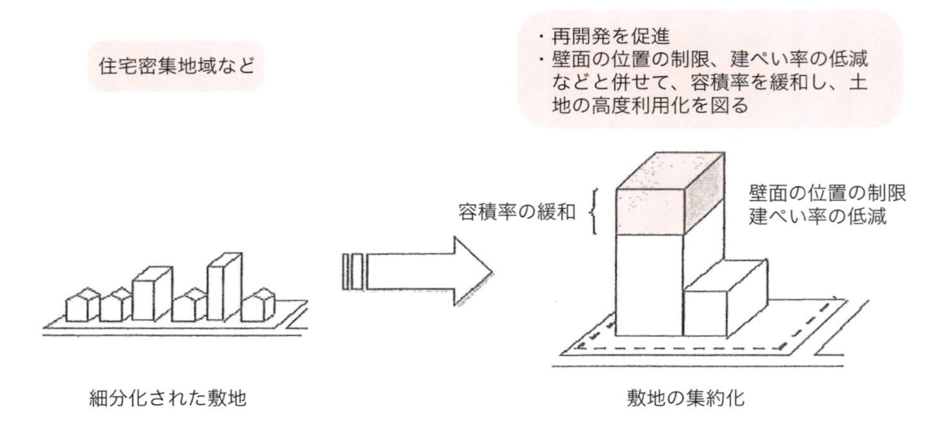

高度利用地区（東京都 HP より）

高度地区 »法第 58 条、都市計画法第 9 条第 17 項

高度地区は、用途地域内において市街地の環境を維持し、又は土地利用の増進を図るため、建築物の高さの最高限度（最高限高度地区）又は最低限度（最低限高度地区）を定める地区である。

高度地区内においては、建築物の高さは、都市計画で定められた内容に適合するものでなければならない。

最高限高度地区

高さの最高限度を定めてあまり高い建築物が建たないようにし、市街地の環境や都市景観の保全を図る。この最高限高度地区の規制方法は各地方公共団体によって①「北側斜線型」、②「絶体高さ型」、③「①②の併用型」の 3 タイプに分けられる。（図 1、2）

最低限高度地区

高さの最低限度を定めてそれ以上の高さの建築物を確保することにより、市街地の土地利用の増進や災害時の火災に対する防御壁としての避難地・避難路の確保を図る。

高度利用地区

»法第 59 条、都市計画法第 9 条第 18 項

高度利地区は市街地の高度利用を図る地域地区であるが、単に高度利用を図るだけでなく、市街地において細分化した敷地の統合（0.5ha 以上）を促進し、防災性の向上と合理的かつ健全な高度利用と都市機能の更新を図ることを目的としている。

高度利用地区は用途地域のあるところに重ねて指定され、用途地域の指定を補完する。小規模建築物の建築を抑制するとともに建築物の敷地内に有効な空地を確保することで、土地の高度利用に特化した制限を設ける地区に定められる。高度利用地区内の建築物は、都市計画により定められた制限項目の内容に適合するものでなければならない。また、市街地再開発事業の施行区域は、高度利用地区でなければならない。

高度利用地区の制限項目（都市計画で定める）

・容積率の最高・最低限度

・建ぺい率の最高限度・建築面積の最低限度

・壁面の位置の制限

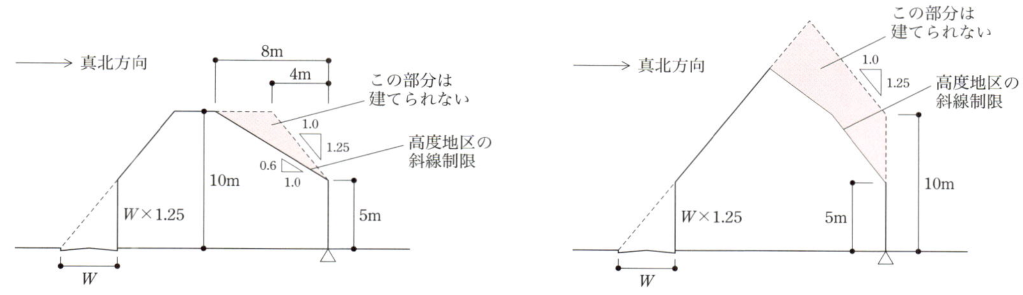

第１種低層住居専用地域内に第１種高度地区を指定した場合　　第１種中高層住居専用地域内に第２種高度地区を指定した場合

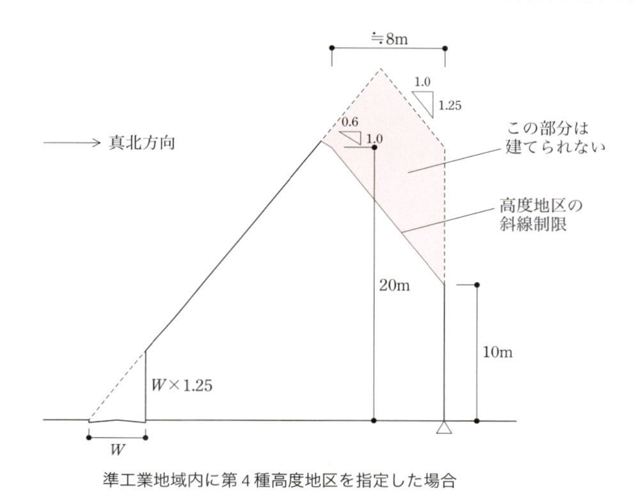

準工業地域内に第４種高度地区を指定した場合

図１　用途地域と高度地区を組み合わせた例

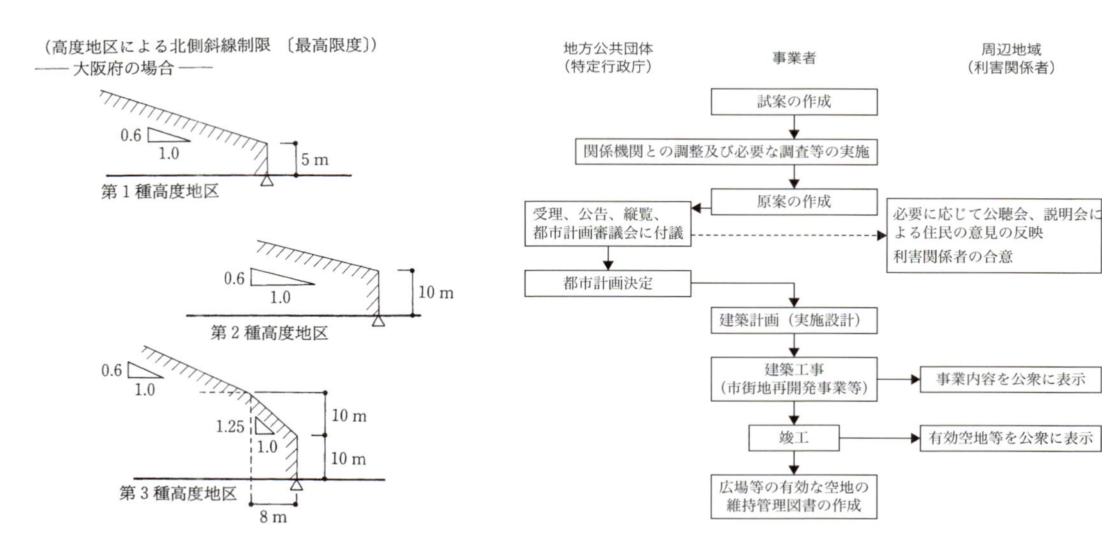

図２　高度地区による斜線制限（大阪府の場合）　　図３　高度利用地区に関する手続き

16　特定街区

超高層ビル群を創り出す街区制度

特定街区制度を使って建てられた超高層ビル

特定街区制度の概要

≫法第 60 条、都市計画法第 9 条第 19 項

特定街区は、個々の単位ではなく街区単位で良好な市街地を形成するために、都市計画で指定される地区である。都市機能の更新や優れた都市空間の形成・保全を目的とした一定規模以上のプロジェクト（街区の規模としては原則 0.5ha 以上）を、一般的な建築基準法の規制にとらわれず、都市計画の観点から望ましいものへと誘導していくために設けられた制度である。特定街区の建築物については、容積率、建ぺい率、高さ制限などの一般の形態規制を適用せず、その街区に相応しい建築物の形態等についての制限を個別に都市計画決定することにより、良好な都市空間の整備を図っていくものである。（図 1、2）

総合設計制度との違い

この特定街区と総合設計制度は、容積率や斜線制限などの規制を緩和するという点は同じだが、大きな相違点は、特定街区は街区単位で、都市計画地方審議会の議決を経て、都市計画決定されるものであり、総合設計制度は敷地単位で、建築審査会の同意を得て特定行政庁により許可されることである。（右表）

①特定街区の都市計画で定める規定（≫都市計画法第 8 条第 3 項第 2 号）
・容積率の最高限度
・高さの最高限度
・壁面の位置の制限

②特定街区の建築基準法の適用除外規定（≫法第 60 条第 3 項）
・容積率
・敷地面積の最低限度
・第 1 種・第 2 種低層住居専用地域内の外壁後退距離
・建築物の各部分の高さ（斜線制限等）
・日影規制
・その他
（法第 52 条～法第 59 条の 2 に規定が適用されない）

表　特定街区と総合設計制度との違い

	特定街区	総合設計制度
発意主体	地方公共団体 地主等の全員同意が義務づけられているため、実態上は開発者の発意による場合が多い	開発者 （地主、建築主等）
手続き	都市計画決定 （案の縦覧、都計審の議、知事の同意）	建築基準法上の認可 （建築審査会の同意、特定行政庁の許可）
適用対象	都市計画上の意味の大きい位置、規模の街区 （実態上は、一定の道路に接した一定面積以上の街区）	一定面積以上の任意の建築敷地
ボーナス	ある程度大胆なボーナスが可能	本来の制限の趣旨の範囲内で運用すべきもの
総合評価	行政側が街区にあるべき姿として能動的に指定するという建前から、相当な都市計画上の大義名分（貢献する内容）が求められる	一般的制限の特例措置であるので、良好なまちづくりにとっての積極面がなければならないが、特定街区に比して技術的な判断で割り切りやすい

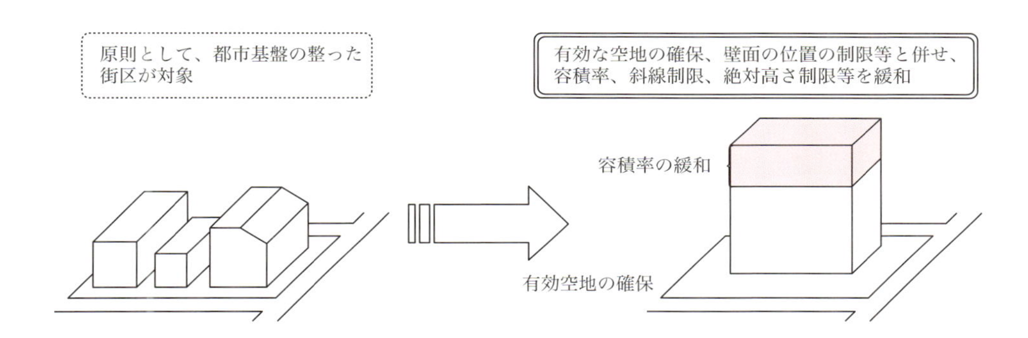

図1　特定街区制度①（容積率の緩和）（国土交通省資料より）

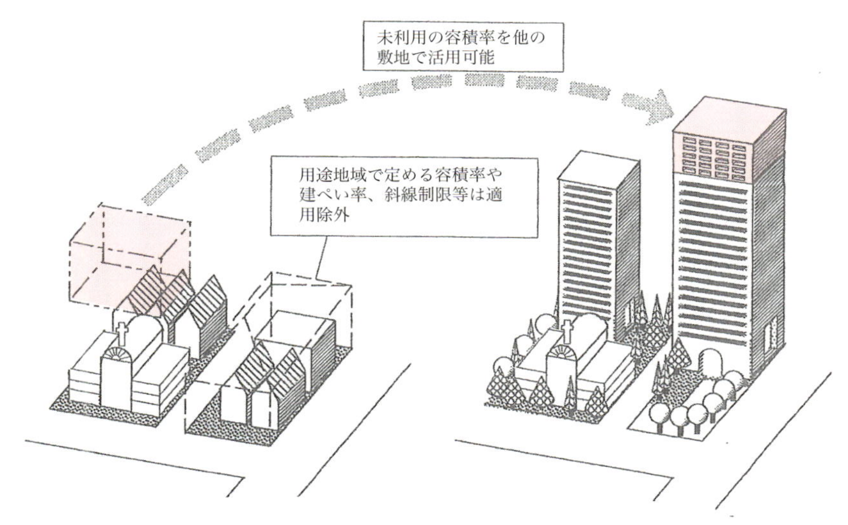

図2　特定街区制度②（未利用の容積率を他の敷地に移転）（国土交通省資料より）

地区単位の細やかなまちづくりのための制度

地区計画によって開発されたビル群

地区計画制度

»都市計画法、法第 68 条の 2 ～法第 68 条の 8

地区計画制度は、一体的に整備及び保全を図るべき地区について、道路、公園等の地区施設の配置及び規模に関する事項、建築物の形態・用途・敷地等に関する事項、その他の土地利用の制限に関する事項を総合的かつ一体的に一つの計画として定め、その計画に沿って開発行為、建築行為等を規制・誘導することにより、地区の特性に相応した良好な市街地の整備及び保全を図ろうとする制度であり、市町村が地区住民の意向を十分に反映しながら策定するきめ細やかな都市計画である。

地区計画等の種類 »都市計画法第 12 条の 4

地区計画等のなかには、一般型（基本形）の地区計画（再開発等促進区、開発整備促進区、市街地調整区域等の地区計画を含む)、防災街区整備地区計画、歴史的風致維持向上地区計画、沿道地区計画、集落地区計画の 5 種類がある。(図 1)

地区計画で定めるもの

»都市計画法第 12 条の 4 第 2 項

地区計画等に関する都市計画には、地区計画の種類、名称、区域及び区域の面積を定めることとなっている。

その他、一般の地区計画については、地区計画の目標、土地利用の方針、地区施設の整備の方針、建築物等の整備の方針、当該地区の整備、開発及び保全に関する方針（「地区計画の方針」という)、道路、公園等の地区施設及び地区整備計画を定める（»都市計画法第 12 条の 5 第 2 項)。地区計画を都市計画で定める際、区域内に地区整備計画を定めることのできない特別な事情があるときは、地区整備計画を定めることを要しない。(»都市計画法第 12 条の 5 第 8 項)

地区整備計画とは、地区施設（主として街区内の居住者等の利用に供される道路、公園等の公共空地）及び建築物等の整備並びに土地利用に関する計画のことである。地区施設の配置及び規模、建築物等の用途の制限、容積率の最高・最低限度、建ぺい率の最高限度、敷地面積又は建築面積の最低限度、壁面の位置の制限、高さの最高・最低限度等のうち、地区計画の目的を達成するために必要な事項が定められる。地区整備計画の定められた区域内では、開発行為、建築行為等が規制・誘導の対象となる他、都市計画で定められた建築物の制限の内容を、市町村の条例において定めることにより建築物の規制を行うこととされている。(図 2)

表１　地区計画と建築協定の比較

	地区計画	建築協定
根拠法	都市計画法	建築基準法
決定主体	市区町村（区域内住民等の合意を図る）	区域内住民（合意した住民に対し効力が働く）
対象区域	市街化区域、市街化調整区域、未線引きの用途地域の指定区域	全域（都市計画区域外含む）
計画事項	下記の両方を都市計画決定 ・地区計画の方針 ・方針に基づく地区整備計画	住宅地としての良好な環境や商店街としての利便を高度に維持するため、法の基準よりも高度の基準を定める
手続き	市町村→公聴会又は縦覧→利害関係者の意見→案の縦覧→住民等の意見→知事の同意（必要事項のみ）→市町村都市計画決定告示	区域内住民（全員の合意）→公聴会→市町村の意見→特定行政庁の認可・公告
建築物の規制	・土地の区画形質の変更、建築物の建築や用途、形態、意匠の変更を行うものは、市町村に届出をしなければならない ・届出内容が地区計画に適合しない場合、届出者に対し設計変更等の勧告ができる ・建築物に関する事項を条例化した場合、建築確認の審査基準となる	・建築物の敷地、位置、構造、用途、形態、意匠又は建築設備に関する基準を協定し協定委員会等で自主的に審査、規制する ・違反者に対しては協定委員会等で措置し、従わないときは裁判所へ訴願できる
期限	期限なし	協定で定める期間

表２　地区計画制度における規制・誘導手法

地区計画	建築基準法
誘導容積型（都市計画法 12 条の 6）	68 条の 4
容積適正配分型（都市計画法 12 条の 7）	68 条の 5
用途別容積型（都市計画法 12 条の 9）	68 条の 5 の 3
街並み誘導型（都市計画法 12 条の 10）	68 条の 5 の 4
再開発等促進区（都市計画法 12 条の 5、3 項）	68 条の 3
高度利用地区型（都市計画法 12 条の 8）	68 条の 5 の 2

沿道地区計画	建築基準法
誘導容積型（沿道法 9 条の 2）	68 条の 4
容積適正配分型（沿道法 9 条の 3）	68 条の 5
用途別容積型（沿道法 9 条の 5）	68 条の 5 の 3
街並み誘導型（沿道法 9 条の 6）	68 条の 5 の 4
沿道再開発等促進区（沿道法 9 条 3 項）	68 条の 3
高度利用地区型（沿道法 9 条の 4）	68 条の 5 の 2

防災街区整備地区計画	建築基準法
誘導容積型（密集法 32 条の 2）	68 条の 4
用途別容積型（密集法 32 条の 3）	68 条の 5 の 3
街並み誘導型（密集法 32 条の 4）	68 条の 5 の 4

沿道法：幹線道路の沿道の整備に関する法律
密集法：密集市街地における防災街区の整備の促進に関する法律

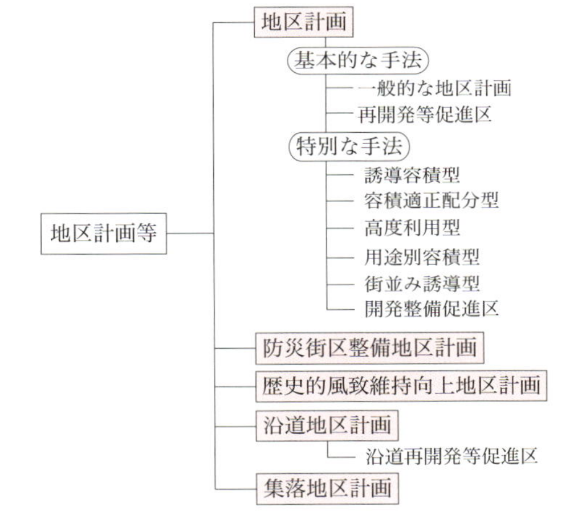

図１　地区計画の種類

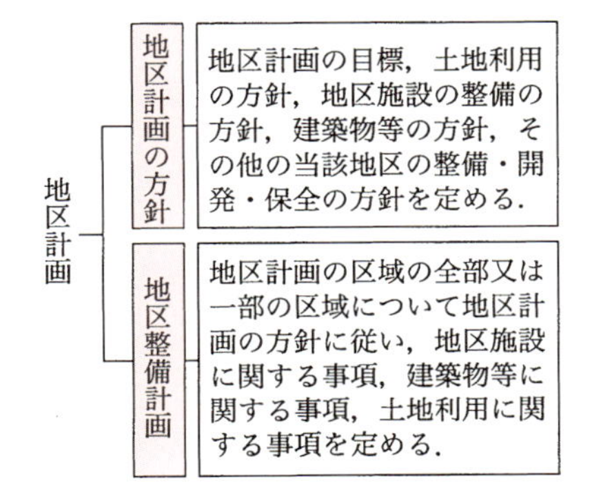

図２　地区計画の構成

18　建築協定

住民による自主的なまちづくりのルール

建築基準法では、都市計画とか条例の規定による制限によらない、その地区内の権利者の自主的なまちづくりのルールとも言える建築協定の制度が設けられている。この制度は、住民主体による建築物に関する契約（建築協定）の締結に公的主体が関与することで、その協定の安定性・永続性を担保するものとなっている。（»法第 69 条）

建築協定で定めることのできる基準

①建築物の敷地
　敷地の最低面積、敷地の分割禁止等
②建築物の位置
　道路境界線、隣地境界線からの壁面後退等
③建築物の構造
④建築物の用途
⑤建築物の形態
　斜線制限、階数、建ぺい率、容積率等
⑥建築物の意匠
　敷地内の緑化、塀の構造等
⑦建築設備

建築協定の締結とその効力

建築協定は原則として区域内の土地所有者、借地権者等の全員の合意により締結される。そして建築協定の効力は、当該協定の公告のあった日以後において協定区域内の土地の所有者、借地権者等となった者に対しても及ぶ。ただし、借地権の目的となっている土地については、借地権者が合意すれば土地の所有者には効力は及ばない。

特定行政庁による認可

建築協定を締結しようとする土地の所有者、借地権者は、建築協定区域、建築物に関する基準、協定の有効期限及び協定違反があった場合の措置（民事上の措置）について定めた協定書を作成し、全員の合意書を添付し、特定行政庁へ認可申請を提出しなければならない。協定は本来、民事的なものであるが、協定の意義を高めるため特定行政庁に対して手続を行う。地元の市町村長は公告及び縦覧の後、公開による意見の聴取を行う。特定行政庁は認可した場合には、その旨を公告し、あわせて地元市町村では協定書を一般の縦覧に供する。建築協定を廃止する場合には過半数の合意が必要である。なお、特定行政庁の認可の対象となる建築協定は、市町村が条例で建築協定を締結できる旨を定めた区域内だけに限定される。

一人協定

土地所有者が一人しかいない土地については、当該土地所有者が一人で建築協定を設定することができる。これを「一人協定」という。主に宅地分譲を行う不動産業者等が分譲前に締結することが多い協定である。一人協定は、分譲地などにおいて建築協定を容易に締結することができるよう定められた制度で、認可を受けた建築協定は、認可の日から３年以内に建築協定の区域内の所有者等二人以上になった時から生じることになる。

Point

「建築協定違反＝建築基準法違反」ではない

建築協定はその地区内の権利者らによる「自主的なまちづくりのルール」とも言えるものなので、建築物が建築協定の内容に抵触しているからといって、建築基準法による行政処分をすることはできない。あくまでも、地権者ら自らが解決するか、または裁判所に提訴するしかない。

表　建築協定で定める事項

項目	基準の内容
敷地	敷地の分割禁止、地盤高の変更の禁止、敷地面積の最低限度を設定
位置	道路境界線又は隣地境界線からの外壁後退
構造	耐火建築物・準耐火建築物とする、ブロック塀の禁止
用途	共同住宅の禁止、店舗の禁止、工業地における住宅の禁止
形態	階数、最高の高さ、軒の高さ、建ペイ率、容積率、へいの高さ等の基準を定める
意匠	建築物の屋根、外壁の形態、色彩の基準を定める
建築設備	便所を水洗式にする

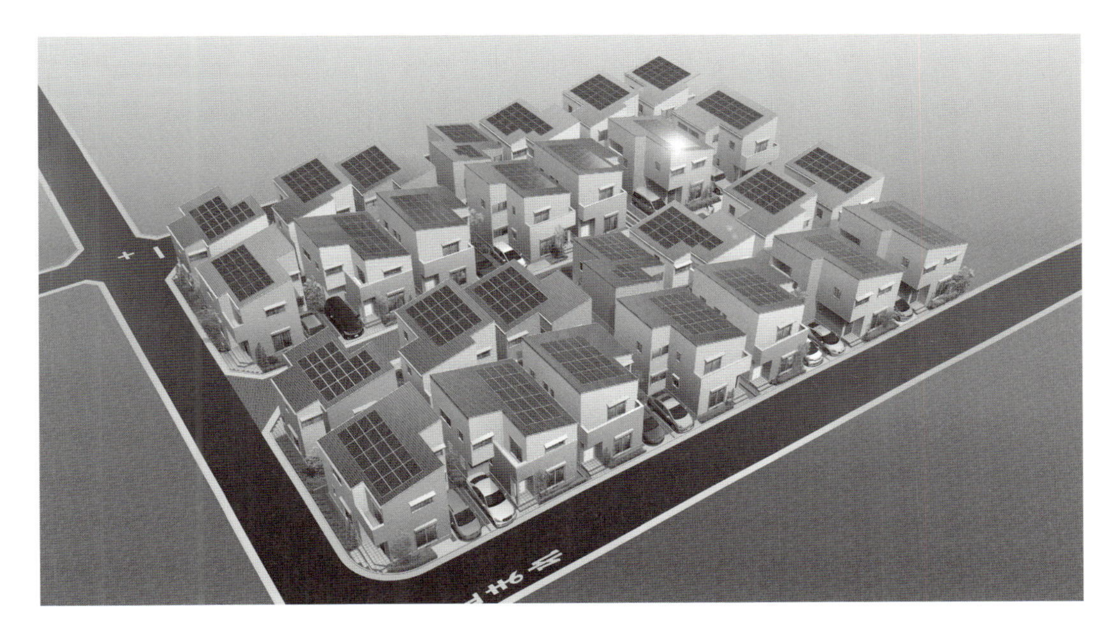

建築協定を活用してつくられた住宅地の例

大阪市内における希少な建築協定区域である。当該区域の建築協定の内容には、

①建築物の用途は戸建専用住宅

②階数は地上2階以下

③高さ10mを超えない

④道路境界線からの外壁後退距離は1m以上

⑤敷地面積の3%以上の緑地を確保する

⑥敷地の区画の分割の禁止

等の規定が明記されている。このような協定により、調和のとれた統一した街並みが創出され、長期間良好な住環境が維持されていく。

同一敷地とみなすことによる制限の緩和

一定の複数建築物に対する制限の特例

建築物の敷地は用途上不可分の関係にあるものでない限り、一敷地一建物が原則である。用途上不可分であることにより、本来別敷地とすべきものを一定条件のもと総合的に設計した場合には、特定行政庁の認定により、接道、容積率、建ぺい率、外壁後退、高さ制限、日影規制などの規定（特例対象規定）の適用については、2以上の建築物を同一敷地内にあるものとみなして取り扱うことができる。（表1）

一定の複数建築物に対する制限の特例には、まだ建築物が建っていない更地（一団地）に2以上の構えをなす建築物を総合的設計によって建築するもの（総合的設計による一団地 »法第86条第1項）と、一定の一団の土地の区域内に現に存する建築物の位置及び構造を前提として総合的見地からした設計によって当該区域内に建築物が建築される場合（連担建築物設計制度 »法86条第2項）とがある。（表2）

連担建築物設計制度

連担建築物設計制度の活用により、容積率や建ぺい率の低い既存建築物の容積等を移転することができる。また、狭い道路に接する敷地を広い道路に接する敷地と一団にすることで、容積率を大きくしたり、道路斜線等の高さ制限を緩和することができる。これらの特例の適用を受けるには、定められた基準に適合していることについて特定行政庁の認定を受けなければならず、その適用を受ける区域は公告される。

連担建築物設計制度のイメージおよび手続きは以下の図1、2のとおりである。

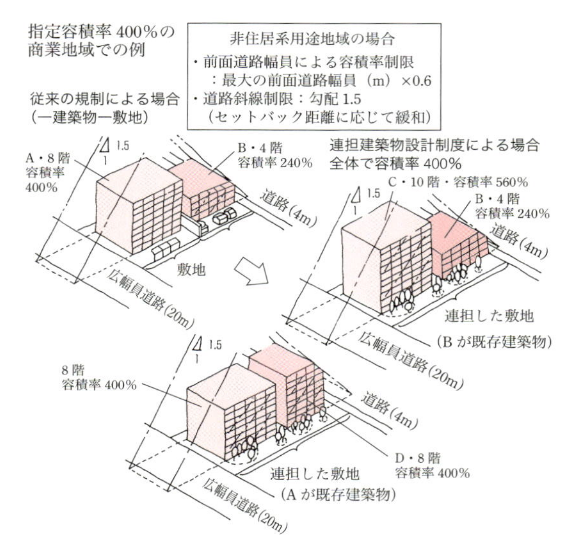

図1　連担建築物設計制度のイメージ図

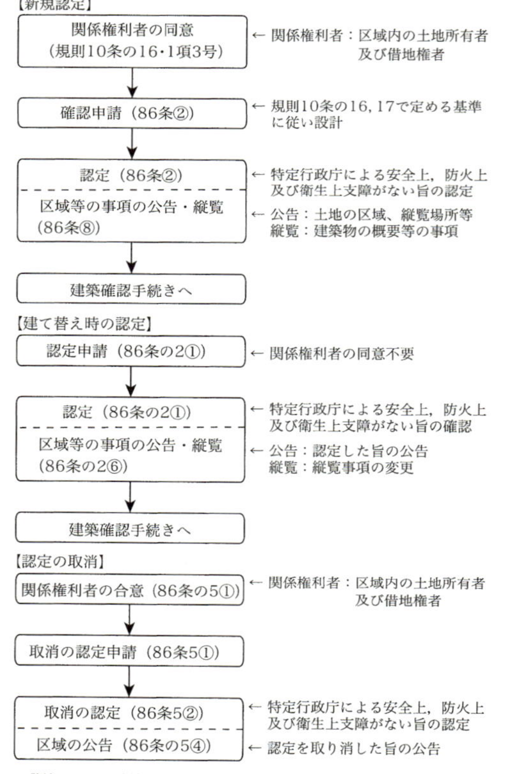

図2　連担建築物設計制度の手続き

表1　一定の複数建築物に対する制限の特例）特例対象規定（法第86条第1項、2項）

規定内容	条項	
法22条地域の木造建築物等の外壁	法23条	1
接道	法43条	2
容積率、容積率算定のための道路	法53条1～14項	3
建ぺい率	法53条1項、2項	4
1種・2種低層住居専用地域の外壁後退	法54条1項	5
1種・2種低層住居専用地域の高さの限度	法55条2項	6
各種斜線制限	法56条1～4、6、7項	7
日影規制	法56条の2、1～3項	8
特例容積適用地区内の容積率の特例	法57条の2	9
特例容積率の指定の取消	法57条の3、1～4項	10
高度利用地区	法59条1,3項	11
総合設計制度	法59条の2、1項	12
特定街区	法60条1項	13
準防火地域内の木造建築物等	法62条2項	14
外壁の開口部の防火設備（防火戸）	法64条	15
再開発等促進区又は沿道再開発等促進区内の緩和	法68条の3、1～3項	16

表2　連担建築物設計制度の基準（法第86条第2項、4項、規則10条の17）

基準	内容
①道路に通ずる通路の設置	対象区域内の各建築物の用途、規模、位置、構造に応じて、避難、通行の安全のための十分な幅員の通路
②開口部の防火上の措置	対象区域の各建築物の外壁の開口部の位置、構造の、建築物間の距離に応じた防火上適切な措置
③対象区域内の空地等の確保	対象区域内の各建築物の高さに応じた、採光、通風上有効な空地等
④日影規制と同程度の高さの制限	対象区域内の他の建築物の居住用の部分に対して、当該区域の日影規制と同程度に日影を生じさせないような高さ

表3　敷地が区域、地域又は地区にまたがる場合

区域・地域・地区	原則	適用
容積率〔法52条〕 建ぺい率〔法53条〕	平均主義	敷地面積の割合による加重平均
外壁後退〔法54条〕 高さ（10m）制限〔法55条〕 斜線制限〔法56条〕 高度地区〔法58条〕	部分主義	敷地の各部分ごとの制限による
日影規制〔法56条の2〕		日影を生じさせる区域の制限による
防火地域〔法61条〕 準防火地域〔法62条〕 市街地区域（屋根不燃化）〔法22条〕	全部主義	厳しい方の制限による
用途地域〔法48条〕 高度利用地区〔法59条〕 災害危険区域〔法39条〕 都市計画区域〔法41条の2〕 特別用途地区〔法49条〕 高層住居誘導地区〔法57条の5〕 都市再生特別地区〔法60条の2〕 特定街区〔法60条〕 景観地区〔法68条〕	過半主義	敷地の過半の属する区域・地域・地区の制限による

注）道路斜線制限〔法56条1項〕の距離の適用については、敷地が前面道路に接する部分の属する地域又は区域とする。〔令130条の11〕

COLUMN

都市活動のもたらす負荷をコントロールするための集団規定

建築基準法第３章の規定は、一般的に「集団規定」と呼ばれ、都市計画区域及び準都市計画区域のみに適用され、建築物を集団的に捉えて建築規制を行う。その規制手法には、接道義務、各種用途地域内における建築制限、容積率、建ぺい率及び高さ等の制限による密度・形態規制、防火地域内等における建築物の不燃化義務、地区計画制度等による市街地の改善などが挙げられる。

すなわち、集団規定に属する規定は、建築物個々の強度とか、あるいは防火・避難の問題でなく、建築物の集積である市街地の環境を規制し、本来あるべき姿に誘導するのが役割で、都市全体に何らかの影響を与えるものである。

その趣旨は、①建築物の形態を規制することを通じて、市街地の日照や通風などの衛生的環境を確保すること、②建物密度の抑制を通じて、都市活動に伴って発生する負荷と社会的資本である都市インフラの均衡を図ること、である。

例えば、集団規定の代表格ともいえる用途地域の建築制限では、戸建住宅と騒音・震動・悪臭を放つ工場とが混在することは好ましくないので、用途地域制によりそれぞれ異なる地域に建築するよう規制している。道路斜線制限においては、道路上空に一定の開放空間を担保することにより、通風、採光等を確保している。容積率や建ぺい率については、都市が一定以上の密度となることを防ぎ、都市環境の改善のみならず、都市インフラに与える負荷のコントロールを行っている。また、日影規制により、都市に一定程度の日照を確保している。

このように集団規定の規制内容は、市街地形成において大変重要な役割を担っており、都市計画と関連の深いものであることから、「集団規定」は「都市計画規定」とも言われている。

地区計画制度を使って建てられた超高層ビル群

第3章

単体規定

建築物の機能に関するルール

20　敷地と構造の制限　①良好な住環境を確保するための規定

敷地は道路より高く、高さ13m・軒高9m以上の木造は不可

建築敷地の衛生及び安全　≫法第19条

建築物の敷地は、建築物が衛生上良好な状態に保たれ、かつ、安全が確保されるように整備されなければならない。従って、建築物の敷地には次のような制限がある。

①敷地は周囲の道（道路）の境より高く、また、周囲の土地より高い位置にして、敷地内の排水が容易に行えるようにし、建築物を湿気から防がなければならない。ただし、敷地内の排水が容易に行える場合又は建築物の用途により防湿の必要がない場合は、緩和される。

②敷地が水田を埋め立てたような湿潤な土地、河川などの近傍の低地で洪水などによる出水のおそれのある土地などでは、適当な高さまで盛土をしたり、建築物の基礎を鉄筋コンクリート造等背の高いものにするなど建築物を安全な状態に保護しなければならない。又ごみ等で埋め立てられた土地においては、埋め土を入れ替えたり、基礎杭を安全な深さまで打ち込んだり、盛土、地盤改良などにより、衛生上又は安全上の措置を講じなければならない。

③敷地は雨水及び汚水を敷地外に排水したり、衛生上無害なものに処理するための下水管や下水溝、会所、汚物処理槽などの施設を設けなければならない。

④敷地が傾斜地やがけ地にある場合、建築物ががけ崩れや地滑り等の被害を受けることがないように、がけの傾斜をゆるくするか、がけ地から建築物を離すとか、擁壁を設置するなど安全上の措置を講じなければならない。

大規模建築物の構造制限　≫法第21条

大規模建築物とは、高さが13mもしくは軒高が9mを超え、又は延べ面積が3000m²を超える建築物を言う。

これらの建築物では、その主要構造部（床、屋根及び階段を除く）のうち　自重又は積載荷重を支える部分に木造、プラスチック等の可燃材料を用いた場合は、「法第2条第9号の2、イ」の基準に適合しなければならない。

①延べ面積＞3000m²の建築物
　耐火性能検証法等による耐火建築物とする。
　（≫法第2条第9号の2、令第108条の3）

②高さ＞13m又は軒高＞9mの建築物
　以下のいずれかに適合すること。
　ア　①の条件を満たす
　イ　・階数が3以下（地階を除く）
　　　・主要構造部が1時間準耐火構造（≫令第115条の2の2第1項第1号）
　　　・建築物の周囲に幅員3m以上の通路など（≫令第129条の2の3第1項第1号）
　ウ　・階数が2以下（地階を除く）
　　　・外壁、軒裏、床が防火構造
　　　・柱、はりに集成材等の木材を使用　など（≫令第129条の2の3第1項第2号）

ただし、ア〜ウについては建築物の用途を倉庫、自動車車庫としてはならない。

注）「法第2条第9号の2、イ」の基準とは、耐火建築物の要件中、延焼のおそれのある部分の開口部に設ける防火戸等を除外したもの。

表　大規模木造建築物の防火措置（高さ 13m 又は軒高 9m を超える場合）

部位		必要な措置	
		①1時間準耐火の措置等	②30分の加熱に耐える場合の措置等
階数		3以下（200m² 以内の防火区画等）	2以下
	柱及び梁	1時間準耐火構造 （屋根、階段は 45 分準耐火構造）	燃えしろ設計 30mm （大断面の集成材や製材の場合）
	外壁		防火構造*
	軒裏		
	床		30分の防火性能
内装		—	壁、天井を難燃材料等とする
継手又は仕口		燃えしろ設計を行った柱及び梁は防火被覆	防火被覆等
建築物の周囲		幅員 3m 以上の通路の設置等	—

*延焼のおそれのある部分以外の部分で、特定行政庁の認めるものは除く（倉庫、自動車車庫以外の用途であること）。

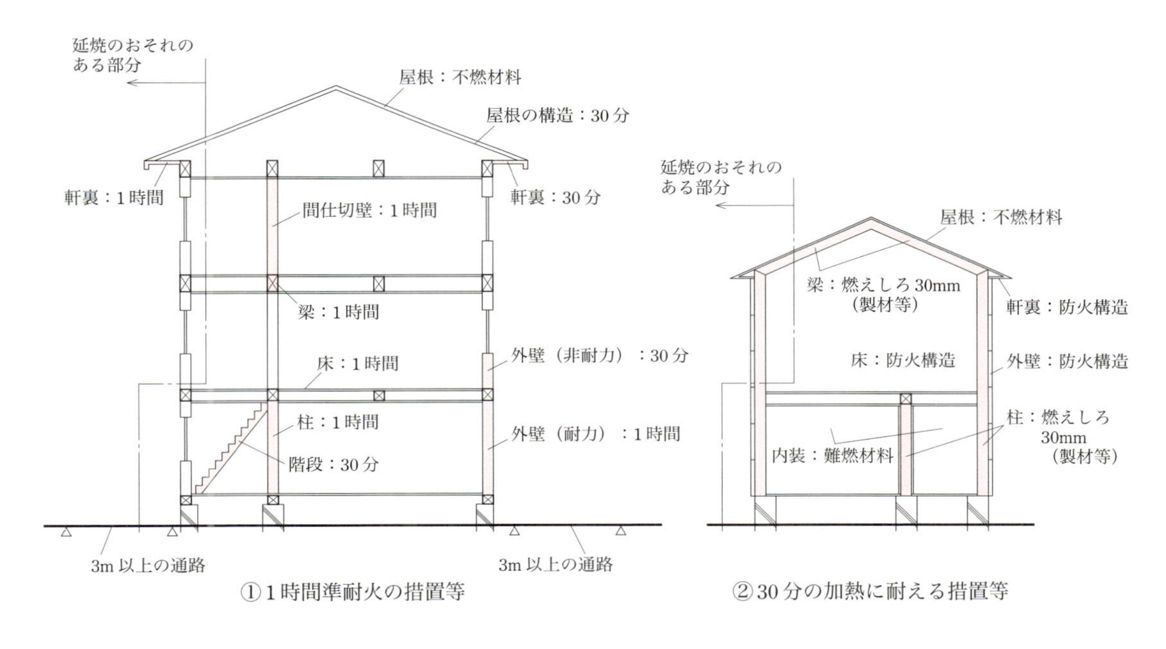

図　大規模木造建築の防火措置

21 居室の採光

採光に有効な面積 / 居室の床面積≧ 1/7、1/5、1/10

住宅（左）と学校の視聴覚室（右）の採光

採光とは、建築物の室内の良好な環境を維持するため、外部から自然光を取り入れることである。建築物の居室には採光がなければならないという原則で建築基準法により衛生、安全上の措置がなされている。しかし、天空光による自然採光が必要な居室は全ての居室ではなく、保健衛生上必要なものは法及び政令で決められている。

採光が必要な居室の種類

»法第 28 条第 1 項、令第 19 条

居室で採光（自然光）を必要とするのは、住宅の居室、学校の教室、病院・診療所の病室、寄宿舎の寝室、下宿の宿泊室、その他これらに類するものであり、採光規定の目的である児童や高齢者等の衛生上の配慮が必要とされていることから、これらの人々が長時間継続的に利用する可能性が高いものと適用範囲を限定して、採光を義務付けている。

また、上記の他に令第 19 条第 1 項では、児童福祉施設等の用途に自然採光を義務付けている。これは、児童、妊産婦、身体障害者、知的障害者、高齢者等には自然採光による環境条件が必要とされているからである。

ちなみに、「児童福祉施設等」とは、児童福祉施設、助産所、身体障害者社会参加支援施設、保護施設、婦人保護施設、老人福祉施設、有料老人ホーム、母子保健施設及び地域活動支援センター等を総称して言う。

これらの居室には床面積に対して一定割合の採光上有効な開口部が必要である。（表 1）

ただし、次に掲げる居室について緩和される。

①地階又は地下工作物内に設ける居室
② ①に類する居室
③温湿度調整を必要とする作業を行う作業室
④その他用途上やむを得ない居室

居室の必要採光面積＝居室の床面積 × 割合

採光に有効な開口部面積の計算方法

有効採光面積

»令第 20 条第 1 項

開口部が隣地境界線や他の建築物等に接近しすぎると、その開口部に自然光が入らなくなり、採光に有効な開口部にならない。従って、このような開口部では、その大きさがそのまま使われるのではなく、採光上有効な開口部の面積（有効採光

表1　居室に必要な有効採光面積

	居室の種類	採光に有効な面積／居室の床面積
一	住宅の居室	1/7 以上
①	幼稚園、小学校、中学校、高等学校、又は中等教育学校の教室	1/5 以上
②	保育所の保育室	
③	病院又は診療所の病室	1/7 以上
④	寄宿舎の寝室又は下宿の宿泊室	
⑤	児童福祉施設等の寝室（入所者が使用するものに限る） 児童福祉施設等（保育所を除く）の居室のうち、入所者又は通所者に対する保育、訓練、日常生活に必要な便宜の供与等の目的のために使用するもの	
⑥	①の学校以外の学校の教室	1/10 以上
⑦	病院、診療所及び児童福祉施設等の居室のうち、入院患者又は入所者の談話、娯楽等の目的のために使用されるもの	

注1）児童福祉施設等：児童福祉施設、助産所、身体障害者更生援護施設（補装具製作施設・視覚障害者情報提供施設を除く）、精神障害者社会復帰施設、保護施設（医療保護施設を除く）、婦人保護施設、知的障害者援護施設、老人福祉施設、有料老人ホーム、母子保健施設（令 19 条 1 項）。

注2）①から⑤の場合、国土交通大臣が定める基準に従って、照明設備を設置するなどの措置が講じられている場合は、1/10 までの範囲内で緩和される（令 19 条 3 項）。なお、①②の場合、国土交通省告示 1421 号（平成 12 年 5 月 31 日）がある。

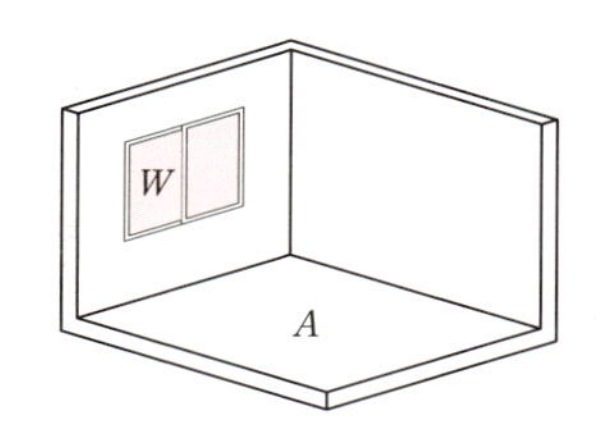

$$\frac{採光上有効な開口部(有効採光面積)(W)}{居室の床面積(A)} \geqq \frac{1}{7}$$

※採光上有効な開口部(W)は、開口部の面積 × 採光補正係数によって求める

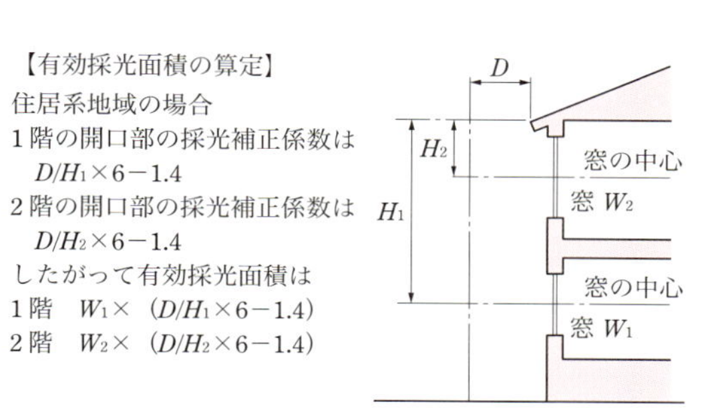

図1　住宅等の居室に必要な採光上有効な開口部

表2　有効採光面積の算定方法

用途地域地区	採光補正係数 X					
	計算式	開口部が道に面する場合	開口部が道に面しない場合			
			水平距離	X	水平距離	X
第1種低層住居専用地域 第2種低層住居専用地域 第1種中高層住居専用地域 第2種中高層住居専用地域 第1種住居地域 第2種住居地域 準住居地域	$D/H \times 6 - 1.4$ $X > 3$ の場合は 3	$X < 1$ の場合は 1	7m 以上の場合	X が 1 未満の場合は $X = 1.0$	7m 未満の場合	X が負の場合は $X = 0$
準工業地域 工業地域 工業専用地域	$D/H \times 8 - 1$ $X > 3$ の場合は 3		5m 以上の場合	X が 1 未満の場合は $X = 1.0$	5m 未満の場合	X が負の場合は $X = 0$
近隣商業地域 商業地域 用途指定のない区域	$D/H \times 10 - 1$ $X > 3$ の場合は 3		4m 以上の場合	X が 1 未満の場合は $X = 1.0$	4m 未満の場合	X が負の場合は $X = 0$

D：境界線までの水平距離　H：窓の中心からの垂直距離　D/H：採光関係比率（最小値）
X：採光補正係数

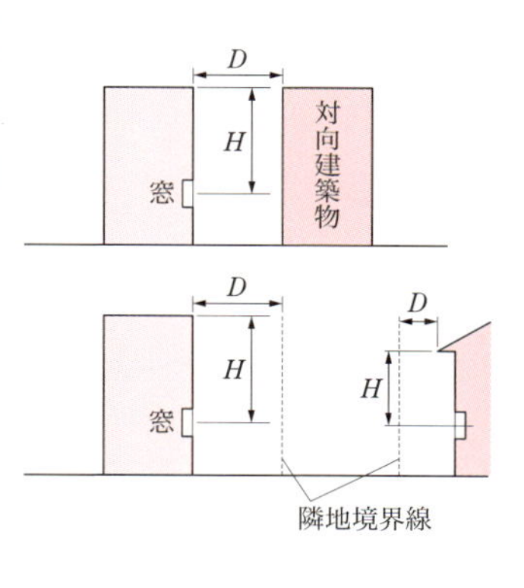

図2　有効採光面積の算定方法

面積）を算定して、有効な採光を求める必要がある。

有効採光面積＝開口部の面積 × 採光補正係数

窓の有効採光面積≧居室の必要採光面積としなければならない。

採光補正係数＝ X の求め方 »令第 20 条第 2 項

$$X = （採光関係比率 \times A） - B$$

ただし、$X \geqq 3$ の場合は 3 とする。

①開口部が道に面する場合で、$X < 1$ の場合は 1 とする。

②開口部が道に面しない場合で、水平距離が Cm 以上であり、$X < 1$ の場合は 1 とする。

③開口部が道に面しない場合で、水平距離が Cm 未満であり、X が負数の場合は 0 とする。

用途地域	A	B	C
住居系地域 採光関係比率× 6 － 1.4	6	1.4	7
工業系地域 採光関係比率× 8 － 1	8	1	5
商業系地域又は無指定 採光関係比率× 10 － 1	10	1	4

採光関係比率の求め方 »令第 20 条第 2 項

$$採光関係比率 = \frac{水平距離（D）}{その部分から開口部までの垂直距離（H）}$$

（表 2、図 3）

採光計算の特例

①ふすま、障子等常時開放できる 2 室については、室面積、開口部ともに 2 室合計で計算できる。（»法第 28 条第 4 項）（図 4・ウ）

②天窓の採光補正係数は、前記計算式の 3 倍とする（3 が限度）。（図 4・ア）

③開口部の外側に、幅 90cm以上の縁側（ぬれ縁を除く）がある場合の採光補正係数は、前記計算式の 0.7 倍とする。（図 4・イ）

④道に面する開口部の場合には、道の反対側の境界線までの距離を D として採光補正係数の計算をするが、その係数が 1 未満になった場合は、1 とする。（図 5）

⑤公園、広場、川等の空地に面する場合に、公園等の幅の 1/2 だけ、隣地境界線が外側にあるものとみなして、採光補正係数の計算をする。（図 5）

⑥法第 86 条（連坦建築物設計制度）による公告の対象区域については、隣地境界線等までの距離 D は、団地全体の中でとることができる。

学校等の採光の緩和

»平成 12 年告示第 2465 号

①幼稚園、小学校、中学校、高等学校等の教室又は保育所の保育室にあっては、床面から高さ 50cm の水平面において 200 ルックス以上の照度になるように照明設備を設置する場合、当該教室や保育室では、床面からの高さが 50cm 以上の窓等の開口部の有効採光面積が当該教室や保育室の床面積の 1/7 以上あればよい。

②小学校、中学校、高等学校等の音楽教室又は視聴覚教室で令第 20 条の 2 に規定する換気設備が設けられている場合には、窓等の開口部の有効採光面積が当該教室等の 1/10 以上あればよい。

Point 「無窓の居室」とは？

開口部がある部屋でも、一定の条件を満たさない場合には、建築基準法上の「無窓居室」になる。

無窓の居室は、採光・換気・排煙の三つの要素が基本である。採光上・換気上の「無窓居室」とは、それぞれに有効な開口部の面積が居室の床面積の 1/20 未満の居室であり、排煙上の「無窓居室」とは、排煙に有効な開口部の面積が居室の床面積の 1/50 未満の居室のことである。（»法第 35 条）

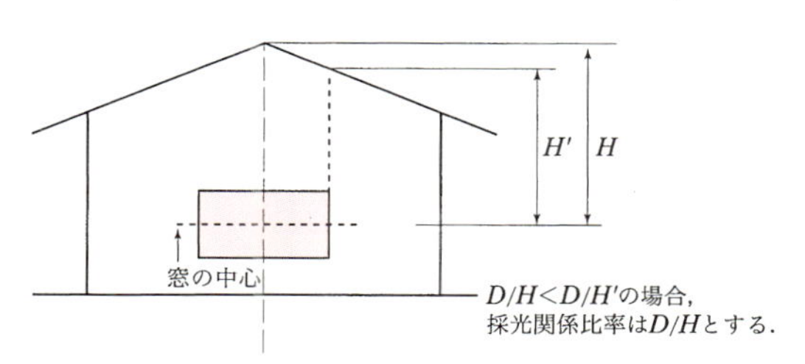

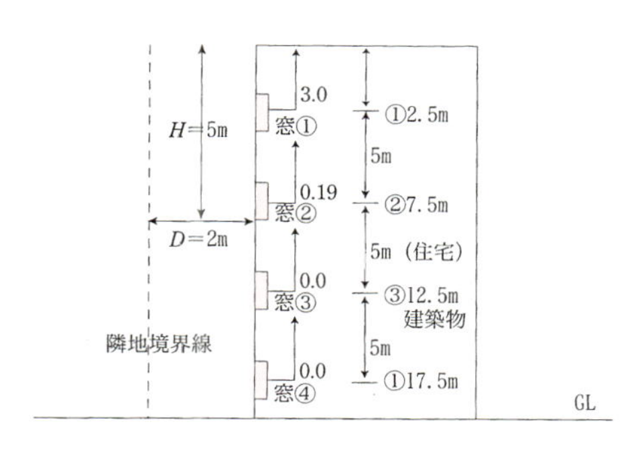

◎計算式（例）
- 開口部（窓）の大きさ 1.8 m×1.0 m＝1.8 m²
- 居室の大きさ＝20 m²
- 必要採光面積＝20 m²/7＝2.85 m²
  （居室の床面積×1/7）
- 採光補正係数算定式
  $D/H\times 6-1.4$
  ［D/H は，その数値のうち最も小さい数値］

- 有効採光面積の算出

窓①　2/2.5×6−1.4＝3.4→3.0
　　　1.8×3＝5.4 m²＞2.85 m²　　∴ＯＫ
窓②　2/7.5×6−1.4＝0.199→0.19
　　　1.8×0.19＝0.34 m²＜2.85 m²　　∴ＯＵＴ
窓③　2/12.5×6−1.4＝−0.44→0
　　　1.8×0＝0 m²＜2.85 m²　　∴ＯＵＴ
窓④　2/17.5×6−1.4＝−0.71→0
　　　1.8×0＝0 m²＜2.85 m²　　∴ＯＵＴ

有効採光面積の計算例

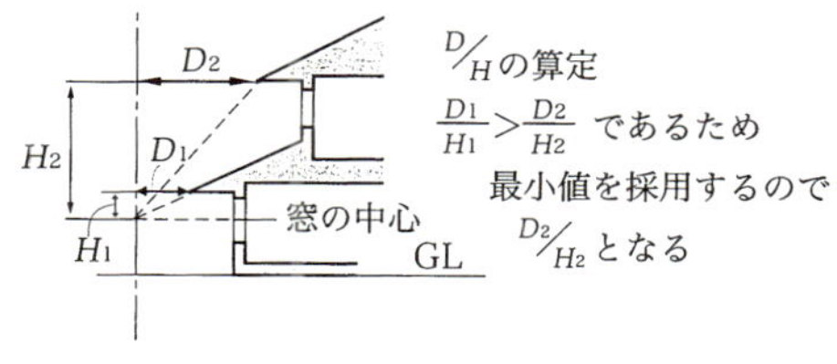

採光関係比率の計算例

図３　有効採光面積・採光関係比率の計算例

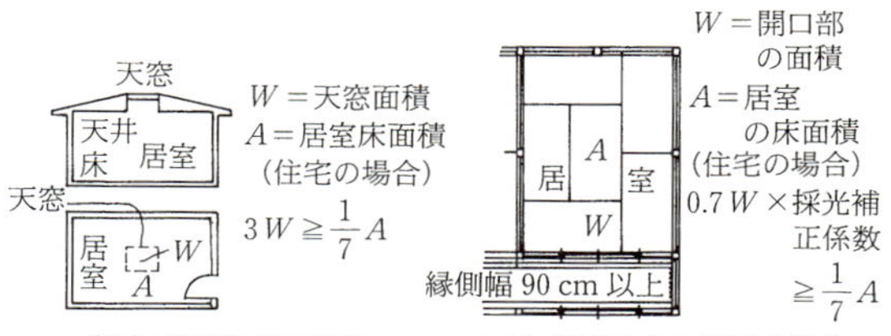

（ア）天窓の採光面積　　（イ）縁側のある居室の採光

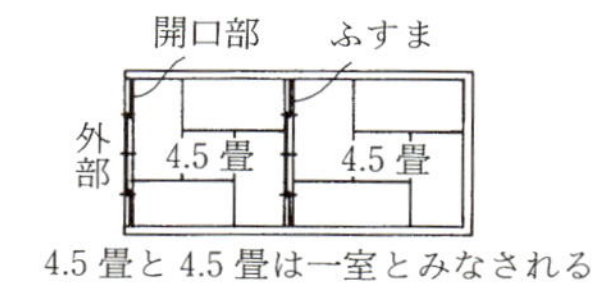

（ウ）ふすま等で仕切られた居室の採光

図４　採光面積の算定方法

（1）道（道路）に面する場合

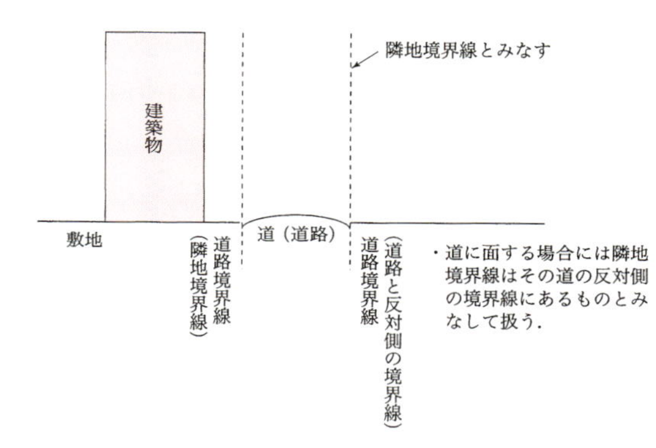

（2）公園・広場・川等に面する場合

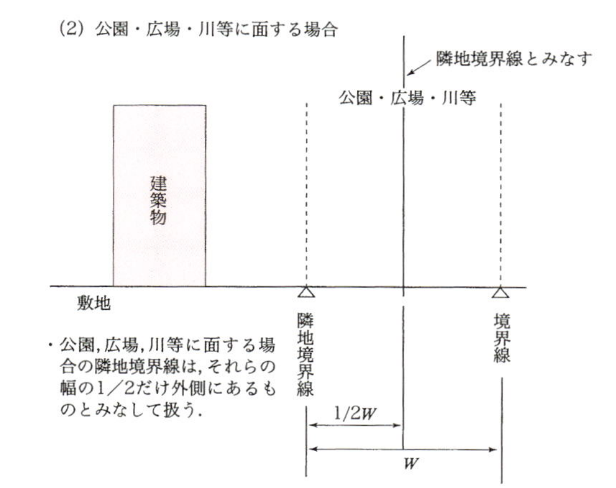

図５　建築物と隣地境界線までの水平距離の緩和

換気上有効な窓等の開口部 / 居室の床面積≧ 1/20

居室は人が継続的に使用する室であるから、空気汚染防止の必要性が高く、換気に有効な窓等の開口部を設置することが原則である。(»法第 28 条第 2 項、第 3 項、令第 20 条の 2 〜 3、令第 129 条の 2 の 6)

換気設備を必要とする居室等

居室には換気のため有効な窓その他の開口部を、その居室の床面積の 1/20 以上設けるか、又は技術的基準（»令第 20 条の 2）に従って換気設備を設ける必要がある。その場合の換気設備として、次の 3 種類の換気方法がある。

自然換気設備

機械によらず、給気口（下部）及び煙突型の筒（上部）よりなり、室内外の気圧差等を利用して自然に換気を行う。

機械換気設備

機械（換気扇等）によって給排気を行う換気である。給排気の方法により次の換気方法があり、いずれかの換気設備とする。

①第 1 種機械換気設備（給気機＋排気機）
②第 2 種機械換気設備（給気機＋排気口）
③第 3 種機械換気設備（給気口＋排気機）

中央管理方式の空気調和設備

人が活動することが想定される居室において、浮遊粉塵の限度、CO 及び CO_2 の含有率の限度、空気の温度、湿度、気流等が政令で定められている性能基準を有するもので、国土交通大臣が定めた構造方法のもの。劇場や映画館等の建築物では、自然換気設備は認められず、機械換気設備か空気調和設備のいずれかとしなければならない。

その他の設備
居室内の CO_2 含有量 1000ppm 以下、CO 含有率 10ppm 以下を保つことができる等の基準に適合するもの（国土交通大臣認定）

火気使用室の換気設備

調理室、湯沸室等、火気を使用する室は、室内の酸素を消費することから、換気設備の設置が義務づけられている。なお、次の①〜③に該当する室は、換気設備の設置が緩和される。

①密閉式燃焼器具だけを設けた室。
② $100m^2$ 以内の住宅に設けられた調理室（発熱量の合計が 12kw 以下の器具を設けた室に限る）で、床面積の 1/10 以上かつ $0.8m^2$ 以上の有効開口部を設けた室。
③調理室以外の室（発熱量の合計が 6kw 以下の器具を設けた室）で、換気上有効な開口部を設けた室。

各種換気設備の換気計算

①自然換気設備

$$A_v = \frac{A_f}{250\sqrt{h}}$$

A_v：排気筒の有効断面積（m^2）
A_f：居室の床面積（居室の床面積－ 20× 換気上有効な窓等の面積）（m^2）
h：給気口の中心から排気筒の頂部の外気に開放された部分の中心までの高さ（m）
ただし、$A_v \geqq 0.00785$ とする（昭和 45 年告示第 1826 号）

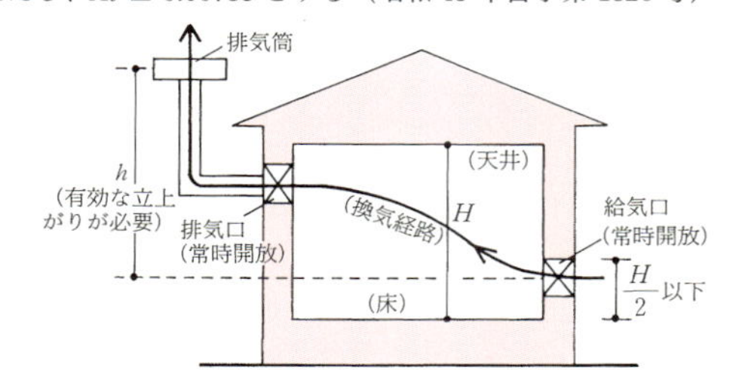

②機械換気設備

$$V = \frac{20A_f}{N}$$

V：有効換気量（m^3/h）
A_f：①と同じ
N：実況に応じた 1 人あたりの占有面積（m^2）（特殊建築物の居室は 3 を超えるときは 3、その他の居室は 10 を超えるときは 10 とする）

③劇場、映画館等の換気設備

$$V = \frac{20A_f}{N}$$

V：有効換気量（m^3/h）
A_f：居室の床面積（m^2）
N：実況に応じた 1 人あたりの占有面積（m^2）（3 を超えるときは 3 とする）

表1　換気設備の種類

	設置が必要な室	換気設備の種類
①	換気に有効な窓その他の開口部の面積が、その居室の床面積の 1/20 未満の居室	・自然換気設備 ・機械換気設備 ・中央管理方式の空気調和設備
②	劇場、映画館、演芸場、観覧場、公会堂、集会場等の居室	・機械換気設備 ・中央管理方式の空気調和設備
③	調理室、浴室等の火気使用室	・自然換気設備 ・機械換気設備

注）①の算定にあたっては、ふすま、障子等随時開放しうる建具で仕切られた2室は1室とみなす。また、換気に有効な面積とは、実際に開放しうる面積を言い、引違い窓では窓面積の約 1/2 が有効とみなされる。

表3　換気設備の基準

	対象	換気設備の種類	関連条項
任意設置の場合	任意の換気設備を設置したすべての室〔法 36 条〕	自然換気設備	令 129 条の 2 の 6・1 項
		機械換気設備	令 129 条の 2 の 6・2 項
		中央管理方式の空調設備	令 129 条の 2 の 6・3 項 〔平成 12 年告示第 1391 号〕
義務設置の場合	床面積の 1/20 以上の有効開口面積を有する窓等を有しない居室（換気無窓の居室）〔法 28 条 2 項〕	自然換気設備	令 20 条の 2・1 項 令 129 条の 2 の 3・1 項 〔平成 12 年告示第 1403 号〕
		機械換気設備	令 20 条の 2・2 号 令 129 条の 2 の 3・2 項 〔平成 12 年告示第 1403 号〕
		中央管理方式の空調設備※	令 20 条の 2・3 号 令 129 条の 2 の 3・3 項 〔平成 12 年告示第 1391 号〕
	劇場、映画館、演芸場、観覧場、公会堂及び集会場の用途に供する建築物の居室〔法 28 条 3 項〕	機械換気設備	令 20 条の 2・3 号 令 20 条の 3 令 129 条の 2 の 3・2 項 〔平成 12 年告示第 1403 号〕
		中央管理方式の空調設備※	令 20 条の 2・3 号 令 20 条の 3 令 129 条の 2 の 3・3 項 〔平成 12 年告示第 1391 号〕
	火を使用する室〔法 28 条 3 項〕		令 20 条の 4 〔平成 12 年告示第 1403 号〕
	建築物に設ける煙突	煙突	令 115 条
		ボイラーの煙突	令 115 条 1 項 8 号 〔平成 12 年告示第 1387 号〕

※空気調和設備：空気を浄化し、その温度、湿度及び流量を調整して供給（排出を含む）をすることができる設備。

表2　換気設備対象人員算定

建築用途	単位当り算定人員 $\left(\fallingdotseq \frac{A_f}{N}\right)$	1人当り占有面積 N
公会堂・集会場	同時に収容しうる人員	0.5 〜 1m^2
劇場・映画館・演芸場	同時に収容しうる人員	0.5 〜 1m^2
体育館	同時に収容しうる人員	0.5 〜 1m^2
旅館・ホテル・モーテル		10m^2
簡易宿泊所・合宿所		2 〜 3m^2
ユースホステル・青年の家	同時に収容しうる人員	
病院・療養所・伝染病院		4 〜 5m^2
診療所・医院		5m^2 注1
店舗・マーケット		3m^2 注2
料亭・貸席		3m^2 注1
百貨店		2m^2
飲食店・レストラン・喫茶店		3m^2 注2
キャバレー・ビヤホール・バー		2m^2 注2
玉突場・卓球場・ダンスホール・ボーリング場		2m^2 注2
パチンコ店・囲碁クラブ・マージャンクラブ		2m^2 注2
保育所・幼稚園・小学校	同時に収容しうる人員	
中学校・高等学校・大学・各種学校	同時に収容しうる人員	
図書館	同時に収容しうる人員	3m^2
事務所		5m^2 （事務室）
工場・作業所・管理室	作業人員	
研究所・試験所	同時に収容しうる人員	
公衆浴場		4 〜 5m^2 （脱衣場）
特殊浴場（サウナ風呂等）		5m^2 注2
廊下		10m^2
ホール		3 〜 5m^2
便所		1m^2 当り 30m^3/h
手洗所		1m^2 当り 10m^3/h
蓄電室等		1m^2 当り 35m^3/h
自動車車庫		1m^2 当り 25m^3/h

注1）居室の床面積
注2）営業の用途に供する部分の床面積

居室の天井高さは 2.1m 以上、床高さは原則 45cm 以上

居室の天井高さ

»令第 21 条

基本的には居室の天井高さは 2.1m 以上としなければならない。天井高さの算定方法について、1 室で天井高さの異なる部分がある場合は、平均の高さによる。すなわち、居室の容積（体積）を居室の床面積で除したものが平均の天井高さ（平均天井高）となる。また、断面が一様な室については、断面積を室の幅で除せばよい。(図 1)

居室の床の高さ及び床の防湿方法

»令第 22 条

最下階の居室の床が木造の場合には、次の防湿措置を講じなければならない。

①床の高さは、直下の地面から床の上面までを 45cm 以上とする。

②外壁の床下部分には、壁の長さ 5m 以下ごとに、300cm² 以上の換気孔を設け、そこからネズミの進入を防ぐための金網等の設備をする。ただし、床下にコンクリート、たたきなどで防湿処置を講じた場合、又は床の構造が、地面から発生する水蒸気によって腐食しないものとして国土交通大臣の認定を受けたものである場合は緩和される。(図 2)

地階における住宅等の居室

»法第 29 条、令第 22 条の 2

住宅の居室、学校の教室、病院の病室、寄宿舎の寝室で、地階に設けるものは、壁及び床の防湿措置について衛生上必要な技術的基準に適合しなければならない。

地階の技術的基準は下記の通りである。

①居室には、空ぼりを設ける、換気設備を設ける、又は湿度調節設備を設ける等の措置を講ずる。

②外壁、床等の構造は、水の浸透を防止するための防水層の設置、居室に面する部分との空隙を設け、そこへ浸入した水の排水設備の設置又は居室内へ水が浸透しない構造とする。(図 3、4、右表)

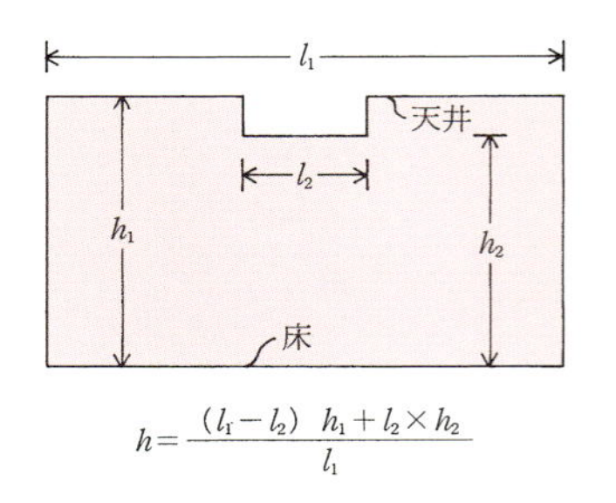

$$h=\frac{(l_1-l_2)\ h_1+l_2\times h_2}{l_1}$$

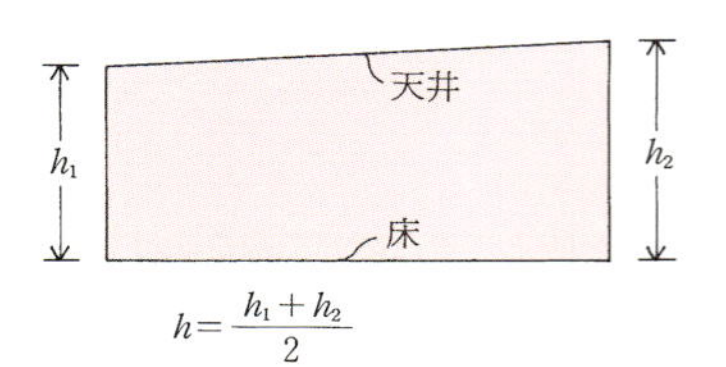

$$h=\frac{h_1+h_2}{2}$$

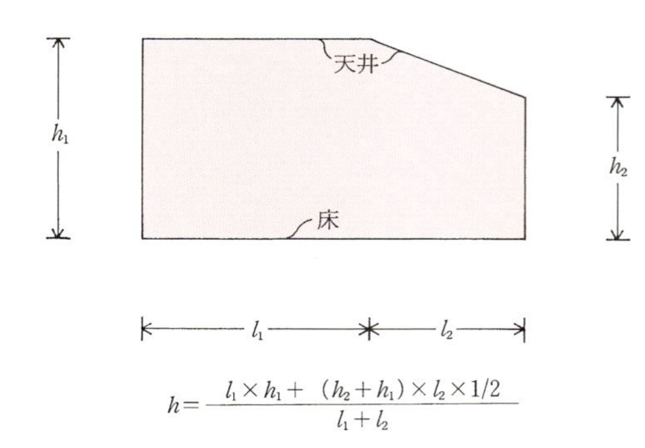

$$h=\frac{l_1\times h_1+\ (h_2+h_1)\times l_2\times 1/2}{l_1+l_2}$$

図 1　天井高さの測り方

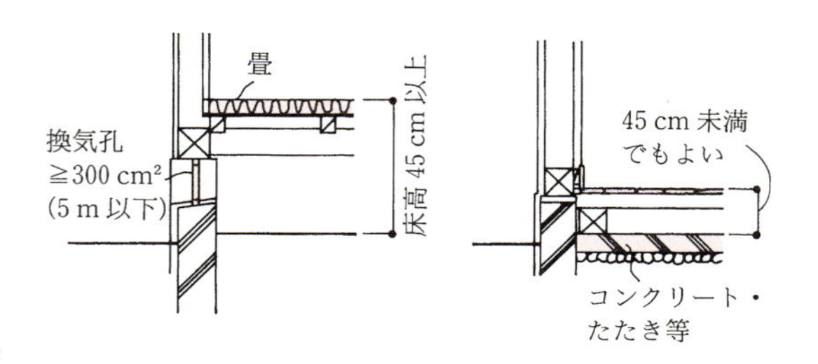

図 2　居室の床高

表　住宅の居室を地階に設ける場合の技術的基準（令22条の2、平成12年建告1430号）

<table>
<tr><th></th><th>基本的な基準</th><th colspan="2">基準の詳細又は補足</th></tr>
<tr><td rowspan="3">居室（いずれか）</td><td>(1)からぼり等に面して開口部を設ける場合</td><td colspan="2">開口部の条件（平成12年建告1430号）
(1)開口部を次の①又は②のいずれかに設けること
①雨水の排水設備を設けた
からぼり｛上部が外気に開放されていること／$W \geqq 1$m かつ $W \geqq \frac{4}{10}D$／$L \geqq 2$m かつ $L \geqq D$｝に面する場合
②敷地内に当該開口部の下端よりも低い位置に地面がない場合
(2)換気有効開口部≧居室の面積× 1/20</td></tr>
<tr><td>(2)換気設備を設ける場合</td><td>令20条の2が適用される
必ず排気筒等を設ける</td><td rowspan="2">無採光タイプ居室の用途が限定される</td></tr>
<tr><td>(3)除湿設備を設ける場合</td><td>建築設備として少なくとも配管等接続されるもの
移動可能ないわゆる除湿器は不可</td></tr>
<tr><td rowspan="4">外壁等の構造（いずれか）</td><td>(1)外壁等の構造を①又は②のいずれかにすること</td><td colspan="2">常水面以上の部分を耐水材料で造り、かつ、材料の接合部及びコンクリートの打継ぎ部分に防水措置を講じた場合は適用しない</td></tr>
<tr><td>①外壁・床・屋根
直接土に接する部分に防水層を設ける</td><td colspan="2">防水層の基準（平成12年建告1430号）
①埋戻しの工事中に防水層が損傷を受ける場合は、き裂、破断等を防止する保護層を設ける。
②下地の種類、土圧、水圧等により、割れ、すき間等が生じないよう、継目に十分な重ね合わせをすること</td></tr>
<tr><td>②外壁・床
直接土に接する部分を耐水材料で造り、かつ、直接土に接する部分と居室に面する部分の間に居室内への水の浸透を防止するための空隙を設ける</td><td colspan="2">空隙内に浸透した水は有効に排出する設備を設けること</td></tr>
<tr><td>(2)大臣の認定を受けたもの</td><td colspan="2">現在は認定の実績はない</td></tr>
</table>

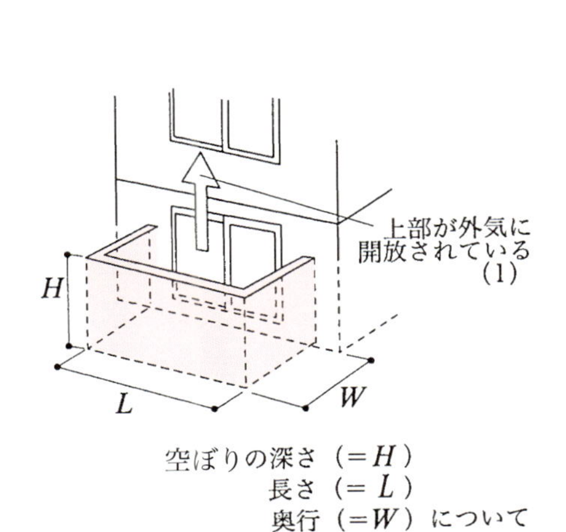

図3　空ぼりの基準

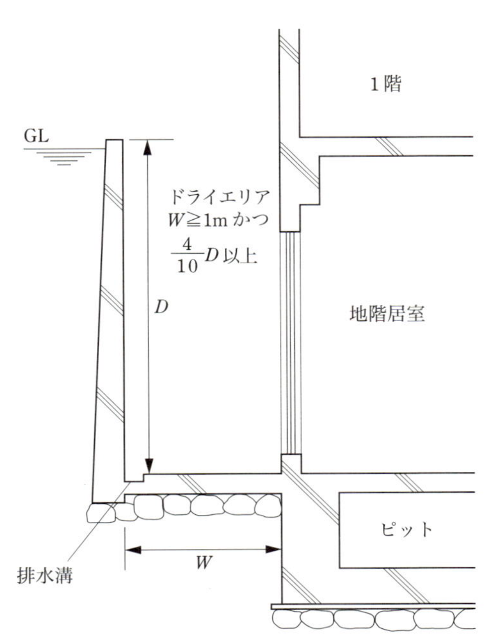

図4　空ぼり断面図

24　階段の寸法等

①良好な住環境を確保するための規定

階段の勾配・幅・踊場等の規定は安全性を想定したものである

建築物に設ける階段（傾斜路を含む）に関する規定には二つある。一つは、建築基準法施行令第2章第3節（≫第23条〜第27条）「一般構造」として、階段の勾配、幅、踊場等の安全性を規定したものであり、もう一つは同令第5章第2節（≫第117条〜第126条）「避難施設等」としての階段で、火災時等の安全性に着目したものである。ここでは、前者の一般構造としての階段のみを取り上げる。

幅、けあげ、踏面の寸法　≫令第23条

建築物の用途、直上階の床面積等に応じ、階段・踊り場の幅、けあげ、踏面の寸法は右表によらなければならない。ただし、屋外階段の幅は令第120条（直通階段の設置）又は令第121条（2以上の直通階段の設置）の規定による直通階段にあっては90cm以上、その他の屋外階段にあっては60cm以上とすることができる。なお、利用者が安全に昇降できるものとして国土交通大臣が定めた構造方法（下記Point参照）を用いる階段については、階段の寸法に係る規定等を適用しない。（図1〜4）

Point

利用者が安全に昇降できるものとして国土交通大臣が定めた構造方法（告示）

小学校における児童用の階段で、以下によるものであることを定める。

①階段及びその踊り場の幅並びに階段のけあげ及び踏面の寸法が、それぞれ140cm以上、18cm以下、26cm以上であること。

②階段の両側に手すりを設けること。

③階段の表面は、粗面とし、又はすべりにくい材料で仕上げること。

また、昇降機機械室用階段等にも適用しない（≫令第27条）。

昇降機機械室の階段については、建築基準法施行令（≫令129条の9・5号）で下記のように規定されている。

- 有効幅…任意
- けあげ…23cm以下
- 踏面…15cm

踊り場の設置　≫令第24条

小学校、中学校、高等学校、百貨店、劇場などの階段は、高さ3mを超えるものは、高さ3m以内ごとに、その他の場合は4m以内ごとに踊り場を設けなければならない。この規定により直階段に踊り場を設ける場合は、その踏み幅（進行方向の幅）を1.2m以上とることが必要である。（図5）

手すりの設置等　≫令第25条

階段には手すりを設けなければならず、階段踊り場及び踊り場の側面（手すりが設けられた側を除く）には側壁等を設けなければならない。

階段の幅が3mを超える場合は、中間に手すりを設けなければならない。ただし、けあげ15cm以下、かつ踏面30cm以上の場合は必要ない。

これらの規定は、高さが1m以下の階段の部分には適用しない。

階段に代わる傾斜路　≫令第26条

階段に代わる傾斜路の勾配は1/8以下とし、表面は粗面とし、又は滑りにくい材料で仕上げること。また、上記の階段に関する規定は、けあげ、踏面に関する部分を除き、階段に代わる傾斜路にも適用される。

表　階段の寸法

	階段の種別	階段及びその踊り場の幅	けあげ寸法	踏面の寸法
(1)	小学校の児童用	140cm 以上	16cm 以下	26cm 以上
(2)	中学校、高等学校の生徒用、物品販売業を営む店舗（＞ 1500m²） 劇場、映画館、演芸場、観覧場、公会堂、集会場	140cm 以上	18cm 以下	26cm 以上
(3)	直上階の居室（地上階）＞ 200m² 居室（地下階）＞ 100m²	120cm 以上	20cm 以下	24cm 以上
(4)	(1)から(3)までに掲げる階段及び住宅以外	75cm 以上	22cm 以下	21cm 以上
(5)	住宅	75cm 以上	23cm 以下	15cm 以上

注 1）回り階段の部分における踏面の寸法は、踏面の狭い方の端から 30cm の位置において測る（令 23 条 2 項）。
注 2）手すり及び階段の昇降を安全に行うための設備でその高さが 50cm 以下のものについては、幅 10cm を限度として、それを除外して、幅を算定する（令 23 条 3 項）（図 2）。
注 3）屋外階段で令 120 条、令 121 条の規定によるものは幅員 90cm 以上、その他のものは 60cm 以上とすることができる。

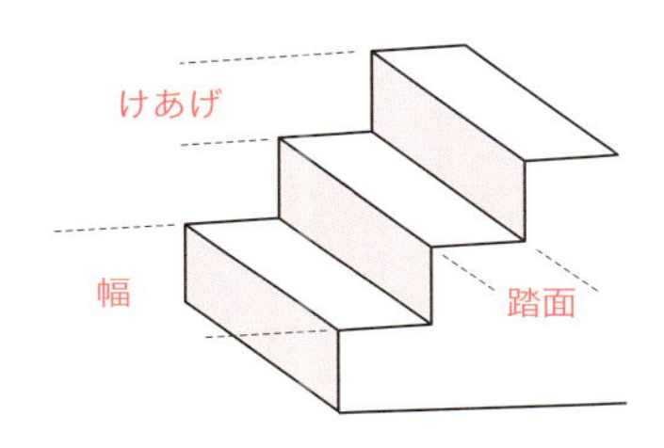

図 1　階段の幅・けあげ・踏面

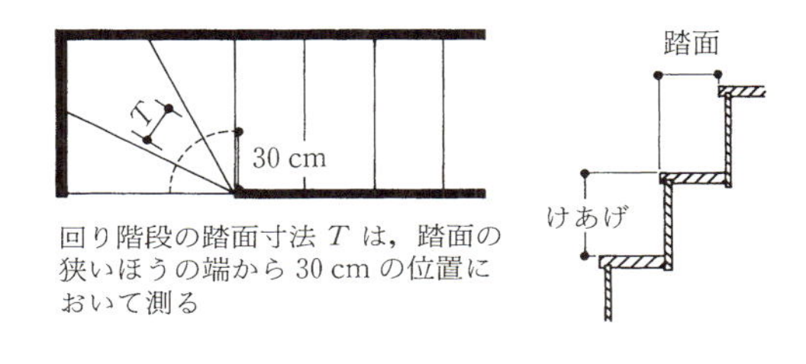

図 3　踏み面とけあげ

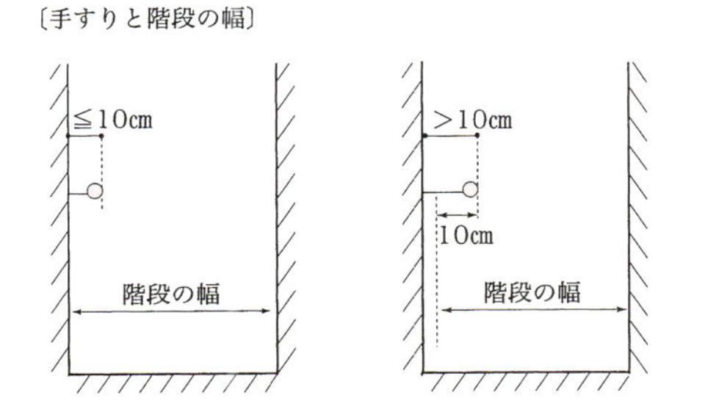

突出部分が10cm以下の場合　突出部分が10cmを超える場合

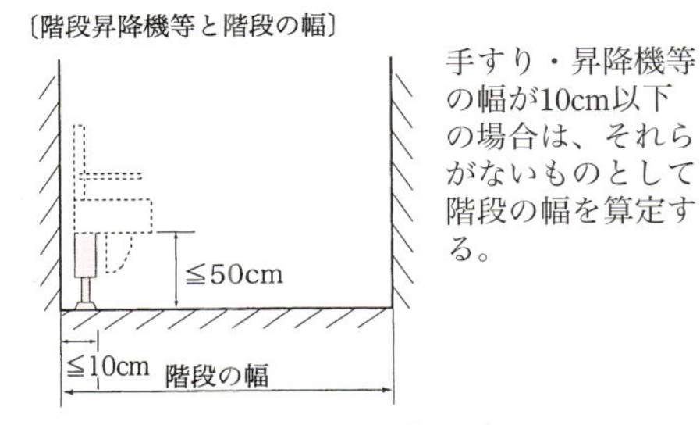

図 2　手すり・階段昇降機等と階段の幅

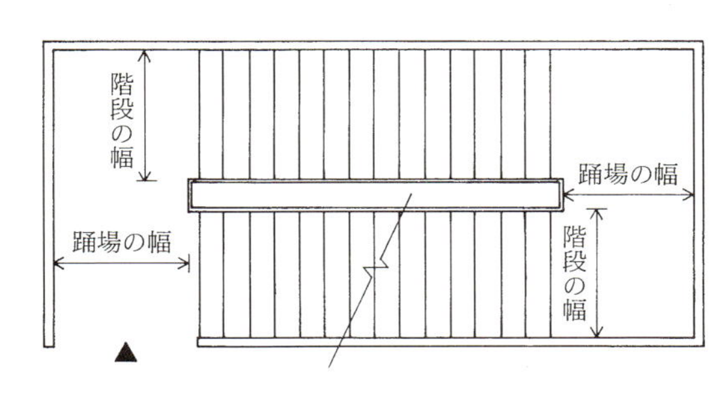

図 4　踊り場と階段の幅

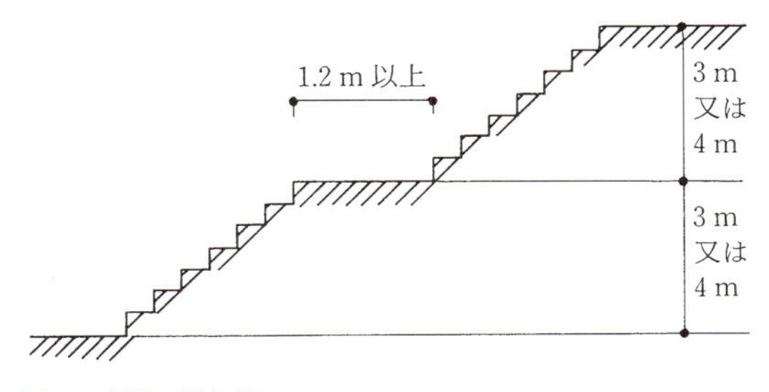

図 5　中間の踊り場

各戸の界壁は、小屋裏・天井裏に達すること

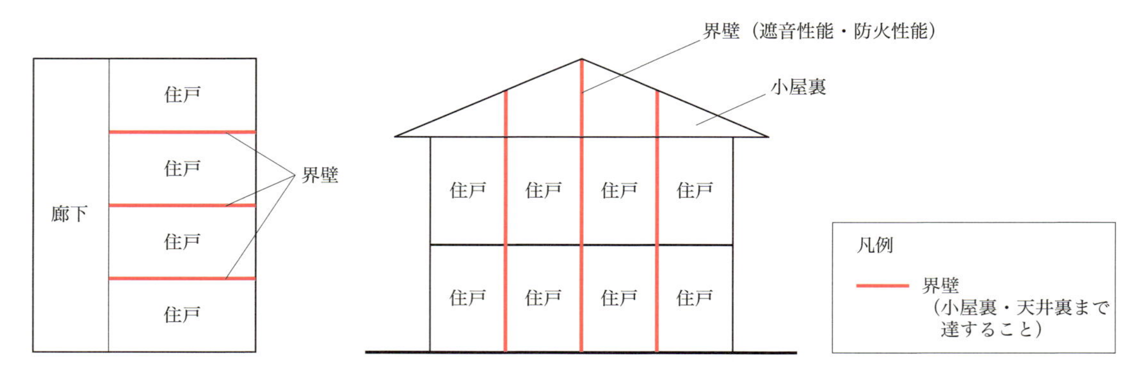

界壁の構造

長屋・共同住宅の各戸の界壁の遮音

≫法第30条、令第22条の3

長屋住宅及び共同住宅では、隣接する住戸や上下階の住戸からの生活騒音を防止し、生活の安定とプライバシーを保護するため、界壁の遮音構造を義務づけている。共同住宅等の各戸の界壁は、小屋裏又は天井裏に達するものとし、その構造は遮音性能に関して政令で定める技術的基準に適合するもので、国土交通大臣が定めた構造方法（≫昭和45年告示第1827号）を用いるもの又は認定を受けたものとしなければならない。

遮音性能とは、「隣接する住戸から日常生活に伴い生ずる音を衛生上支障がないように低減するために界壁に必要とされる性能」を言う。具体的には、音の振動数に応じて透過損失が次の表の数値以上であるものでなければならない。（図1～3）

振動数（Hz）	125	500	2000
透過損失（dB）	25	40	50

遮音性能に適合する構造

この性能に適合するものとして国土交通大臣が認めた構造は、下記の通りである。

①下地等を有しない界壁の構造（図4）

・鉄筋コンクリート造、鉄骨鉄筋コンクリート造、鉄骨コンクリート造⇨厚さ≧10cm

・コンクリートブロック造、無筋コンクリート造、煉瓦造、石造⇨肉厚＋仕上げ厚さ≧10cm

②下地等を有する界壁の構造（図5）

下地等を堅固な構造とし、両面を下記の仕上げとした、厚さ13cm以上の大壁造としたもの。

・鉄網モルタル塗又は木ずりしっくい塗で塗厚が2cm以上のもの

・木毛セメント板張又は石膏ボード張の上に厚さ1.5cm以上モルタル又はしっくいを塗ったもの

・モルタル塗の上にタイルを張ったもので、その厚さの合計が2.5cm以上のもの

・セメント板張又は瓦張の上にモルタルを塗ったもので、その厚さの合計が2.5cm以上のもの

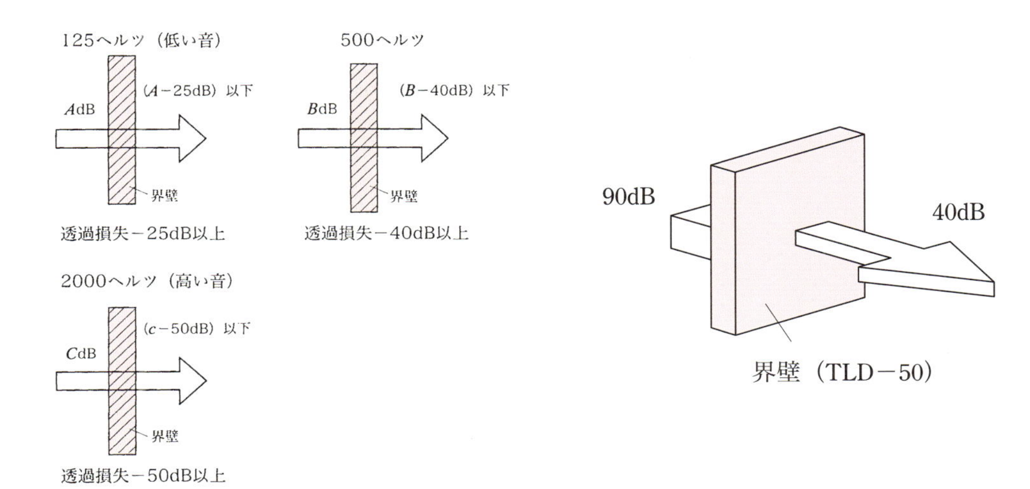

図１　遮音性能

図２　各周波数ごとの透過損失

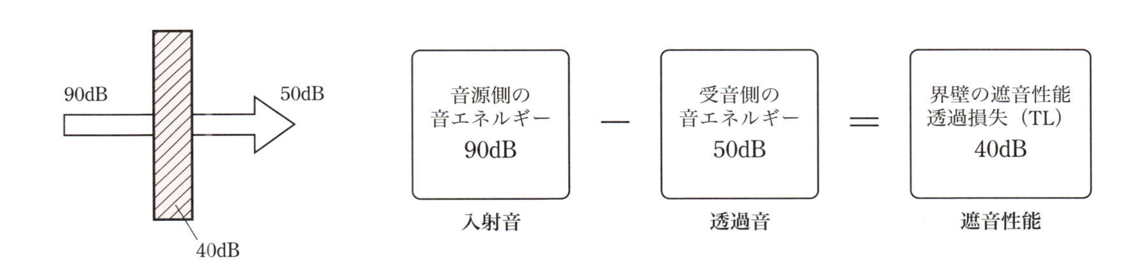

図３　音エネルギーの透過損失

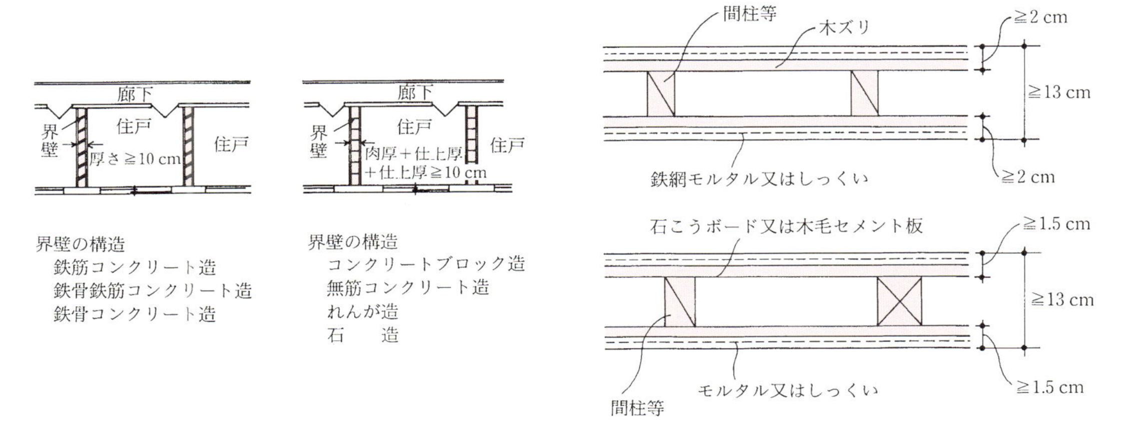

図４　下地等を有しない界壁

図５　下地等を有する界壁

クロルピリホス・ホルムアルデヒドは規制対象

住宅の気密化や化学物質を発散する内装材、塗料、接着剤を使用することにより、室内の空気汚染が発生し、そこに居住する人の健康状態に悪影響を及ぼしていることから、設けられた規定である。

石綿等に対する措置

》法第 28 条の 2、令第 20 条の 4

建築物は次の基準に適合しなければならない。

①建築材料に石綿等を添加しないこと。

②石綿等をあらかじめ添加した建築材料（石綿等を飛散又は発散させる恐れがないものとして国土交通大臣が定めたもの又は認定を受けたものを除く）を使用しないこと。

化学物質の発散に対する措置

》令第 20 条の 6 〜第 20 条の 9、第 137 条の 4 の 2 〜 3

居室内においては、規制対象となる化学物質としてクロルピリホス及びホルムアルデヒドがある。クロルピリホスについては、居室を有する建築物への使用が禁止されている。ホルムアルデヒドについては、発散による衛生上の支障がないよう、建築材料及び換気設備について技術的基準が定められている。

ホルムアルデヒドに関する規制は下記の通りである。

内装仕上げの制限（⇒対策Ⅰ参照）

居室の種類及び換気回数に応じて、内装仕上げに使用するホルムアルデヒドを発散する建材の面積制限を行う。

規制対象となる建材は次の通り。これらには原則として JIS、JAS 又は国土交通大臣認定による等級付けが必要となる。

・木質建材（合板、木質フローリング、パーティクルボード等）

・壁紙

・ホルムアルデヒドを含む断熱材、接着剤、塗料、仕上塗材等

換気設備設置の義務付け（⇒対策Ⅱ参照）

ホルムアルデヒドを発散する建材を使用しない場合でも、家具からの発散があるため、原則として全ての建築物に機械換気設備の設置を義務付ける。例えば、住宅の場合、換気回数 0.5 回 /h 以上の機械換気設備の設置が必要である（いわゆる 24 時間換気システム）。

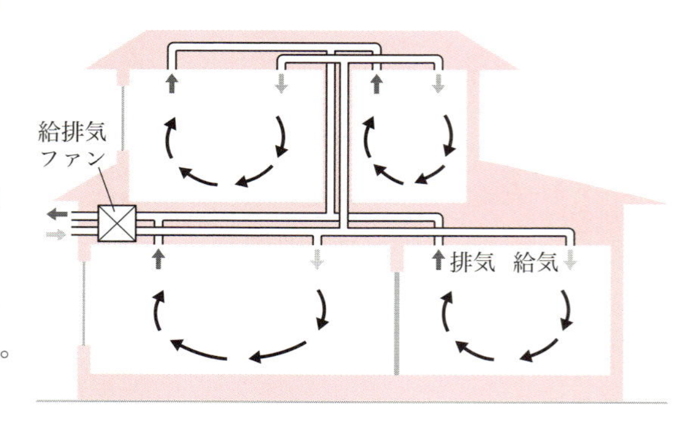

24 時間換気システムの一例（国土交通省資料より）

天井裏等の制限（⇒対策Ⅲ参照）

天井裏等については、下地材をホルムアルデヒドの発散の少ない建材とするか、機械換気設備によって天井裏等も換気できる構造とする。

機械換気設備を設ける場合、天井裏・床下・壁内・収納スペースなどから居室へホルムアルデヒドが流入することを防ぐため、「対策Ⅲ」の措置をとる。収納スペースであっても、建具にアンダーカット等があり、換気計画上居室と一体的に考えられる場合は居室として対策Ⅰの対象となる。

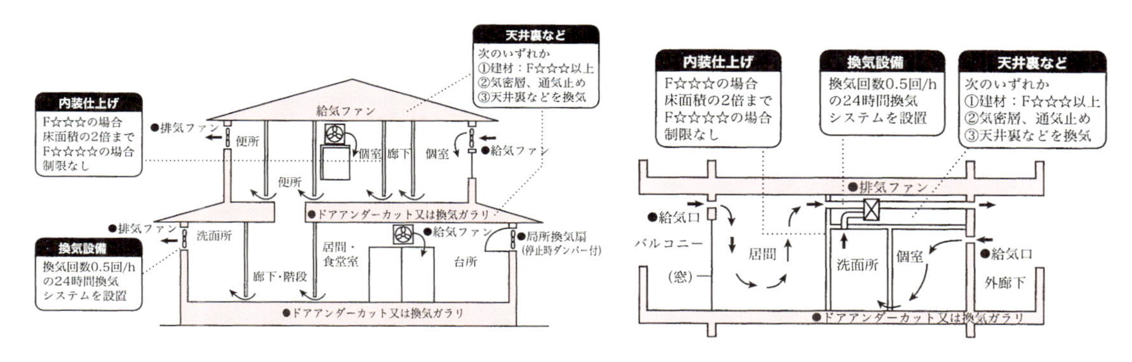

図　シックハウス対策の概要（一戸建て住宅と共同住宅）（国土交通省資料より）※「F☆☆☆☆」はJIS、JASなどの認定表示記号

対策Ⅰ　内装仕上げの制限

①建築材料の区分

建築材料の区分	ホルムアルデヒドの発散		JIS、JASなどの表示記号	内装仕上げの制限
建築基準法の規制対象外	少ない	放散速度 5μg/m²h 以下	F☆☆☆☆	制限なしに使える
第３種ホルムアルデヒド発散建築材料	↕	5 ～ 20μg/m²h	F☆☆☆	使用面積が制限される
第２種ホルムアルデヒド発散建築材料		20 ～ 120μg/m²h	F☆☆	
第１種ホルムアルデヒド発散建築材料	多い	120μg/m²h 超	旧 E₂、Fc₂ 又は表示なし	使用禁止

※μg（μグラム）：100万分の１gの重さ。放散速度１μg／m²hは建材1m²につき１時間当たり１μgの化学物質が発散されることを言う。
※建築物の部分に使用して５年経過したものについては、制限なし。

②第２種・第３種ホルムアルデヒド発散建築材料の使用面積の制限

次の式を満たすように居室の内装仕上げの使用面積を制限する。

$$\underset{\text{第２種分}}{\underline{N_2S_2}} + \underset{\text{第３種分}}{\underline{N_3S_3}} \leq \underset{\text{居室の床面積}}{\underline{A}}$$

S_2：第２種ホルムアルデヒド発散建築材料の使用面積
S_3：第３種ホルムアルデヒド発散建築材料の使用面積

居室の種類	換気回数	N_2	N_3
住居棟の居室※	0.7回/h以上	1.2	0.20
	0.5回/h以上0.7回/h未満	2.8	0.50
上記以外の居室※	0.5回/h以上	0.88	0.15
	0.5回/h以上0.7回/h未満	1.4	0.25
	0.3回/h以上0.5回/h未満	3.0	0.50

※住居等の居室とは、住居の居室、下宿の宿泊室、寄宿舎の寝室、家具その他、これに類する物品の販売業を営む店舗の売り場を言う。上記以外の居室には、学校、オフィス、病院など、他の用途の居室が全て含まれる。

対策Ⅱ　換気設備設置の義務付け

居室の種類	換気回数
住宅等の居室	0.5回/h以上
上記以外の居室	0.3回/h以上

対策Ⅲ　天井裏等の制限

①建材による措置	天井裏などに第１種、第２種のホルムアルデヒド発散建築材料を使用しない（F☆☆☆以上とする）
②気密性、通気止めによる措置	通気層又は通気止めを設けて天井裏などと居室とを区画する
③換気設備による措置	換気設備を居室に加えて天井裏なども換気できるものとする

27 防火材料

「難燃材料＞準不燃材料＞不燃材料」の包含関係にある

「難燃材料とする」と表現された場合、難燃材料はもとよりそれより不燃性能の高い「準不燃材料とする」ことや「不燃材料とする」ことを含んでいる。

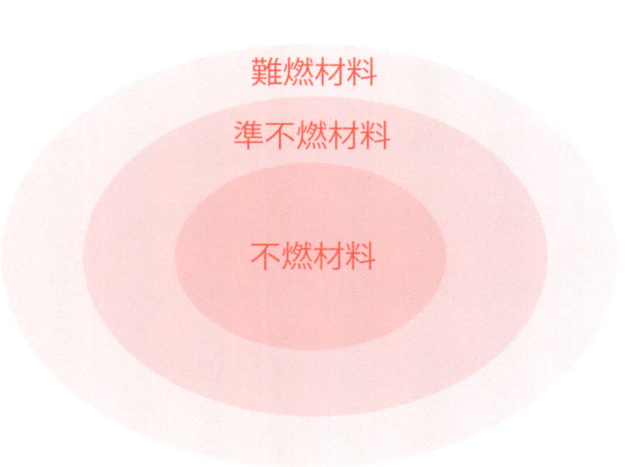

難燃材料・準不燃材料・不燃材料の包含関係

仕上げや下地に使われる建築材料には、初期火災の延焼を防ぐように不燃性能（»令第108条の2）が求められるものがある。建築材料の不燃性の検証に際しては、通常の火災による火熱が加えられた場合に、加熱開始後から一定時間、次の①～③（建築物の外部の仕上げに用いるものにあっては、①及び②）に掲げる三つの要件を満たしていることが求められる。（表1）

①燃焼しないものであること。

②防火上有害な変形、溶融、き裂その他の損傷を生じないものであること。

③避難上有害な煙又はガスを発生しないものであること。

不燃材料

»法第2条第9号、令第108条の2、平成12告示第1400号

不燃性能に関して政令で定める技術的基準（通常の火災による火熱が加えられた場合に、加熱開始後20分間①～③〔»令第108条の2各号〕の要件を満たしていること）に適合するもので、国土交通大臣の認定を受けたもの。（表2）

準不燃材料

»令第1条第5号、平成12年告示第1401号

通常の火災による火熱が加えられた場合に、加熱開始後10分間①～③（»令第108条の2各号）の要件を満たしているものとして、国土交通大臣が定めたもの又は認定を受けたもの。（表3）

難燃材料

»令第1条第6号、平成12年告示第1402号

通常の火災による火熱が加えられた場合に、加熱開始後5分間①～③（»令第108条の2各号）の要件を満たしているものとして、国土交通大臣が定めたもの又は認定を受けたもの。（表4）

Point 「通常の火災」とは？

一般的に建築物において発生することが想定される火災を表す用語。屋内で発生する火災、建築物の周囲において発生する火災の両方を含む。特に火災を限定する場合には、「屋内において発生する通常の火災」又は「建築物の周囲において発生する通常の火災」と表現する。

表1　不燃材料等の要件

材料の種類	時間	要件
不燃材料（法2条9号、令108条の2）	20分間	①燃焼しないこと ②防火上有害な損傷（変形・溶融・き裂等）を生じないこと ③避難上有害な煙又はガスを発生しないこと
準不燃材料（令1条5号）	10分間	
難燃材料（令1条6号）	5分間	

表2　不燃材料を定める件
（平成12年告示1400号）

令108条の2各号（建築物の外部の仕上げに用いるものにあっては、同条1号及び2号）に掲げる要件を満たしている建築材料は、次に定めるものとする	(1)	コンクリート
	(2)	れんが
	(3)	瓦
	(4)	陶磁器質タイル
	(5)	石綿スレート
	(6)	繊維強化セメント板
	(7)	厚3mm以上のガラス繊維混入セメント板
	(8)	厚5mm以上の繊維混入ケイ酸カルシウム板
	(9)	鉄鋼
	(10)	アルミニウム
	(11)	金属板
	(12)	ガラス
	(13)	モルタル
	(14)	しっくい
	(15)	石
	(16)	厚12mm以上の石膏ボード（ボード用原紙の厚0.6mm以下のものに限る）
	(17)	ロックウール
	(18)	グラスウール

表3　準不燃材料を定める件（平成12年告示1401号）

1	通常の火災による火熱が加えられた場合に、加熱開始後10分間、令108条の2各号に掲げる要件を満たしている建築材料は、次に定めるものとする	(1)	不燃材料のうち通常の火災による火熱が加えられた場合に、加熱開始後20分間、令108条の2各号に掲げる要件を満たしているもの
		(2)	厚9mm以上の石膏ボード（ボード用厚紙の厚0.6mm以下のものに限る）
		(3)	厚15mm以上の木毛セメント板
		(4)	厚9mm以上の硬質木片セメント板（かさ比重が0.9以上のものに限る）
		(5)	厚30mm以上の木片セメント板（かさ比重が0.5以上のものに限る）
		(6)	厚6mm以上のパルプセメント板
2	通常の火災による火熱が加えられた場合に、加熱開始後10分間、令108条の2、1号及び2号に掲げる要件を満たしている建築材料は、次に定めるものとする	(1)	不燃材料
		(2)	1(2)から(6)までに定めるもの

表4　難燃材料を定める件（平成12年告示1402号）

1	通常の火災による火熱が加えられた場合に、加熱開始後5分間、令108条の2各号に掲げる要件を満たしている建築材料は、次に定めるものとする。	(1)	準不燃材料のうち通常の火災による火熱が加えられた場合に、加熱開始後10分間、令108条の2各号に掲げる要件を満たしているもの
		(2)	難燃合板で厚5.5mm以上のもの
		(3)	厚7mm以上の石膏ボード（ボード用厚紙の厚0.5mm以下のものに限る）
2	通常の火災による火熱が加えられた場合に、加熱開始後5分間、令108条の2、1号及び2号に掲げる要件を満たしている建築材料は、次に定めるものとする	(1)	準不燃材料
		(2)	1(2)及び(3)に定めるもの

28　防火設備等

防火設備には「防火設備」と「特定防火設備」がある

防火戸（防火区画の種類により 60 分間又は 20 分間の遮炎性能が求められる）

防火設備の種類

»法第 2 条第 9 号の 2、法第 64 条、令第 109 条、令第 109 条の 2、令第 112 条、令第 136 条の 2 の 3

防火設備とは、火災時に火炎の拡大を抑制する設備で、防火戸、ドレンチャー等の遮炎性能又は準遮炎性能を有する設備と定義され、政令で定める技術基準に適合するもので、国土交通大臣が定めたもの又は認定を受けたもの（防火戸・ドレンチャー等、また延焼の恐れのある部分の開口部を遮る外壁、そで壁、塀等〔»平成 12 年告示第 1360 号、第 1366 号〕、右図）を言う。一般的に耐火建築等では「遮炎性能」が、防火地域等で外壁の延焼の恐れのある開口部に設ける防火戸には「準遮炎性能」が要求される。

防火設備は設置場所により性能要求が異なり、一定時間加熱面以外の面に火炎を出さないことが必要である。このような性能の違いにより、防火設備（防火戸）には、「特定防火設備」「防火設備」の 2 種類がある。

特定防火設備と防火設備

特定防火設備は、令第 109 条に規定する防火設備であって、通常の火災による火熱が加えられた場合に、加熱開始後 1 時間、加熱面以外の面に火炎を出さない遮炎性能を有するものである。主に火災の拡大を防止するため、防火区画や防火壁の開口部、避難階段等の出入口に使用される。（»令第 112 条、平成 12 告示第 1369 号）

防火設備では、加熱開始後 20 分間の遮炎性能を要求している。主に延焼を防止するため、外壁の開口部や防火区画に使用される。（»令第 109 条の 2、平成 12 告示第 1360 号、表 1、2）

遮炎性能と準遮炎性能

遮炎性能：通常の火災時における火炎を有効に遮るために防火設備に必要とされる性能。

準遮炎性能：建築物の周囲において発生する通常の火災時における火炎を有効に遮るために防火設備に必要とされる性能。

表１　防火設備と告示内容

防火設備の種類	告示内容（構造）
防火設備 （遮炎性能要求時間 20 分） （平成 12 年告示第 1360 号）	・鉄製で 0.8mm 以上 1.5mm 未満 ・鉄骨コンクリート製又は鉄筋コンクリート製で厚さが 3.5mm 未満のもの ・土蔵造の戸で厚さが 15mm 未満のもの ・鉄及び網入りガラスで造られたもの ・骨組を防火塗料で塗装した木材製とし、屋内面に厚さが 1.2cm 以上の木毛セメント板又は厚さが 0.9cm 以上の石膏ボードを張り、屋外面に亜鉛鉄板を張ったもの
特定防火設備 （遮炎性能要求時間 1 時間） （平成 12 年告示第 1369 号）	・骨組を鉄製とし、両面にそれぞれ厚さが 0.5mm 以上の鉄板を張った防火戸とすること ・鉄製で鉄板の厚さが 1.5mm 以上の防火戸又は防火ダンパーとすること ・鉄骨コンクリート製又は鉄筋コンクリート製で厚さが 3.5mm 以上の戸とすること ・土蔵造で厚さが 15cm 以上の防火戸

表２　防火設備の種類と性能

設備の種類	防火設備の設置場所	防火性能（火災の種類）	遮炎性時間	要件
防火設備	耐火建築物の外壁の開口部に設ける防火設備（法 2 条 9 号の 2 ロ、令 109 条、令 112 条 5 項） 準耐火建築物の外壁の開口部に設ける防火設備（法 2 条 9 号の 3）	遮炎性（通常の火災）	20 分間	加熱面以外の面に火炎を出さない
	防火地域又は準防火地域内建築物の外壁の開口部に設ける防火設備（法 64 条、令 136 条の 2 の 3）	準遮炎性（周囲において発生する通常の火災）	20 分間 （屋内面）	
	界壁の風道貫通等に用いる防火設備（法 36 条、令 114 条 5 項）	遮炎性（通常の火災）	45 分間	
特定防火設備	防火区画に用いる防火設備（112 条 1 項）	遮炎性（通常の火災）	1 時間	

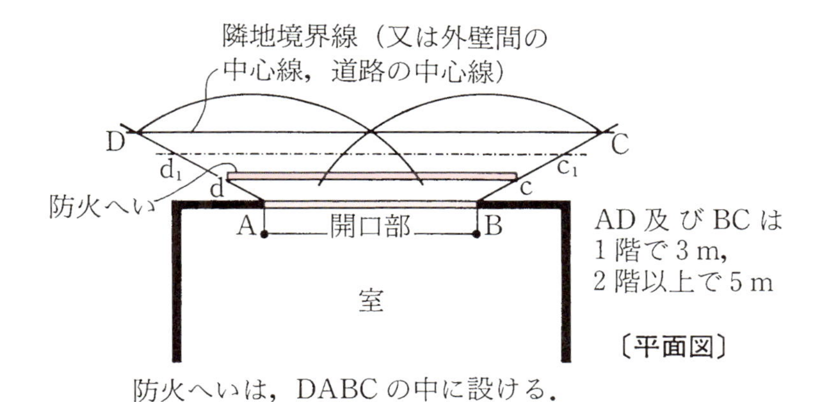

図　防火へい等による防火設備

29　耐火構造・耐火建築物 ②災害時の安全を確保するための防火規定

主要構造物の非損傷性・遮熱性・遮炎性で耐火性能を判断する

耐火構造

»法第2条第7号、令第107条、平成12年告示第1399号

壁、柱、床、はり、屋根、階段の部分のうち、耐火性能に関して政令で定める技術的基準に適合する鉄筋コンクリート造、れんが造等で、国土交通大臣が定めた構造方法（告示）を用いるもの又は認定を受けたものを言う。耐火性能とは、通常の火災が終了するまでの間、当該火災による倒壊及び延焼を防止するために、建築物の部分に必要とされる性能のことである。主要構造部ごとに、非損傷性・遮熱性・遮炎性の三つの技術的基準が定められている。（図1、表1～4）

①非損傷性（»令第107条第1号）

通常の火災により、構造耐力上支障のある損傷（変形・溶融・破壊等）を生じないこと。

②遮熱性（»令第107条第2号）

通常の火災により、加熱面以外の面の温度が、その面に接する「可燃物の燃焼のおそれのある温度」(可燃物燃焼温度、»平成12年告示第1432号）以上に上昇しないこと。

③遮炎性（»令第107条第3号）

屋内において発生する通常の火災により、屋外に火炎を出すおそれのある損傷（き裂等）を生じないこと。

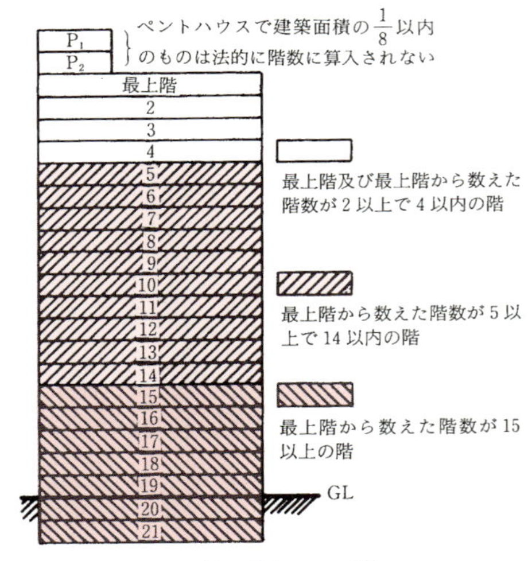

図1　階数によって求められる耐火時間が違う（表2参照）

耐火建築物

»法第2条第9号の2、令第108条の3

耐火建築物とは、次の①及び②の両方の要件を満たしたものを言う。

①主要構造部が次のイ又はロのいずれかであること。

イ　耐火構造であること。

ロ　次に掲げる性能（外壁以外の主要構造部はaのみ、その他は両方）について、政令で定める技術的基準に適合すること

a　屋内において発生が予測される火災による火熱に対して、火災が終了するまで耐えること

b　周囲において発生する通常の火災による火熱に対して、火災が終了するまで耐えること。

②外壁の開口部で延焼のおそれのある部分に、政

表１　防火関係構造一覧

構造の種類	令	部分	火災の種類	時間	要件
耐火構造	法２条７号 令 107 条	耐力壁・柱・床・はり・屋根・階段	通常の火災	１時間を基本とし、建築物の階に応じて３時間まで割増（屋根及び階段については 30 分間）	非損傷性
		壁・床		１時間（外壁の延焼のおそれのない部分は 30 分間）	遮熱性
		外壁・屋根	屋内において発生する通常の火災	１時間（屋根及び外壁の延焼のおそれのない部分は 30 分間）	遮炎性
準耐火構造	法２条７号の２ 令 107 条の２	耐力壁・柱・床・はり・屋根・階段	通常の火災	45 分間（屋根及び階段については 30 分間）	非損傷性
		壁・床・軒裏		45 分間（外壁及び軒裏の延焼のおそれのない部分は 30 分間）	遮熱性
		外壁・屋根	屋内において発生する通常の火災	45 分間（屋根及び外壁の延焼のおそれのない部分は 30 分間）	遮炎性
	法 27 条 令 115 条の２の２	耐力壁・柱・床・はり	通常の火災	１時間	非損傷性
		壁・床・軒裏（延焼のおそれのある部分）			遮熱性
		外壁	屋内において発生する通常の火災		遮炎性
防火構造	法２条８号 令 108 条	外壁（耐力壁）	周囲において発生する通常の火災	30 分間	非損傷性
		外壁・軒裏			遮熱性
準防火構造	法 23 条 令 109 条の６	外壁（耐力壁）	周囲において発生する通常の火災	20 分間	非損傷性
		外壁			遮熱性
屋根の構造	令 109 条の３ 令 113 条	屋根	屋内において発生する通常の火災	20 分間	遮炎性
床(天井)の構造	令 109 条の３ 令 115 条の２	床・直下の天井	屋内において発生する通常の火災	30 分間	非損傷性 遮熱性
ひさし等の構造	令 115 条の２の２ 令 129 条の２の２	ひさし等	通常の火災	20 分間	遮炎性

表２　耐火構造の耐火時間

性能（火災の種類）	建築物の部分 ＼ 建築物の階		最上階及び最上階から数えた階数	最上階から数えた階数	
			２以上で４以内の階	５以上で 14 以内の階	15 以上の階
令 107 条１号 非損傷性 （通常の火災）	壁	間仕切壁（耐力壁に限る）	１時間	２時間	２時間
		外壁（耐力壁に限る）	１時間	２時間	２時間
	柱		１時間	２時間	３時間
	床		１時間	２時間	２時間
	はり		１時間	２時間	３時間
	屋根		30 分間		
	階段		30 分間		
令 107 条２号 遮熱性（通常の火災）	壁	一般	１時間		
		延焼のおそれのある部分以外の非耐力壁	30 分間		
	床		１時間		
令 107 条３号 遮炎性（屋内側からの通常の火災）	外壁	一般	１時間		
		延焼のおそれのある部分以外の非耐力壁	30 分間		
	屋根		30 分間		

非損傷性　：火災により、構造耐力上支障のある損傷（変形・溶融・破壊等）を生じないこと。
遮熱性　　：加熱面以外の面の温度が、その面に接する可燃物の燃焼のおそれのある温度※以上に上昇しないこと。
遮炎性　　：屋外に火炎を出すおそれのある損傷（き裂等）を生じないこと。
通常の火災：一般的に建築物において発生することが想定される火災を表す用語として用いており、屋内で発生する火災、建築物の周囲で発生する火災の両方を含むものである。特に火災を限定する場合には「屋内において発生する通常の火災」又は「建築物の周囲において発生する通常の火災」という用語を用いている。
※可燃物燃焼温度：当該面に接する可燃物が燃焼するおそれのある温度として国土交通大臣が定める温度（平均温度 160℃、最高温度 200℃）〔平成 12 年告示 1432 号〕。

表3　構造種別による耐火構造一覧　その1（平成12年建設省告示1399号）

構造部分	構造（図）	構造	被覆材料または材料	耐火（単位：cm） 30分		1時間		2時間		3時間		備考
				B	*t*	*B*	*t*	*B*	*t*	*B*	*t*	
1 壁	 *t*, *t*, *B*	鉄筋コンクリート造 鉄骨鉄筋コンクリート造	コンクリート			7		10				*t*：非耐力壁では2cm以上
	 *t*, *t*, *B*	鉄骨コンクリート造	コンクリート			7		10	3			
	 *t*, *t*, *B*	鉄骨造	鉄網モルタル				3		4			塗下地は不燃材料とする
			コンクリートブロック れんが 石				4		5			
	 *B*	コンクリートブロック造 無筋コンクリート造 れんが造 石造	コンクリートブロック等			7						
	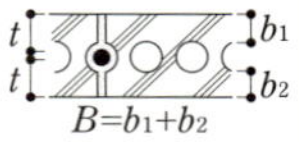 *t*, *t*, b_1, b_2, $B=b_1+b_2$	鉄材補強のコンクリートブロック造 れんが造 石造	コンクリートブロック等			5	4	8	5			
	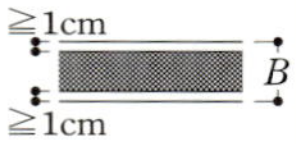 ≧1cm, ≧1cm, *B*	木片セメント板モルタル造	木片セメント板の両面にモルタル塗					8	1			*t*：モルタル塗厚
	 *B*	軽量気泡コンクリート製パネル	軽量気泡コンクリート					7.5				
	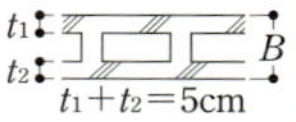 t_1, t_2, *B*, $t_1+t_2=5$cm	パーライト気泡コンクリート充填の中空鉄筋コンクリート製パネル	コンクリートパネル 気泡コンクリートパーライト					12	5			
外壁の非耐力壁	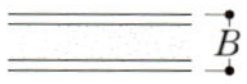 *B*	気泡コンクリート 繊維混入ケイ酸カルシウム板 の両面に厚さ3mm以上の繊維強化セメント板（スレート波板，スレートボード）、厚さ6mm以上の繊維混入ケイ酸カルシウム板を張ったもの			3.5							かさ比重 0.3以上～1.2以下
2 柱	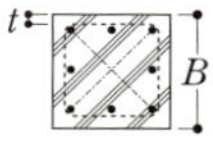 *t*, *B*	鉄筋コンクリート造 鉄骨鉄筋コンクリート造	コンクリート			3	25	3	40	3		
	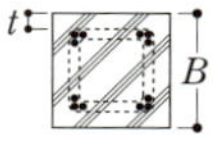 *t*, *B*	コンクリート鉄骨	コンクリート造			3	25	3	40	6		
2 柱	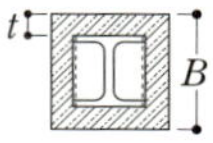 *t*, *B*	鉄骨造	鉄網パーライトモルタル				4	25	6	40	8	
			鉄網モルタル				3		5		7	
			コンクリートブロック れんが 石				5		7		9	
			軽量コンクリートブロック				4		6		8	
	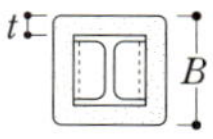 *t*, *B*	鉄骨造	鉄網パーライトモルタル					25	4			

構造部分	構造	被覆材料または材料	耐火（単位：cm）								備考
			30分		1時間		2時間		3時間		
			B	*t*	*B*	*t*	*B*	*t*	*B*	*t*	
2 柱	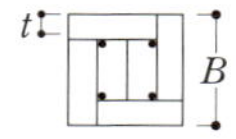 鉄材補強のコンクリートブロック造 れんが造 石造	コンクリートブロック等				5					
3 床	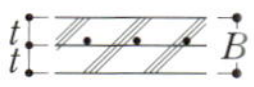 鉄筋コンクリート造 鉄骨鉄筋コンクリート造	コンクリート			7		10				
	鉄骨造	鉄網モルタル				4		5			塗下地は不燃材料
		コンクリート				4		5			
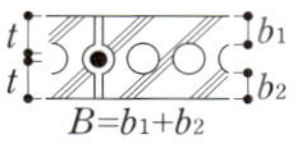	鉄材補強のコンクリートブロック造 れんが造 石造	コンクリートブロック等			5	4	8	5			
4 はり	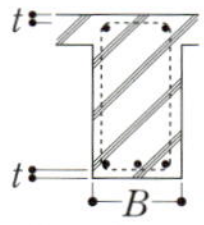 鉄筋コンクリート造 鉄骨鉄筋コンクリート造	コンクリート				3		3		3	
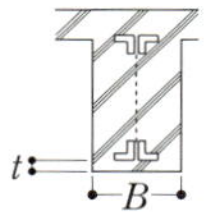	鉄骨コンクリート造	コンクリート				3		5		6	
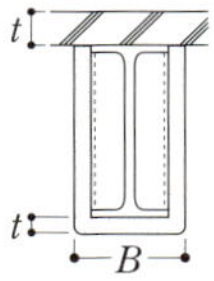	鉄骨造	鉄網モルタル				4		6		8	
		鉄網軽量モルタル				3		5		7	
		コンクリートブロック れんが 石				5		7		9	
		軽量コンクリートブロック				4		6		8	
		鉄網パーライトモルタル						4		5	
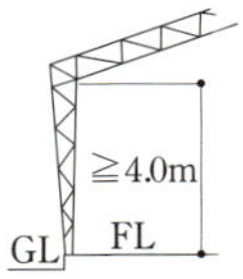	床面からはりの下端までの高さが4m以上の鉄骨造の小屋組	天井のないもの、または、不燃材料、準不燃材料で造られた天井（1時間耐火のみ）									

B：モルタル、プラスターその他これらに類する仕上げ材料の厚さを含む
t ：かぶり厚さ、塗り厚さ、覆った厚さ

表4　構造種別による耐火構造一覧　その2

5　屋根	30分耐火性能を有する屋根はつぎのいずれかに該当するものとする〔令187条1号、3号〕 ①鉄筋コンクリート造、または、鉄骨鉄筋コンクリート造 ②鉄材によって補強されたコンクリートブロック造、れんが造または石造 ③鉄網コンクリートもしくは鉄網モルタルでふいたものまたは鉄網コンクリート、鉄網モルタル、鉄材で補強されたガラスブロックもしくは網入ガラスで造られたもの ④鉄筋コンクリート製パネルで厚さ4cm以上のもの ⑤高温高圧蒸気養生された軽量気泡コンクリート製パネル
6　階段	階段はつぎのいずれかに該当するものとする〔令107条1号〕 ①鉄筋コンクリート造または鉄骨鉄筋コンクリート造 ②無筋コンクリート造、れんが造、石造またはコンクリートブロック造 ③鉄材によって補強されたれんが造、石造またはコンクリートブロック造 ④鉄造

令で定める防火設備を設けること。

一般的に、上記の①ロ＋②に該当するものは、令第108条の3における技術的基準、「耐火性能検証法」及び「防火区画検証法」などの「耐火設計法」によるものである。また、この他に国土交通大臣の認定を受けたものがある。

準耐火構造

≫法第2条第7の2号、令第107条の2、平成12年告示第1358号

壁、柱、床、はり、屋根、階段の部分のうち、準耐火性能に関して政令で定める技術的基準に適合するもので、国土交通大臣が定めた構造方法を用いるもの又は認定を受けたものを言う。準耐火性能とは、通常の火災による延焼を抑制するために、建築物の部分に必要とされる性能（非損傷性・遮熱性・遮炎性）のことである。準耐火構造には、通常の準耐火構造（45分準耐）と、耐火構造に近い準耐火構造（1時間準耐）とがある。（表5）

準耐火建築物

≫法第2条第9号の3、令第109条の2の2、第109条の3

耐火建築以外の建築物で、次の①又は②のどちらかに該当し、外壁の開口部で延焼のおそれのある部分に防火設備を設けた建築物を言う。（図2）

①主要構造部を準耐火構造としたもの。（イ準耐、表7）

② ①に掲げる建築物以外の建築物で、①に掲げるものと同等の準耐火性能を有するものとして、主要構造部の防火措置その他について政令で定める技術的基準に適合するもの。（ロ準耐、表8､9）

防火構造

≫法第2条第8号、令第108条、平成12年告示第1359号

建築物の外壁又は軒裏の構造のうち、防火性能に関して政令で定める技術的基準に適合する鉄網モルタル塗、しっくい塗などで、国土交通大臣が定めた構造方法を用いるもの又は認定を受けたものを言う。防火性能とは、建築物の周囲において発生する通常の火災による延焼を抑制するために、外壁又は軒裏に必要とされる性能のことである。耐火構造や準耐火構造では、外部だけでなく、内部の火災に対しても、非損傷性、遮熱性及び遮炎性の性能が要求されるが、防火構造では周囲の延焼に対する非損傷性及び遮熱性の性能が必要である。（表10）

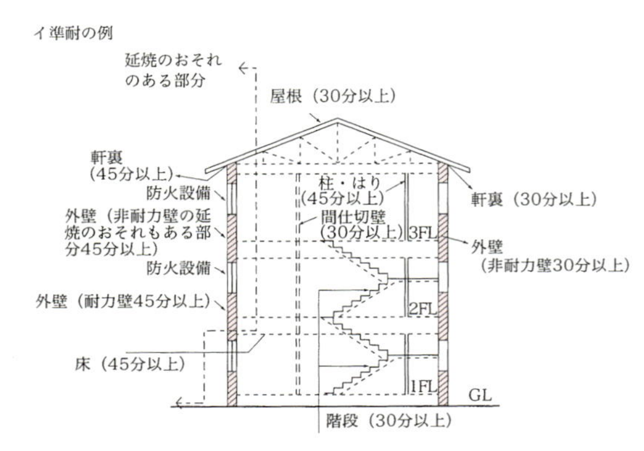

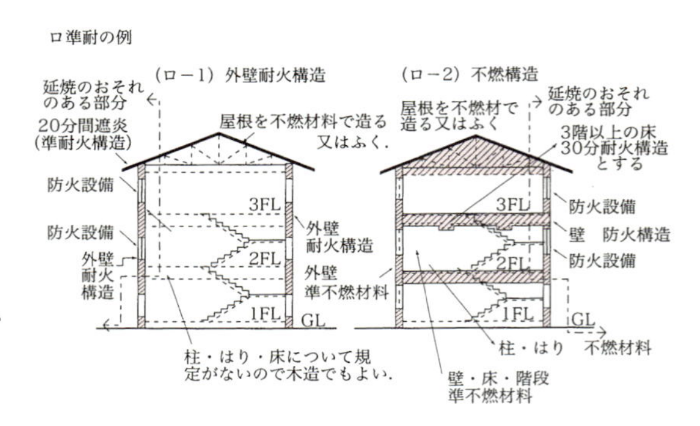

図2　準耐火建築物

準防火構造

≫法第23条、令第109条の6、平成12年告示第1362号

建築基準法では準防火構造という定義は存在しないが、準防火性能を有するものを便宜上、準防火構造に準じて、準防火構造とした。準防火性能とは、政令で定める技術的基準に適合する土塗壁などで、国土交通大臣が定めた構造方法を用いるもの又は認定を受けたものを言う。（表10）

表5　準耐火構造（45分準耐火）の耐火時間

性能（火災の種類）	建築物の部分		耐火時間
令107条の2、1号 非損傷性 （通常の火災）	壁	間仕切壁（耐力壁に限る）	45分間
		外壁（耐力壁に限る）	45分間
	柱		45分間
	床		45分間
	はり		45分間
	屋根（軒裏を除く）		30分間
	階段		30分間
令107条の2、2号 遮熱性 （通常の火災）	壁	一般	45分間
		延焼のおそれのある部分以外の非耐力壁	30分間
	軒裏	延焼のおそれのある部分	45分間
		上記以外の部分	30分間
	床		45分間
令107条の2、3号 遮炎性 （屋内からの通常の火災）	外壁	一般	45分間
		延焼のおそれのある部分以外の非耐力壁	30分間
	屋根		30分間

表6　耐火建築物・準耐火建築物

種類		特徴	
耐火建築物（法2条9号の2）		主要構造部を耐火構造又は耐火性能の技術的基準に適合したもの	非損傷性における加熱時間が1時間以上のもの
準耐火建築物（法2条9号の3）	イ　準耐	主要構造部を準耐火構造としたもの（法2条9号の3イ）	
	ロ　準耐	外壁を耐火構造とし、かつ屋根を不燃材料で造る等したもの （令109条の3、1号）　外壁耐火構造	非損傷性における加熱時間が1時間未満（45分間以上）
		柱・はりを不燃材料とし、かつ外壁の延焼部分を防火構造としたもの（令109条の3、2号）　不燃構造	
その他		耐火、準耐火建築物以外の建築物	

表7　イ準耐

主要構造部	準耐火構造としたもの
外壁の開口部（延焼のおそれのある部分）	遮炎性能を有する防火設備を設ける

注）建築物の地上部分の層間変形角は、1/150以内でなければならない。ただし、主要構造部が防火上有害な変形等の損傷を生じないことが計算又は実験によって確認されている場合は、この限りでない。

表8　ロ－1準耐（外壁耐火構造）

外壁		耐火構造
屋根	一般	法22条1項に規定する構造・不燃材料で造る又は葺いたもの
	延焼のおそれのある部分	準耐火構造（一般）又は準耐火構造（20分間遮炎〔平成12年告示1367号〕）としたもの
外壁の開口部（延焼のおそれのある部分）		遮炎性能を有する防火設備を設ける

表9　ロ－2準耐（不燃構造）

柱及びはり		不燃材料としたもの
壁		準不燃材料としたもの
外壁	一般	準不燃材料としたもの
	延焼のおそれのある部分	防火構造としたもの
床	2階以上	準不燃材料としたもの
	3階以上（直下の天井を含む）	準耐火構造（一般）又は準耐火構造〔平成12年告示1368号〕としたもの
屋根		法22条1項に規定する構造・不燃材料で造る又は葺いたもの
外壁の開口部（延焼のおそれのある部分）		遮炎性能を有する防火設備を設ける
階段		準不燃材料としたもの

表10　防火構造・準防火構造

防火構造（防火性能）

性能（火災の種類）	建築物の部分	防火時間
令第108条第1号 非損傷性（周囲の通常の火災）	外壁（耐力壁）	30分間
令第108第2号 遮熱性（周囲の通常の火災）	外壁	30分間
	軒裏	30分間

準防火構造（準防火性能）

性能（火災の種類）	建築物の部分	防火時間
令第109条の6第1号 非損傷性（周囲の通常の火災）	外壁（耐力壁）	20分間
令第109条の6第2号 遮熱性（周囲の通常の火災）	外壁	20分間
	軒裏	—

一般用途の建築物より防火・避難に関して厳しく規制

耐火被覆を施された鉄骨部材

特殊建築物の耐火規制

»法第 27 条、別表第 1、令第 115 条の 3

特殊建築物の中で、不特定多数の人が集まる施設（劇場、映画館、集会場等）、宿泊、就寝を伴う施設（ホテル、病院、共同住宅等）、火災に対して危険度が高い施設（自動車車庫、自動車修理工場等）などは、一般の建築物より厳しい規制を適用される。（表 1）

主として法別表第 1 に定められている各種特殊建築物は、その規模、階数等によって構造制限を行い、耐火又は準耐火建築物とすることを定めている。

法別表第 1 では、特殊建築物が（ろ）欄又は（は）欄に該当する場合は耐火建築物に、（に）欄に該当する場合は準耐火建築物以上にしなければならないと規定している。

複合用途の建築物で、建築物の一部がこの規定の用途に該当する場合、1 棟の建築物の全ての部分を耐火又は準耐火建築物としなければならない。

防火地域以外の区域にある地上 3 階建ての下宿、共同住宅又は寄宿舎については、政令で定める準耐火建築物とすることができる。（»法第 27 条ただし書き、令第 115 条の 2 の 2）

耐火建築物とすることを要しない特殊建築物の技術的基準

»令第 115 条の 2 の 2

準防火地域内にあるものは①～⑤まで、防火及び準防火地域以外の区域にあるものは①～④までを満足すること。

①主要構造である壁、柱、床、はり及び屋根の軒裏の構造が表 2 に定める基準に適合するものとして、国土交通大臣が定めた構造方法を用いるもの又は認めたもの。

②避難上有効なバルコニー等が設置されていること（廊下、階段が外気に開放され、かつ、廊下と住宅等の間にある開口部に防火設備が設けられている場合は、この限りでない）。

③ 3 階の外壁面に非常用の進入口の設置。

④建築物の周囲に幅員 3m 以上の通路の設置。ただし、次の場合はこの限りでない。

イ　各住戸ごとに避難上有効なバルコニー等の設置。

ロ　廊下等の開放性の確保及び廊下等と住戸の防火区画の設置。

ハ　開口部から上部への延焼を防止する庇、バルコニー等の設置。

⑤ 3 階の各宿泊室等の外壁の開口部等に防火設備（»法第 2 条第 9 号の 2 ロ）を設ける。ただし、次の場合はこの限りでない。

イ　外壁の開口部又は直接外気に開放された廊下、階段等の通路に面する開口部が各宿泊室等以外の開口部と 90cm 以上離れている場合。

ロ　庇、袖壁等で遮られている場合。

表1　耐火建築物又は準耐火建築物としなければならない特殊建築物

	用途	類似の用途〔令115条の3〕	耐火建築物	耐火建築物又は準耐火建築物
(1)	劇場・映画館・演芸場		主階が1階にないもの	
	劇場・映画館・演芸場・観覧場・公会堂・集会場		・3階以上の階に設けるもの ・客席の床面積の合計≧200m²（屋外観覧席は1000m²以上）	
(2)	病院・診療所（患者の収容施設があるものに限る）・ホテル・旅館・下宿・共同住宅・寄宿舎	児童福祉施設等 令19条参照	3階以上の階に設けるもの（3階建下宿、共同住宅、寄宿舎注））	2階が、300m²以上のもの（ただし病院及び診療所については、2階に患者の収容施設のある場合に限る）
(3)	学校・体育館	博物館・美術館・図書館・ボーリング場・スキー場・スケート場・水泳場・スポーツの練習場	3階以上の階に設けるもの	床面積の合計2000m²以上のもの
(4)	百貨店・マーケット・展示場・ダンスホール・遊技場・キャバレー・カフェー・ナイトクラブ・バー	公衆浴場・待合・料理店・飲食店・物品販売業を営む店舗（床面積が10m²以内のものを除く）	・3階以上の階に設けるもの ・床面積の合計が3000m²以上のもの	2階の床面積の合計が500m²以上のもの
(5)	倉庫		3階以上の階の床面積の合計が200m²以上のもの	床面積の合計が1500m²以上のもの
(6)	自動車車庫・自動車修理工場	映画スタジオ・テレビスタジオ	3階以上の階に設けるもの	150m²以上のもの（法2条9の3ロに該当する準耐火建築物のうち政令で定めるものを除く）
(7)	危険物の貯蔵・処理場			令116条の数量以上を貯蔵又は処理するもの

注）地階を除く階数が3で、3階を下宿、共同住宅、寄宿舎の用途に供するもの（3階の一部を法別表第1(い)欄の下宿、共同住宅、寄宿舎以外の用途に供するもの及び法27条1項2号、3号に該当するものを除く）のうち、防火地域以外の区域内にあるものにあっては、法2条9号の3イに該当する準耐火建築物（主要構造部の耐火性能等について政令で定める技術基準に適合するものに限る）とすることができる。

表2　1時間準耐火

壁	間仕切壁（耐力壁）	1時間
	外壁（耐力壁）	1時間
柱		1時間
床		1時間
梁		1時間
屋根の軒裏の延焼のおそれのある部分		1時間

注）1時間の耐火性能（仕様等）については告示規定としている〔平成12年告示1380号、平成12年告示1358号〕。

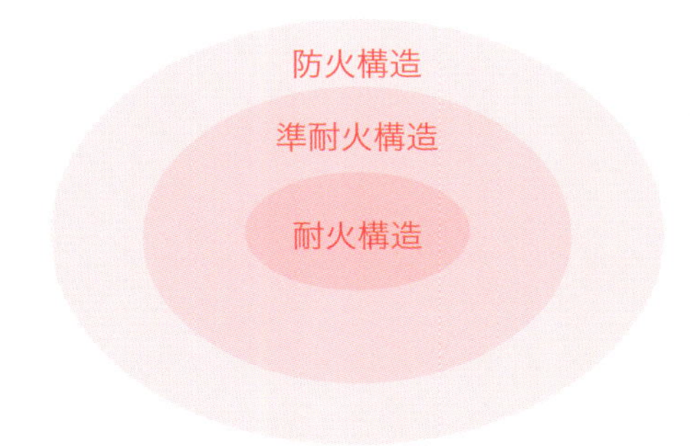

図　耐火構造・防火構造等の包含関係

Point　耐火構造等の包含関係

「防火構造とする」と表現された場合、防火構造はもとよりそれより性能の高い「準耐火構造とする」ことや「耐火構造とする」ことを含んでいることになる。

耐火構造＞準耐火構造＞防火構造＞準防火構造

ここで注意しなければならないのは、性能の低い構造や材料で規定されている場合に、それ以上の性能や材料でしてもよい場合と、しなければならない場合とがある。例えば、その建築物に当該規定部分の耐火構造が要求される場合で、法文の規定が「準耐火構造とする」となっている場合には、耐火構造としなければならないことになる。

例えば、令第114条に規定する共同住宅の各戸の界壁について、耐火建築物としなければならない共同住宅の各戸の界壁は、耐火構造としなければならない。

31　防火区画

延焼を抑えるために建築物の内部を立体的に区画

竪穴区画における防火設備（防火シャッターと防火扉の組み合わせ）

耐火建築物や準耐火建築物では、建築物の内部で火災が発生したとき、他の部分への延焼の拡大を防ぎ、火災を局部的なものに抑え、避難を安全にするために、耐火構造等の床、壁、防火設備（防火戸等）による立体的な区画をする必要がある。この区画を防火区画という。防火区画には、面積区画、高層区画、竪穴区画、異種用途区画の4種類の区画があり、各区画で、面積、構造、防火設備の種類が異なる。（図1）

面積区画　»令第112条第1項〜第3項

①耐火建築物か、任意の準耐火建築物は、1500m²以内ごとに区画する。ただし、劇場、映画館、集会場の客席、工場等、用途上区画をするのが困難な場合は免除される。（»令第112条第1項）

②義務により45分準耐火建築物（〔イ〕準耐）、外壁耐火の準耐火建築物（〔ロ—1〕準耐）の場合は、500m²以内ごとに1時間準耐火構造の壁、床、特定防火設備で区画する。（»令第112条第2項）

③義務により1時間準耐火建築物（〔イ〕準耐）、不燃構造の準耐火建築物（〔ロ—2〕準耐）の場合は、1000m²以内ごとに1時間準耐火構造の壁、床、特定防火設備で区画する（»令第112条第3項）。

ただし、②及び③において体育館・工場等で、天井・壁の内装を準不燃材料で仕上げた準耐火建築物の場合は、1500m²まで緩和される。（»令第112条第4項）

ところで、区画面積の算定では、スプリンクラー設備、水噴霧消火設備、泡消火設備等の自動式の設備を設けた部分は、その床面積の1/2に相当する部分を防火区画面積より除くことができる。

高層区画　»令第112条第5項〜第7項

建築物の11階以上の部分は、原則として100m²以内ごとに耐火構造の床、壁、防火設備で区画する。ただし、内装の下地、仕上げとも準不燃材料とし、特定防火設備で区画すれば200m²以内ごとに緩和される。また、内装を下地、仕上げとも不燃材料とすれば500m²以内ごとに区画することができる。

竪穴区画　»令第112条第9項

主要構造部が準耐火構造以上で、地階又は3階以上の階に居室がある建築物では、メゾネット型住戸、吹き抜け、階段、昇降機の昇降路、ダクト

表 1　防火設備の種類とその要求性能（令第 112 条第 14 項）

条	項	号	区画種別	構造方法	
				遮炎性能 （第 14 項第 1 号）	遮炎性能・遮煙性能 （第 14 項第 2 号）
112	1	本文	面積区画	特定防火設備	
		2	適用除外階段等		特定防火設備
	2		準耐火 500m² 区画	特定防火設備	
	3		準耐火 1000m² 区画	特定防火設備	
	4		2 項、3 項適用除外		特定防火設備
	5		11 階以上 100m² 区画	特定防火設備	
	8		5 項、6 項、7 項適用除外		防火設備
	9		竪穴区画		防火設備
	12		木造建築物異種用途区画		防火設備
	13		異種用途区画		特定防火設備

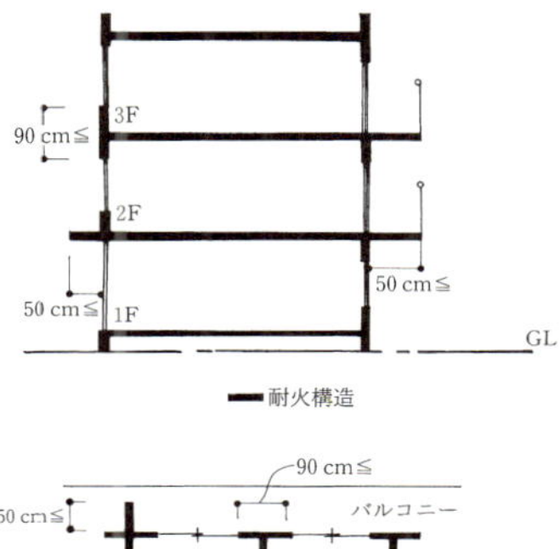

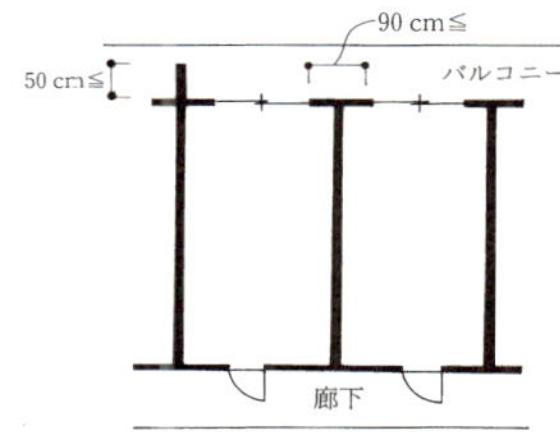

図 1　防火上有効なひさし等（令第 112 条第 10 項）

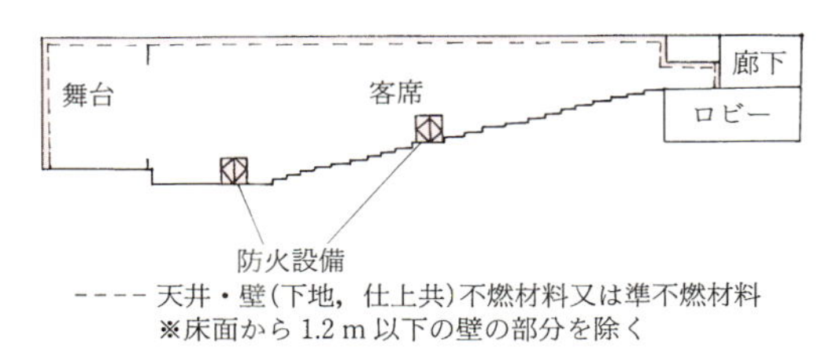

図 3　用途上防火区画できない場合の緩和（2）

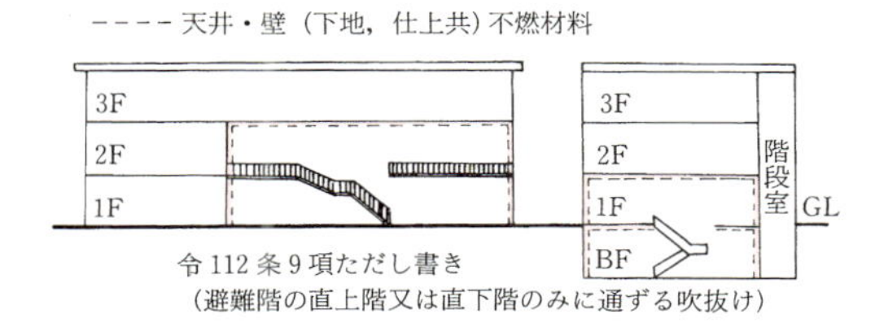

図 4　竪穴区画の緩和

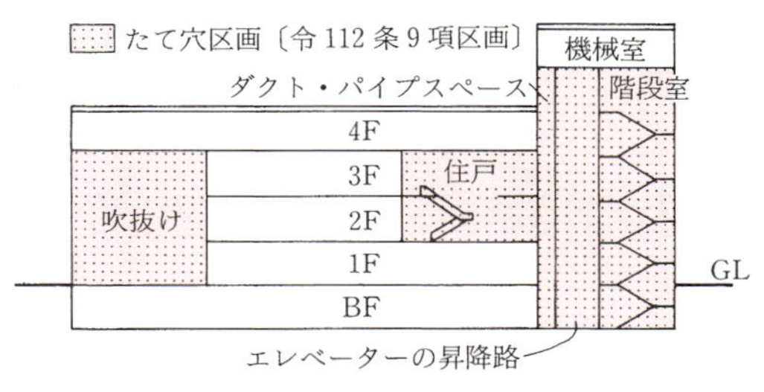

たて穴区画〔令 112 条 9 項〕
区画方法
壁・床——準耐火構造
防火戸——法 2 条 9 号の 2 ロの防火設備

図 2　用途上防火区画できない場合の緩和（1）

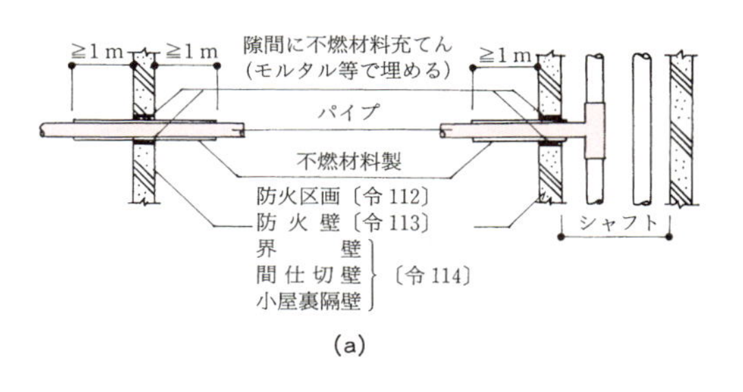

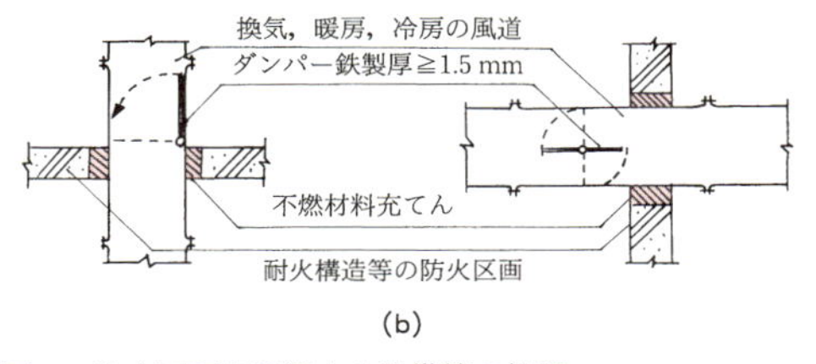

図 5　防火区画を貫通する設備等の処理

スペースの部分とその他の部分とを45分準耐火構造の床、壁、防火設備で区画する（主要構造部を耐火構造としたものは、その床、壁を準耐火構造でなく耐火構造で区画する）。ただし、次に該当するものは、建築物の部分は竪穴区画が緩和される。（図2）

①竪穴区画内にあり、その内部からのみ人が出入りすることができる公衆便所等。

②劇場、映画館等の用途で、壁、天井の内装を下地及び仕上げとも不燃材料としたものであって、用途上区画することができない部分。（図3）

③避難階からその直上階又は直下階のみに通じる吹き抜け部分、階段部分でその壁、天井の内装を下地及び仕上げとも不燃材料で造った場合。（図4）

④階数が3以下で、延べ面積が200m²以内の戸建住宅、又は長屋もしくは共同住宅の住戸のうちその階数が3以下で、床面積の合計が200m²以内であるものにおける吹き抜け、階段、昇降機の昇降路等の部分。

異種用途区画 »令第112条第12項、第13項

異種用途区画には次の2種類がある。

①法第22条区域で、木造建築物等の一部に学校、劇場等の特殊建築物の用途（»法第24条）がある場合、その部分と他の部分を45分準耐火構造の壁、防火設備で区画する。

②特殊建築物の用途（»法第27条）の部分が、耐火又は準耐火建築物となる規模の場合、他の部分と1時間準耐火構造の床、壁、特定防火設備で区画する。

防火区画に用いる防火設備（防火戸）の構造 »令第112条第14項

防火区画に用いる防火設備については、確実に火災の拡大を防止・抑制するとともに、避難上支障をきたさないため、次の①〜④の必要となる性能を規定し、当該性能を有するものとして国土交通大臣が定めた構造方法を用いるもの又は認定を受けたものとする。

①常時閉鎖又は作動状態であるか、随時閉鎖又は作動させることができること。

②避難経路に設けられるものは閉鎖又は作動した状態で通行に支障がないこと。

③常時閉鎖又は作動した状態にあるもの以外のものは、煙の発生又は温度の上昇により自動的に閉鎖又は作動すること。

④遮煙性能を有するもので、常時閉鎖又は作動した状態にあるもの以外のものは、煙の発生により自動的に閉鎖すること。

これらの性能は使用される部分によって、①、②及び③の性能、①、②及び④の性能が求められる。

防火区画に用いる防火設備の閉鎖方式には、次の2方式がある。

熱感知方式の場合

上記性能規定①、②及び③を有する。

・特定防火設備（»令第112条第1項、2項、3項）

・防火設備（»令第112条第5項）

煙感知方式の場合

上記性能規定①、②及び④を有する。

・特定防火設備（»令第112条第1項第2号、4項、8項、13項）

・防火設備（»令第112条第9項、12項）

防火区画を設備の配管等が貫通する場合 »令第112条第15項、16項

①防火区画を貫通する設備配管は、その周辺部のすき間をモルタル等の不燃材料で埋める。

②防火区画を貫通する設備の風道（ダクト）は、その周辺に防火ダンパー（特定防火設備）を設ける。（図5）

表２　防火区画の制限

防火区画をする建築物	制限内容	制限を除外するもの
(1)延べ面積＞ 1500m^2 の耐火建築物・準耐火建築物〔令 112 条１項〕	1500m^2 以内ごとに１時間準耐火構造〔令 115 条の２の２、１項１号〕の床・壁・特定防火設備で区画する	①劇場・映画館・演芸場・観覧場・公会堂・集会場の客席、体育館、工場等で用途上やむをえないもの ②階段室・昇降機の昇降路（乗降ロビーを含む）で耐火構造・１時間準耐火構造の床・壁・特定防火設備で区画した部分
(2)延べ面積＞ 500m^2 の法 27 条２項・法 62 条１項、法 67 条の２の(イ)準耐火建築物・(ロ－1) 準耐建築物（1 時間(イ)準耐火、ロ－２準耐を除く）〔令 112 条２項〕	① 500m^2 以内ごとに１時間準耐火構造の床・壁・特定防火設備で区画する ②防火上主要な間仕切壁は準耐火構造とし、小屋裏又は天井裏まで立ち上げる	①体育館、工場等で天井（天井のない場合は屋根）・壁の内装を準不燃材料とした部分 ②上欄②と同じ〔令 112 条４項〕
(3)延べ面積＞ 1000m^2 の法 21 条１項ただし書きの１時間(イ)準耐 法 27 条 1 項ただし書きの 1 時間(イ)準耐 法 27 条２項、法 62 条１項，法 67 条の２の１時間(イ)準耐 法 27 条２項、法 62 条１項のロ－２準耐〔令 112 条３項〕	1000m^2 以内ごとに１時間準耐火構造の床・壁・特定防火設備で区画する	
(4) 11 階以上の部分で、各階の延べ面積＞ 100m^2 のもの〔令 112 条５項～７項〕	① 100m^2 以内ごとに耐火構造の床・壁・防火設備で区画する〔令 112 条５項〕 ②壁（床面上 1.2m 以下を除く）・天井の内装と下地を準不燃材料としたとき 200m^2 以内ごとに①と同じ（防火設備を除く）〔令 112 条６項〕 ③ ②と同じ部分を不燃材料としたとき 500m^2 以内ごとに②と同じ〔令 112 条７項〕	階段室・昇降機の昇降路（乗降ロビーを含む）・廊下その他避難のための部分又は床面積の合計が 200m^2 以内の共同住宅の住戸で、耐火構造の床・壁・特定防火設備（左欄の①の場合防火設備）で区画した部分〔令 112 条８項〕
(5)主要構造部が耐火構造・準耐火構造で、居室が地階・３階以上にあるもの〔令 112 条９項〕	階数≧２の住戸（メゾネット式）の部分・吹抜き部分・階段の部分・昇降機の昇降路の部分・ダクトスペースの部分等と、その他の部分を準耐火構造の床・壁・防火設備で区画する	①避難階の直上階又は直下階のみに通じる吹抜き部分、階段部分等で内装（下地を含む）を不燃材料で造ったもの ②階数≦３で延べ面積≦ 200m^2 の住宅、長屋、共同住宅の住戸の吹抜き・階段部分等 ③用途上やむを得ない部分で内装制限したもの
(6)建築物の一部が法 24 条の適用を受ける場合〔令 112 条 12 項〕	法 24 条の各号の一に該当する部分と他の部分を、準耐火構造の壁・防火設備で区画する	
(7)建築物の一部が法 27 条の適用を受ける場合〔令 112 条 13 項〕	法 27 条に該当する部分と他の部分を、１時間準耐火構造の床・壁・特定防火設備で区画する	

注 1）１時間準耐火構造とは、令 115 条の２の２、１項１号に定める技術的基準に適合するものをいう。
注 2）防火区画と接する外壁は、接する部分を含み、幅≧ 90cm の部分を準耐火構造（1 時間）とする（外壁面から 50cm 以上つき出た準耐火構造（1 時間）のひさし・床・そで壁等がある場合を除く）（令 112 条 10 項、11 項）。
注 3）防火区画を貫通する設備配管は、その周辺部のすき間をモルタル等で埋める。
注 4）防火区画を貫通する設備ダクトは、貫通する部分またはこれに近接する部分に防火ダンパー（特定防火設備）を設ける。
注 5）（緩和措置）スプリンクラー等の自動消火設備を設けた部分は、その床面積の 1/2 に相当する部分を防火区画面積より除く。
注 6）防火設備とは、法２条９号の２ロに規定する防火設備。

耐火構造等の壁などにより垂直区画する

耐火建築物や準耐火建築物以外の大規模な木造建築物等では、防火上有効な防火壁を設けるとともに外壁・軒裏・屋根に防火上の措置を講ずるものとしている。また、建築物の内外部からの火災による延焼を考慮し、内部の界壁や間仕切壁等に耐火又は防火性能をもたせ、火災の拡大を最小限に抑えるために建築物の内部を区画する。

防火壁　»法第26条、令第113条

延べ面積が1000m²を超える建築物は、防火壁で1000m²以内ごとに防火上有効に区画しなければならない。ただし、次に該当するものは除外される。（図1）

①耐火建築物又は準耐火建築物。

②卸売市場の上家、機械製作工場等火災の発生のおそれの少ない用途に供する建築物で主要構造部が不燃材料で造られているか、又は政令（»令第115条の2第1項）における要件に適合するもの。

③畜舎、堆肥舎等の上家で、国土交通大臣が避難上、延焼防止上支障がないものとして定める基準に適合するもの。（»令第115条の2第2項）

防火壁の構造

①耐火構造で、自立する。

②木造の建築物においては、無筋コンクリート造、組積造としない。

③外部突出部は、建築物の外壁面及び屋根面から50cmとする。

④防火壁に設ける開口部は、幅・高さとも2.5m以下とし、これに特定防火設備（»令第112条第14項第1号）を設ける。

⑤防火壁を貫通する配管などのすき間は、モルタル等で埋める防火措置をする。

外壁・屋根の構造

延べ面積（同一敷地内に2以上の木造建築物がある場合は、その延べ面積の合計）が1000m²を超える木造建築物等の外壁及び軒裏（延焼のおそれのある部分）を防火構造とし、屋根を準不燃構造（»法第22条第1項）とする。（»法第25条）

界壁・間仕切壁・隔壁　»令第114条

木造建築物においては、火災時に小屋裏に火災が走って延焼することが多いため、延焼防止のため各戸の界壁、防火上主要な間仕切壁及び隔壁に次のような防火措置を講じなければならない。（図2、右表）

①長屋住宅・共同住宅の各戸の界壁は、準耐火構造とし、小屋裏又は天井裏に達する。

②学校・病院・診療所（患者の収容施設を有しないものを除く）・児童福祉施設等・ホテル・旅館・下宿・寄宿舎・マーケットの防火上主要な間仕切壁は準耐火構造とし、小屋裏又は天井裏に達する。ただし、自動スプリンクラー設備を設置した部分など防火上支障がないものとして国土交通大臣が定める部分にある防火上主要な間仕切壁については、準耐火構造としなくてもよい。

③建築面積＞300m²の木造は、原則として、桁行間隔12m以内ごとに準耐火構造の隔壁を設ける。（図3）

④延べ面積＞200m²の建築物（耐火建築物を除く）を相互に連絡する渡り廊下で、小屋組が木造であり、かつ桁行が4mを超えるものは、小屋裏に準耐火構造の隔壁を設ける。

注1）界壁等を貫通する設備配管は、その周辺部のすき間をモルタル等の不燃材料で埋める。

注2）界壁等を貫通するダクトは、その周辺部に防火ダンパーを設ける。

表　界壁・間仕切壁・隔壁（令第 114 条）

用途・規模等	部分	構造	防火措置	緩和される場合
長屋・共同住宅	各戸の界壁	準耐火構造	小屋裏又は天井裏に達せしめる	①主要構造部が耐火構造又は耐火性能を有する ②令第 115 条の 2 第 1 項第 7 号の基準に適合するもの ③畜舎等で、避難上・延焼上支障がないものとして国土交通大臣の基準に適合するもの
学校・病院・診療所（患者の収容施設を有しないものを除く）・児童福祉施設等・ホテル・旅館・下宿・寄宿舎・マーケット	防火上主要な間仕切壁		小屋裏又は天井裏に達せしめる	
建築面積≧ 300m² (小屋組が木造)	小屋裏隔壁		けた行間隔 12m 以内ごとに設ける	
延べ面積＞ 200m² の建築物 (耐火建築物以外) 間の渡り廊下（小屋組が木造）であり、かつ、けた行が 4m を超えるもの	渡り廊下の小屋裏隔壁		けた行が 4m を超えるもの	

界壁等を貫通する設備配管については、配管の周辺隙間をモルタル等で埋め、両端 1m 以上を不燃材料とし、貫通する設備ダクトには防火設備（防火ダンパー）を設ける（令第 129 条の 2 の 5 第 1 項第 7 号）。

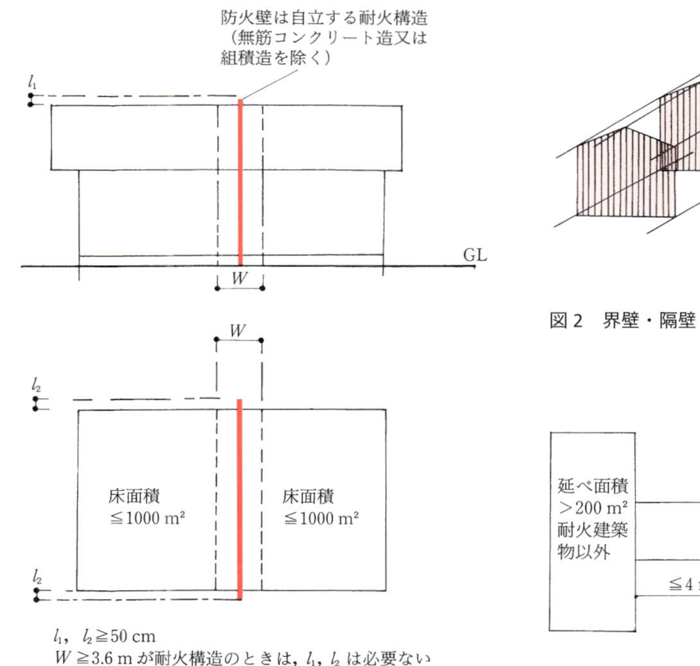

図 1　木造建築物の防火壁

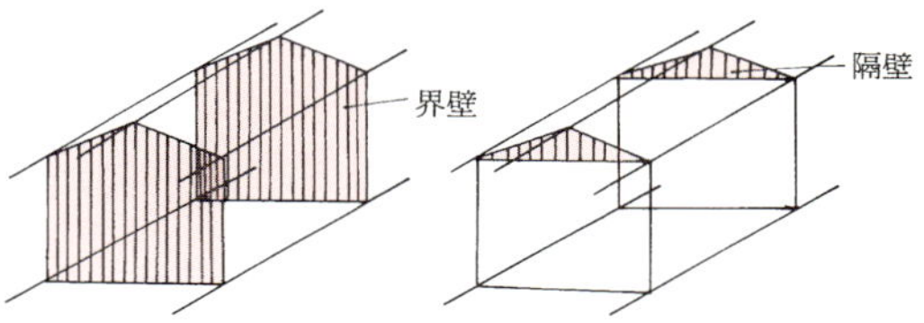

界壁
隔壁

図 2　界壁・隔壁

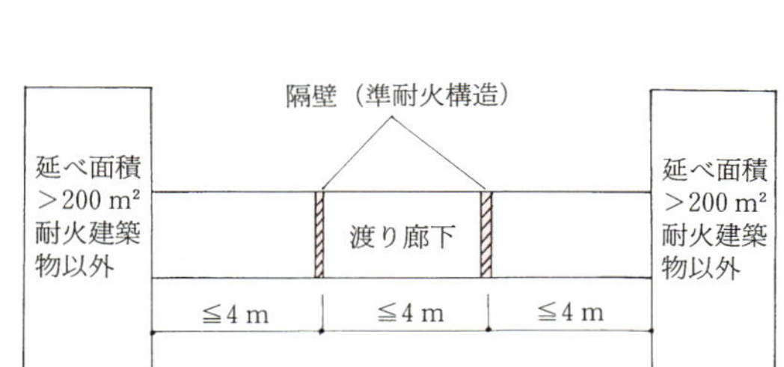

図 3　渡り廊下の隔壁の基準

不燃性の要求度に応じて内装材の使用範囲が制限されている

内装制限の概要

≫法第35条の2、令第128条の3の2、令第128条の4、129条

建築物の火災は、主要構造部を耐火構造とした耐火建築物であっても、内装に燃えやすい建材等を用いた場合には、内装材の燃焼により火災が拡大し、全焼することが多く、財産の焼失のみならず人身事故も発生している。このようなことから、建築基準法では内装制限で規制し火災時の初期避難を容易にするため、高度の安全性を要求される特殊建築物等について、法第35条の2の規定により、不燃性の要求度に応じて内装材の使用範囲を政令で定めている。

建築基準法では建築物の用途・規模・構造等により内装制限をしているが、壁、天井について制限を課し、床については除外している。また火元となる室内より、避難経路である廊下、階段は厳しく規制される。

なお、内装の防火上の措置について定めた法律に消防法があるが、人命を火災から保護することを目的として、防炎規制を受ける防火対象物を定め、そこに使用するじゅうたん類、カーテン類は防炎物品でなければならないとしている。

不燃性に応じた内装制限

不燃材料以上に制限されるものは、高所、地下街の部分、避難階段、特別避難階段等で高い安全性が要求される部分で、下地を含めて不燃材料で内装することとされている。

準不燃材料以上に制限されるものは、特殊建築物・大規模建築物については、廊下・階段等の避難経路の部分及び火気を使用する調理室等、無窓の居室、地下の居室、自動車車庫等、又はその部分より地上に至る避難経路の部分も含めた壁、天井の部分である。

難燃材料以上に制限されるものは、大規模建築物、特殊建築物の居室等(3階以上の階に居室がある場合は準不燃材料以上）である。ただし、床面1.2mの高さまでの腰壁の内装が除外されている。

規制対象となる建築物は下記の通りである（詳細は表2)。

- 別表第1（い）欄に掲げる特殊建築物
- 階数が3以上である建築物
- 無窓の居室（≫令第128条の3の2）を有する建築物
- 延べ面積＞1000m² の建築物
- 調理室、浴室その他の室等の火気使用室

表1　内装制限による防火区画の緩和

ただし書き	用途・構造		内装制限	
	対象	緩和事項	下地	仕上げ
令112条4項	準耐火建築物の区画	体育館、工場、階段室等の区画免除	—	天井・壁 不燃材料 準不燃材料
令112条6項	11階以上の100m² 区画	200m² 区画の緩和	天井・壁* 不燃材料 準不燃材料	天井・壁* 不燃材料 準不燃材料
令112条7項	11階以上の100m² 区画	500m² 区画の緩和	天井・壁* 不燃材料	天井・壁* 不燃材料
令112条9項	吹き抜け等の区画	避難階の直上階又は直下階のみに通じる部分の区画	天井・壁 不燃材料	天井・壁 不燃材料

*床面から1.2m以下の部分は適用しない。

表２　内装制限をうける特殊建築物等

	用途・構造・規模区分	当該用途に供する部分の床面積の合計			内装制限	
		耐火建築物の場合	準耐火建築物の場合	その他の建築物の場合	居室等	地上に通ずる主たる廊下・階段・通路
①	劇場・映画館・演芸場・観覧場・公会堂・集会場	(客席) 400m^2 以上	客席 100m^2 以上		㋑難燃材料（3 階以上の階に居室を有する建築物の当該用途に供する居室の天井については、準不燃材料とする） ㋺㋑の仕上げに準ずるものとして国土交通大臣が定める方法により国土交通大臣が定める材料の組合せによるもの	ⓐ準不燃材料 ⓑⓐに準ずるものとして国土交通大臣が定める方法により国土交通大臣が定める材料の組合せによるもの
②	病院・診療所（患者の収容施設のあるもの）・ホテル・旅館・下宿・共同住宅・寄宿舎・児童福祉施設等（令 19 条参照）	(3 階以上の部分) 300m^2 以　上、100m^2（共同住宅の住戸にあっては 200m^2）以内ごとに防火区画されたものを除く	(2 階部分) 300m^2 以上、病院、診療所は、2 階に患者の収容施設がある場合に限る	200m^2 以上		同上
③	百貨店・マーケット・展示場・キャバレー・カフェー・ナイトクラブ・バー・ダンスホール・遊技場・公衆浴場・待合・料理店・飲食店または物品販売業を営む店舗（10m^2 以内を除く）	(3 階以上の部分) 1000m^2 以上	(2 階部分) 500m^2 以上	200m^2 以上		同上
④	地階または地下工作物内の居室等で、①②③の用途に供するもの	全部			ⓐ準不燃材料 ⓑⓐに準ずるものとして国土交通大臣が定める方法により国土交通大臣が定める材料の組合せによるもの	同上
⑤	自動車車庫・自動車修理工場	全部			同上	同上
⑥	無窓の居室（令 128 の 3 の 2 参照）	全部（ただし、天井の高さが 6m を超えるものを除く）			同上	同上
⑦	階数及び規模によるもの	・階数が 3 以上で 500m^2 を超えるもの ・階数が 2 で 1000m^2 を超えるもの ・階数が 1 で 3000m^2 を超えるもの ただし、次のものを除く 1. 学校等（令 126 の 2・①二参照） 2. 100m^2 以内ごとに防火区画され特殊建築物の用途に供しない居室で、耐火建築物の高さが 31m 以下の部分にあるもの 3. ②欄の用途に供するもので高さが 31m 以下の部分			㋑難燃材料 ㋺㋑の仕上げに準ずるものとして国土交通大臣が定める方法により国土交通大臣が定める材料の組合せによるもの	同上
⑧	火気使用室	住宅：階数が 2 以上の住宅で、最上階以外の階にある火気使用室 住宅以外：火気使用室は全部 （ただし、主要構造物を耐火構造としたものを除く）			ⓐ準不燃材料 ⓑⓐに準ずるものとして国土交通大臣が定める方法により国土交通大臣が定める材料の組合せによるもの	

注 1）内装制限の適用を受ける建築物の部分は、居室及び居室から地上に通ずる主たる廊下、階段その他の通路の壁及び天井（天井がない場合は屋根）の室内に面する部分である。ただし①②③⑦欄の居室等については、規定に該当する居室の壁の床面からの高さが 1.2m 以下の部分には適用されない〔令 129 条 1 項〕。

注 2）内装制限の規定で、2 以上の規定に該当する建築物の部分には、最も厳しい規定が適用される。

注 3）スプリンクラー設備、水噴霧消火設備、泡消火設備その他これらに類するもので自動式のもの及び令 126 の 3 の規定に適合する排煙設備を設けた建築物の部分については、内装制限の規定は適用されない〔令 129 条 7 項〕。

34　廊下の幅

壁面から反対側の壁面までの有効最短寸法で測る

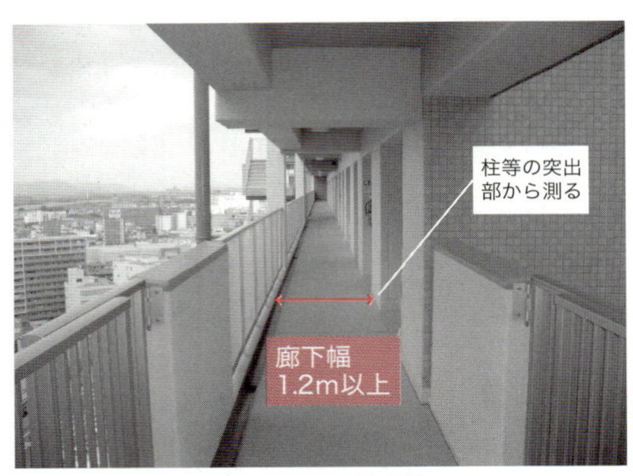

マンションの片廊下

適用の範囲

»令第117条

建築物の避難規定は、法第35条の規定に基づき、一定規模以上の建築物、特殊建築物、無窓の居室などについては、避難に必要な廊下、階段、出入口などの規定が適用される。

適用を受ける建築物は次に掲げるものである。

①法別表第（い）欄1項～4項の特殊建築物

②階数≧3の建築物

③採光上有効な開口部の面積がその居室の床面積の1/20未満のもの

④延べ面積＞1000m²の建築物

また、建築物が開口部のない耐火構造の床又は壁で区画されている場合には、その区画された部分は、廊下、避難階段及び出入口の規定の適用については、それぞれ別の建築物とみなされる。これは、一般的に「2項区画」とよばれている。例えば、階段室型の共同住宅などはこの部分が適用されている。

廊下の幅

»第119条

階段の幅と同様、廊下の幅は避難が速やかに行われるか否かの大きな要素であるので、特に学校、病院等について規定している。

病院は、床面積に無関係に患者が用いるものは全て右表の規定によるが、職員専用の廊下は、一般の建築物と同じ規定による。

共同住宅は、住戸又は住室の床面積が100m²を超える階の共用廊下が右表の規定による。居室の床面積の合計が200m²（地下は100m²）を超える階の廊下の幅は、その居室の用途にかかわらず本条の規定を受ける。ただし、3室以下の室のための廊下は、本条の適用を受けないものとして緩和している。

廊下の幅は、壁面から反対側の壁面までの有効寸法（最短幅）で測る。なお、廊下の両側に居室がある中廊下は、片側に居室がある片廊下に比べて廊下幅が広い。

特に、中廊下と片廊下とは廊下の幅が異なるので、両者が並存した階では、避難経路に影響があるため、避難に際し、人の滞留の原因となる可能性があるので好ましくない。

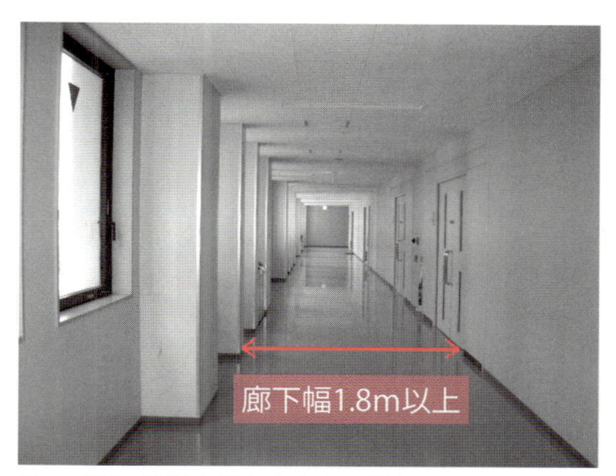

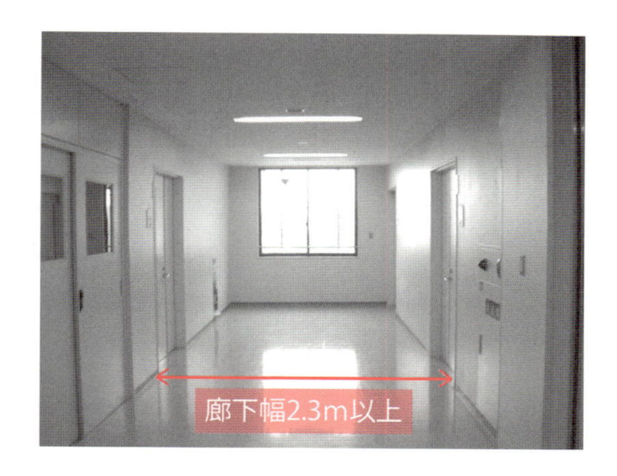

図1　高校の片廊下（左）と中廊下（右）

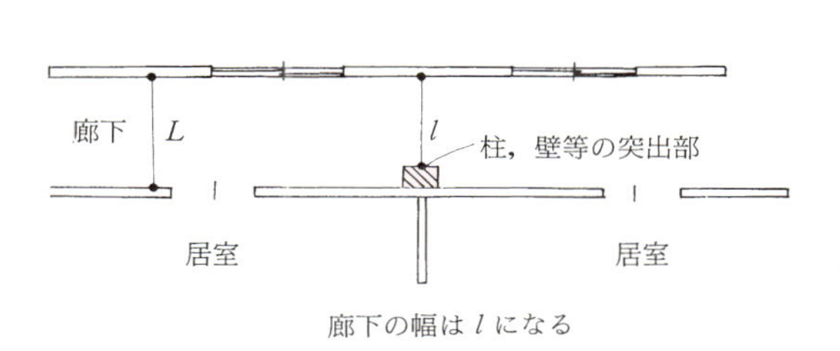

図2　有効幅のとり方（1）

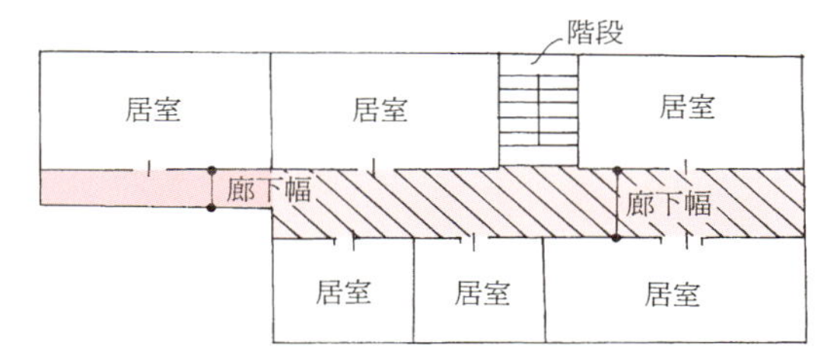

図3　有効幅のとり方（2）

表　廊下の幅

廊下の用途＼廊下の配置	両側に居室がある場合	その他の場合
小・中・高校の児童用又は生徒用	2.3m 以上	1.8m 以上
病院の患者用	1.6m 以上	1.2m 以上
共同住宅の住戸若しくは住室の床面積の合計が 100m² を超える階の共用のもの		
居室の床面積の合計が 200m² を超える地上階（3 室以下の専用のものを除く）		
居室の床面積の合計が 100m² を超える地下階（3 室以下の専用のものを除く）		

注）ここでいう「住戸」及び「住室」とは、「1 又は 2 以上の世帯が他と独立して家庭生活を営むための建築物又は建築物の部分」をいい、具体的には次のようになる。
住戸：専用の居住室、台所、便所及び出入口（居住者や訪問者がいつでも通れる共用の廊下などに面している出入口を含む）を有しているもの。
住室：住戸の要件のうち、台所又は便所を有してないもの。

35　直通階段の設置

歩行距離は同一階での算定が原則

避難階に通じる直通階段

直通階段の設置義務　≫令第120条

直通階段とは、建築物の各階から、その階段を通って直接に地上に出られる出入口がある階（避難階）に、迷うことなく連続的かつ容易に到達することのできる階段のことを言う。

直通階段の設置（≫令第120条）の規定によれば、避難規定が適用される建築物においては、少なくとも1ヶ所の直通階段を設置しなければならない。また、居室の各部分からその直通階段に至る歩行距離に応じて2以上の直通階段の設置を義務付けている。

なお歩行距離を算定する場合、求められるのは実際に歩く距離であるので、居室に配置する家具等を想定して、壁などより50cm程度離れたところから測り、直通階段の階段室の出入口までの距離を算定する。

この場合の歩行距離は、居室が15階以上にあるか否かと、建築物の用途や主要構造部の不燃化の有無、内装の不燃化（準不燃材料以上）の有無により決まる。

制限が特に厳しい建築物の用途は、採光無窓の居室（有効採光面積が床面積の1/20とれない居室）がある階、百貨店や物品販売店舗等の用途の居室の階である。これらの場合、主要構造部の構造によらず、歩行距離を30m以下としなければならない。15階以上の階では、この規定による歩行距離の数値より10m減じる。

しかし、主要構造部を不燃材料以上で造り、居室や避難経路の内装を準不燃材料とすれば、歩行距離の数値は10m増える。

適用除外の場合　≫令第120条

メゾネット形式の共同住宅の住戸については、同一階における歩行距離によって直通階段の設置規定を適用することができないので、以下の条件に全て該当すれば適用除外できる。

・主要構造部を準耐火構造とした共同住宅の住戸
・出入口が一の階のみである。
・階数が3以内である。
・各戸の居室の各部分から出入口のある階の共用直通階段に至る歩行距離が40m以下

表　直通階段に至る歩行距離（令 120 条）

居室の種類 ＼ 構造及び階		主要構造部が準耐火構造であるか又は不燃材料で造られている場合				その他の場合
		14 階以下の階		15 階以上の階		
		内装制限（準不燃以上）		内装制限（準不燃以上）		
		有	無	有	無	
①	採光に有効な窓その他の開口部の面積が、居室の床面積の 1/20 以下のもの	40m 以下	30m 以下	30m 以下	20m 以下	30m 以下
②	百貨店・マーケット・展示場・キャバレー・カフェー・ナイトクラブ・バー・ダンスホール・遊技場・公衆浴場・待合・料理店・飲食店・物品販売店舗（$10m^2$ 以下を除く）の主たる用途に供する居室	40m 以下	30m 以下	30m 以下	20m 以下	30m 以下
③	病院・診療所（患者の収容施設があるもの）、ホテル・旅館・下宿・共同住宅・寄宿舎・児童福祉施設等の主たる用途に供する住室	60m 以下	50m 以下	50m 以下	40m 以下	30m 以下
④	①〜③以外の居室	60m 以下	50m 以下	50m 以下	40m 以下	40m 以下

注 1）メゾネット型式による共同住宅の各戸の居室の各部分から出入口のある階の共用直通階段に至る歩行距離が 40m 以下であれば、各戸の上階には直通階段を設けなくてもよい〔令 120 条 4 項〕。
注 2）内装制限とは、居室及び廊下、階段の壁（床面から 1.2m 以下の部分を除く）、天井の仕上げを不燃材料又は準不燃材料でした場合をいう。

居室の各部分からの直通階段への歩行距離が決められた数値以下になるように計画する。

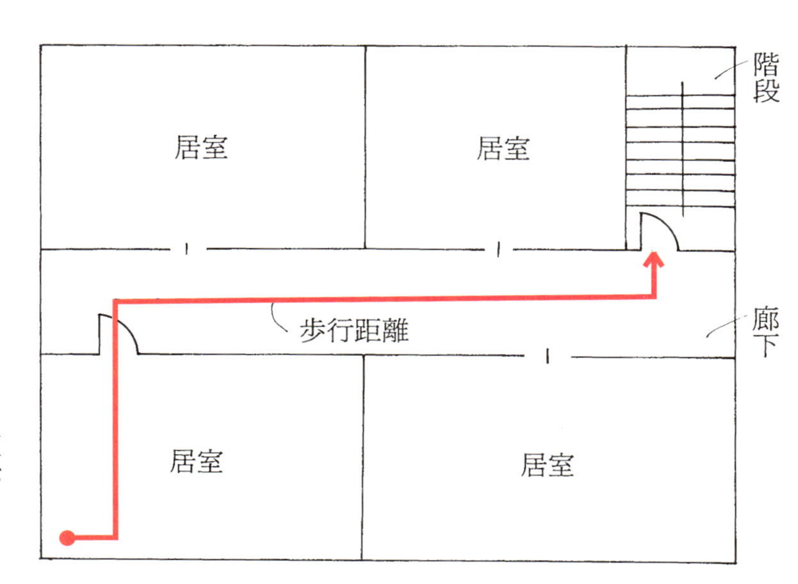

図　歩行距離算定の方法

3 単体規定—建築物の機能に関するルール

36 2以上の直通階段の設置 ③災害時の安全を確保するための避難規定

二つの直通階段はできるだけ対称に設け、二方向避難を確保

二方向避難を確保したマンション

二方向避難の確保

»令第121条

劇場や大規模な物販店等不特定多数の人々が利用する施設や、病院、旅館、共同住宅など就寝を伴う施設などは、火災等が発生したとき、非常に危険な状況に陥るため、このような建築物では、二方向避難経路を確保することにより、人々を安全に避難させるため、直通階段を2以上設けなければならない。このとき、直通階段はできるだけ対称の位置に設け、居室から廊下を経由しそれぞれの階段に向かう歩行距離が重複する区間（重複距離）をできるだけ短くする必要がある。その区間の長さは、令第120条の歩行距離の数値の1/2以内とする。ただし、避難上有効なバルコニーの設置等による緩和がある。（図1、2、右表）

屋外階段の構造

»令第121条の2

令第120条（直通階段の設置）、令第121条（2以上の直通階段を設ける場合）の規定によって設けた直通階段を屋外階段としたときは、木造としてはならない。これは火災時の避難に危険であるからである。ただし、準耐火構造で有効な防腐措置を講じたものは除く。

Point 廊下の端にはできるだけ直通階段を

避難に使用する直通階段は、どのように建築物に配置したらよいだろうか。

当然のことながら大規模建築物には多くの直通階段が必要だろうし、また、それらの階段が偏ることなく、あらゆる場所から二方向避難を確保できるようにしなければならない。

一つの階段が火災等により使用できなくなっても、もう一つの階段が使用できるという二方向避難は、避難の安全性を高める重要な要件である。

しかし、二つの階段を設けても、それらがあまりにも近くに設けてあれば、二方向避難の役には立たない。なるべく直通階段を離して配置するよう、できれば廊下の端に必ず階段を設けるべきである。

そこで、令第121条第3項で、歩行経路の重複区間が歩行距離の1/2以内となるように規制することで、二方向避難を確保している。

また、消防法において、直通階段が一つしか設けられていない場合には、消防法令上の避難器具の設置が義務付けられている。（消防法施行令第25条第1項第5号）

表　2 以上の直通階段を必要とする場合（令 121 条）

階の用途 ＼ 構造				主要構造部：準耐火構造又は不燃材料	主要構造部：その他の場合
①	劇場・映画館・演芸場・観覧場・公会堂・集会場の用途に供する階で客席、集会室等を有するもの			全部	全部
②	物品販売業を営む店舗（床面積＞ 1500m²）の用途に供する階で売場を有するもの			全部	全部
③	キャバレー・カフェー・ナイトクラブ・バー・個室付浴場・ヌードスタジオ等の用途に供する階で客席、客室等を有するもの			原則として全部（5 階以下の階については緩和規定あり）	原則として全部（5 階以下の階については緩和規定あり）
④	病院・診療所の用途に供する階における病室の床面積又は児童福祉施設等の用途に供する階でその階における児童福祉施設等の主たる用途に供する居室の床面積の合計			＞ $100m^2$	＞ $50m^2$
⑤	ホテル・旅館・下宿の宿泊室 共同住宅の居室 寄宿舎の寝室	その階の床面積の合計		＞ $200m^2$	＞ $100m^2$
⑥	①～⑤に掲げる階以外の階	6 階以上の階に居室を有するもの		原則として全部（①～④以外の用途に供する階については緩和規定あり）	原則として全部（①～④以外の用途に供する階については緩和規定あり）
		5 階以下の階	避難階の直上階（居室の床面積の合計）	＞ $400m^2$	＞ $200m^2$
			その他の階（居室の床面積の合計）	＞ $200m^2$	＞ $100m^2$

注）居室の各部分から各直通階段に至る通常の歩行経路のすべてに共通の重複区間があるときにおける当該重複区間の長さは歩行距離の数値の 1/2 を超えてはならない。

直通階段
居室
居室
居室
居室
c
廊下
b
d
a
居室
居室
居室
居室
直通階段

階段までの歩行距離

$a+b+c$ } いずれかが歩行距離の制限数値以内
$a+b+d$

$a+b$………重複距離（歩行距離の制限数値の 1/2 以内）

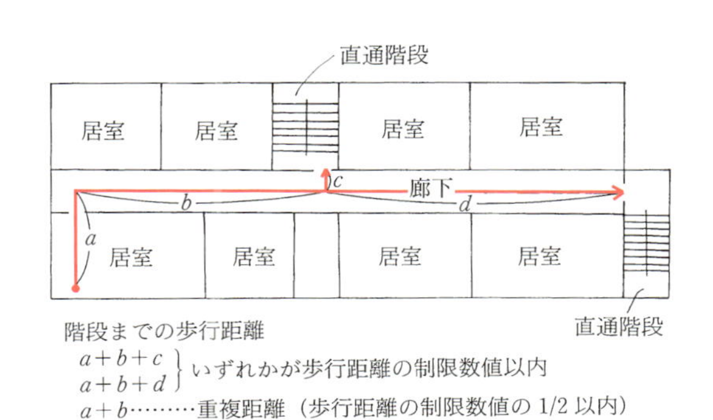

図 1　重複距離の算定

階段
B
廊下
C
階段
居室
居室
居室
A
バルコニー

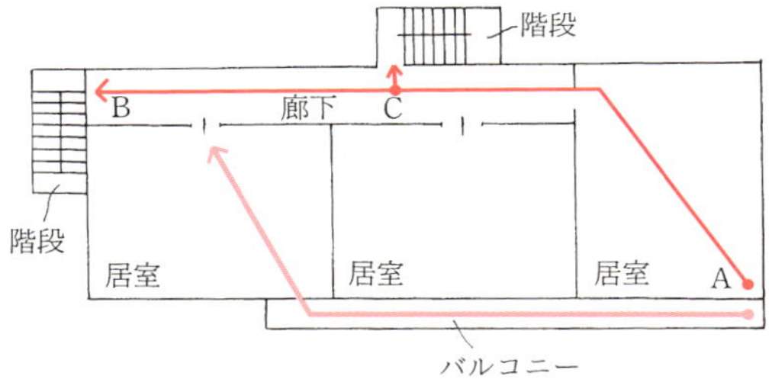

A～C 間が重複距離であり規定の歩行距離の 1/2 を超えてはならない．ただし，バルコニー等で，居室の各部分から重複区画を経由しないで（A～B）避難できる場合は緩和される

図 2　バルコニーの設置による緩和

特別避難階段は屋内に附室等とともに設置する

特別避難階段の附室

高層建築物などでは、単なる直通階段の設置だけでは避難上危険な場合が多く発生すると考えられることから、一定の基準に適合した階段形式として、避難階段及び特別避難階段のどちらかを設置しなければならない。

いずれの階段も火災の場合の避難に際して、炎や煙等が進入することを防ぎ、内装の不燃化を図り、耐火構造の壁等で区画する方法で防火上より安全にしたものであるが、後者の方がその安全性をさらに高めたものである。

避難階段には屋内避難階段と屋外避難階段とがあるが、特別避難階段は屋内設置となる。（»令第 122 条）（右表）

屋内避難階段の構造　»令第 123 条第 1 項

屋内避難階段は、耐火構造の壁で区画され、天井及び壁の仕上げは下地とも不燃材料としたものである。

階段室に設ける出入口には、常時閉鎖式防火戸（遮炎性能のあるもの）又は煙感知により自動閉鎖する防火戸（遮煙のあるもの）を設ける。階段室内には非常用の照明装置を設置する。（図 1・A）

屋外避難階段の構造　»令第 123 条第 2 項

屋外避難階段は、屋外に設ける耐火構造の直通階段である。屋内から屋外階段に通じる出入口の防火戸（遮炎性能のあるもの）は、常時閉鎖又は煙感知により自動閉鎖するものとする。階段は開口部のない外壁に設け、窓等の開口部から 2m 以上離れていること。（図 1・B）

特別避難階段の構造　»令第 123 条第 3 項

特別避難階段は、屋内避難階段の階段室の出入口の手前に附室又はバルコニーを設けて、避難上の安全性を高めたものである。附室も耐火構造の壁で区画し、排煙設備又は外気に開くことができる窓等を設ける。

屋内から附室又はバルコニーへ通じる出入口には、避難方向に開く常時閉鎖式の特定防火設備又は煙感知により自動閉鎖する特定防火設備を設ける。なお、15 階以上の階又は地下 3 階以下の階に設ける特別避難階段の階段室、バルコニー及び附室の床面積の合計は、その階の居室の床面積の 3/100 以上（»法別表第 1（い）欄（1）項又は（4）項の居室では 8/100 以上）とする。（図 1・C、2）

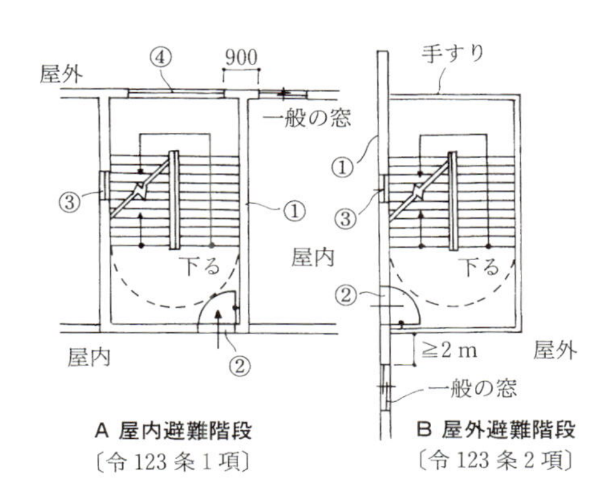

A 屋内避難階段
〔令 123 条 1 項〕

B 屋外避難階段
〔令 123 条 2 項〕

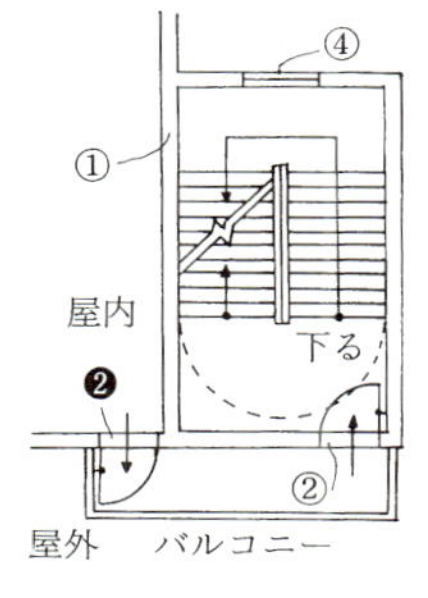

ⓐ バルコニー付き
〔令 123 条 3 項〕

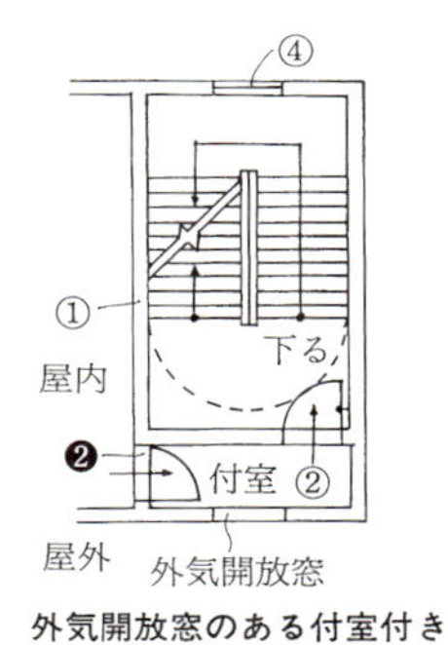

ⓑ 外気開放窓のある付室付き
〔令 123 条 3 項，昭和 44 年告示 1728 号〕

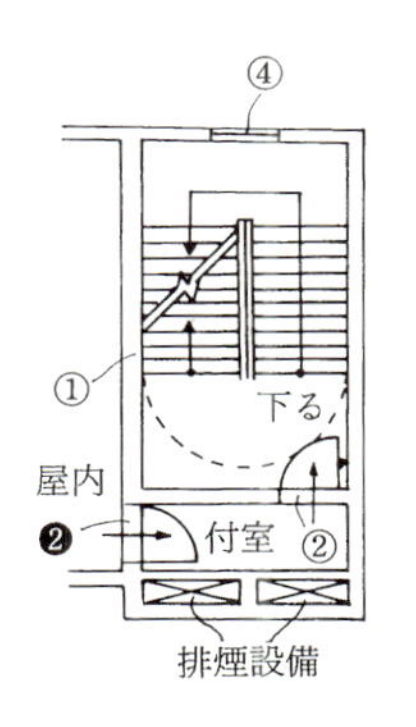

凡例
①耐火構造の壁で囲み，階段室の天井・壁の仕上げ・下地は不燃材料.
②常閉又は煙感連動の特定防火設備(遮煙)，又は防火設備(遮煙).
❷は②のうちの特定防火設備のみ.
③開口面積が 1 m² 以内の防火設備.
④採光上有効な窓，又は予備電源つき照明設備.
〔共通事項〕
階段は耐火構造とし，避難階まで直通する.
階段室に出入するための防火戸は開閉によって踊場の有効幅員が損われないようにすること.

ⓒ 排煙設備のある付室付き
〔令 123 条 3 項，平成 12 年告示 1435 号〕

C 特別避難階段ⓐ〜ⓒ

図 1 避難階段の設け方

表 避難階段・特別避難階段を設置しなければならない建築物

階による区別	設置する階段の種類	階段の数
①5階以上の階に通ずる直通階段	避難階段又は特別避難階段	1以上 次のものは除外される ・主要構造部が準耐火構造・不燃材料で造られている建築物で5階以上の床面積の合計が100m²以下のもの ・主要構造部が準耐火構造・不燃材料で造られている建築物で地下2階以下の階の床面積の合計が100m²以下のもの
②地下2階以下の階に通ずる直通階段		
③3階以上の階を物品販売業を営む店舗(床面積の合計が1500m²を超えるものに限る)		2以上 各階の売場及び屋上広場に通ずること
④15階以上の階に通ずる直通階段	特別避難階段	1以上 次のものは除外される 主要構造部が耐火構造である建築物(階段室の部分・昇降路部分及び廊下等避難の用に供される部分で耐火構造の床・壁又は特定防火設備で区画されたものを除く)で、床面積の合計が100m²(共同住宅の住戸は200m²)以内ごとに耐火構造の床・壁又は特定防火設備で区画されたもの
⑤地下3階以下の階に通ずる直通階段		
⑥5階以上の階を物品販売業を営む店舗(床面積の合計が1500m²を超えるものに限る)		5階以上の売場に通ずる直通階段は1以上 15階以上の売場に通ずる直通階段はすべて

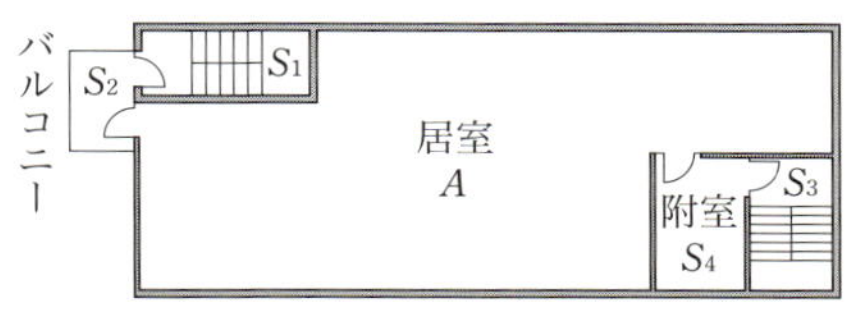

●別表第 1 (い)欄(1)項(4)項に掲げる用途に供する居室

$$S \geqq A \times \frac{8}{100}$$

$(S = S_1 + S_2 + S_3 + S_4)$

●その他の居室

$$S \geqq A \times \frac{3}{100}$$

図 2 15 階以上の階又は地下 3 階以下の階に設ける特別避難階段の階段室、バルコニー及び附室の床面積

38　各種出口・屋上広場等　③災害時の安全を確保するための避難規定

屋上・バルコニー等の手すりは高さ 1.1m 以上

客席からの出入口の戸　≫令第 118 条

不特定多数の人々を収容する劇場、映画館等は火災時などの非常の際、群衆がパニックを起こして出入口に殺到し、出入口付近が混乱し避難が困難になる可能性があるため、客席からの出入口の戸は内開きを禁止している。回転扉は当然内開きとして取り扱われる。

物品販売業を営む店舗における避難階段等の幅　≫令第 124 条

百貨店、マーケットなどの不特定多数の人々が集まる物品販売店舗（＞ 1500m²）における避難階段、特別避難階段及びこれらに通ずる出入口の幅の合計の算定方法を定めている。

① $\text{階段の幅の合計} \geqq \dfrac{60\text{cm}}{100\text{m}^2} \times \left(\text{その直上階以上の階（地階にあっては、直下階以下の階）のうち床面積最大の階の床面積}\right)$

②階段に通ずる出入口の幅の合計

$\geqq \dfrac{27\text{cm}}{100\text{m}^2} \times$（その階の床面積）…地上階の場合

階段に通ずる出入口の幅の合計

$\geqq \dfrac{36\text{cm}}{100\text{m}^2} \times$（その階の床面積）…地階の場合

③　①及び②の所要幅の計算において、一つの階又は二つの階で専用する階段（地上階）の場合は、これらの階段等の幅が、1.5 倍あるものとみなすことができる。（図 1）

④階段幅等の計算には、屋上広場（≫令第 126 条）は階とみなす。これは、百貨店等の屋上広場には不特定多数の人々が集まることが予想されるので、店舗部分と同じ規制をする必要があると考えるからである。

屋外への出口　≫令第 125 条

①階段から屋外への出入口の一つまでの歩行距離は、令第 120 条に規定する数値以下とし、居室の各部から屋外への出口の一つまでの歩行距離は、同じ数値の 2 倍以下とする。

②劇場、映画館等の用途に供する建築物の屋外への出口は内開きとしてはならない。

③ $\left(\text{物品販売店舗（}\geqq 1500\text{m}^2\text{）の避難階における出入口の幅の合計}\right) \geqq \dfrac{60\text{cm}}{100\text{m}^2} \times \left(\text{床面積最大の階の床面積}\right)$

屋外への出口等の施錠装置の構造等　≫令第 125 条の 2

次の①～③において屋内から鍵を用いることなく解錠でき、その開き方を表示する（刑務所、拘置所等は除外）。

①屋外に設ける避難階段に屋内から通ずる出口

②避難階段から屋外に通ずる出口

③維持管理上、常時施錠状態にある出口で、火災等の非常時に避難の用に供すべきもの

屋上広場等　≫令第 126 条

①屋上広場、2 階以上の階にあるバルコニー等には、高さ 1.1m 以上の手すり等を設ける。

②5 階以上の階を百貨店の売場の用途に供する場合は、屋上に避難の用に供する屋上広場を設ける。

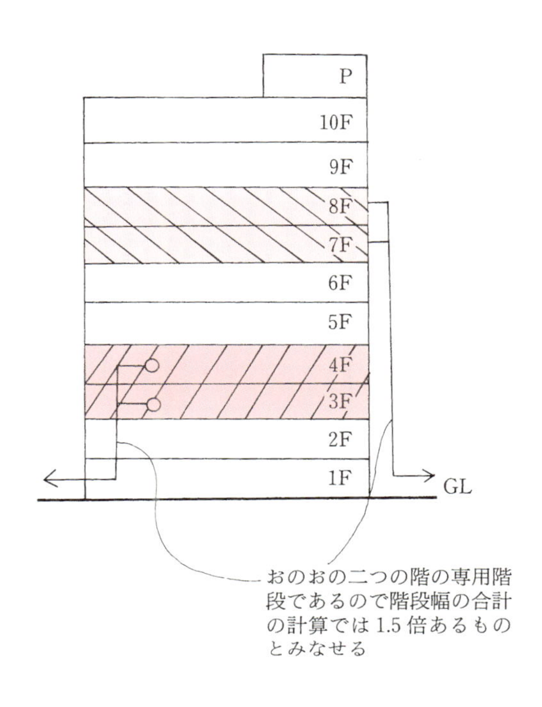

図1　物品販売業を営む店舗における避難階段の幅

Point　百貨店の屋上広場について

令第126条第2項の規定において、5階以上の階を百貨店の売場の用途に供するときは、避難用の屋上広場を設置しなければならないことになっている。

この「百貨店」の名称は、「百貨店法」が昭和49年3月の「大規模小売店舗における小規模小売業の事業活動の調整に関する法律」施行に伴い廃止され、売場面積により「第一種／第二種大規模小売店舗」として定義された。このことにより、建築基準法においても、避難階段等の適用については、「百貨店」の名称は「物品販売業を営む店舗」（条文によって1500m²を超えるものに限定）とされた。

この屋上広場の設置に関する規定は百貨店のみを対象そしているものであるが、大規模なスーパーマーケット等についても適用される場合があるので、注意する必要がある。

図2　物品販売業を営む店舗における避難階段の例

39　敷地内避難通路等

敷地内避難通路は幅員 1.5m 以上を確保する

敷地内避難通路

不特定多数の人が利用する建築物等においては、主な出口や屋外避難階段から道路や公園等に通ずる一定の幅員の敷地内通路を確保する必要がある。

適用の範囲　≫令第 127 条

①法別表第 1（い）欄（1）項～（4）項の用途の建築物

②階数が 3 以上の建築物

③有効採光面積が、床面積の 1/20 未満の居室、かつ、有効排煙面積が床面積の 1/50 未満の居室を有する建築物

④延べ面積（同一敷地内に 2 以上の建築物がある場合にはその延べ面積の合計）が、1000m² を超える建築物

敷地内の通路　≫令第 128 条

敷地内の避難通路は、幅員 1.5m 以上とし、屋外避難階段又は避難出口から道路、公園、広場等に通じていなければならない。（図 1）

大規模な木造等の建築物の敷地内通路　≫令第 128 条の 2

延べ面積が 1000m² を超える木造建築物については、避難時に安全に避難できるよう、その周囲に一定の幅員の避難通路を設けなければならない。

① 1 棟で延べ面積が 1000m² より大きい場合には、その周囲に幅員 3m 以上の通路を設ける。ただし、延べ面積 3000m² 以下で隣地境界線に接する通路は、幅員 1.5m 以上とすることができる。（≫令第 128 条の 2 第 1 項、図 2）

② 1 棟の延べ面積が 1000m² 以下の木造等の建築物が 2 棟以上ある場合で、その延べ面積の合計が 1000m² より大きいときは、1000m² 以内ごとの群に区画し、その周囲に幅員 3m 以上の通路を設ける。（≫令第 128 条の 2 第 2 項、図 3）

③耐火建築物又は準耐火建築物が延べ面積の合計 1000m² 以内ごとに区画された建築物（木造建築物群）を相互に防火上有効に遮っている場合においては、これらの建築物（木造建築物群）については、第 2 項の規定は適用しない。ただし、これらの建築物の延べ面積の合計が 3000m² より大きい場合は、その延べ面積の合計 3000m² 以内ごとに、その周囲（道又は隣地境界線に接する部分を除く）に幅員 3m 以上の通路を設ける。（≫令第 128 条の 2 第 3 項、図 4）

④　①～③の規定による通路を横切る渡り廊下は、次の要件を満足しなければならない。

イ）通路が横切る部分の渡り廊下の開口の幅は 2.5m 以上、高さ 3m 以上であること

ロ）渡り廊下の幅は 3m 以下であること

ハ）通行又は運搬以外の用に供しないこと

⑤　①～④による通路は、敷地の接する道まで達しなければならない。

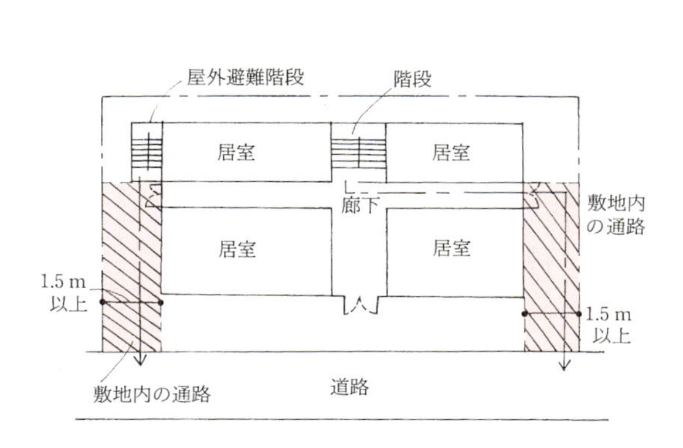

屋外避難階段
階段
居室
居室
廊下
居室
居室
敷地内
の通路
1.5 m
以上
1.5 m
以上
敷地内の通路
道路

図1　敷地内避難通路

隣地境界線
B
900 m²
800 m²
B
隣地境界線
B
A
A
A
隣地境界線
150 m²
規定なし
規定なし
道路
必要通路幅員
A≧3 m
B≧1.5 m（延べ面積＞3000 m² の場合 B≧3 m）
主要構造部が耐火構造の建築物で耐火構造の壁又は特定防火設備で区画されている部分は床面積に算入しない
主要構造部の全部又は一部が木造の建築物

図2　令第128条の2第1項

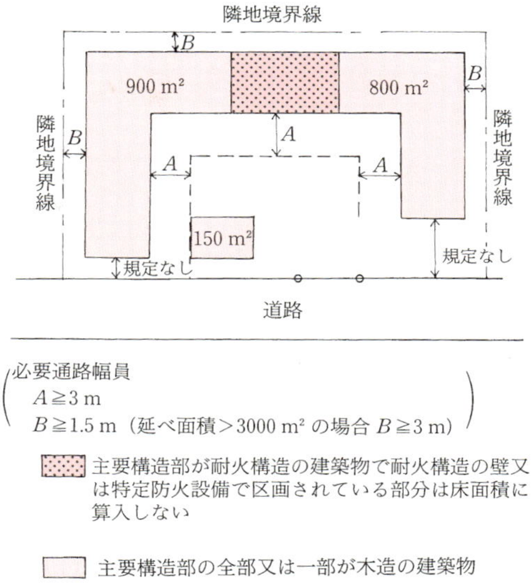

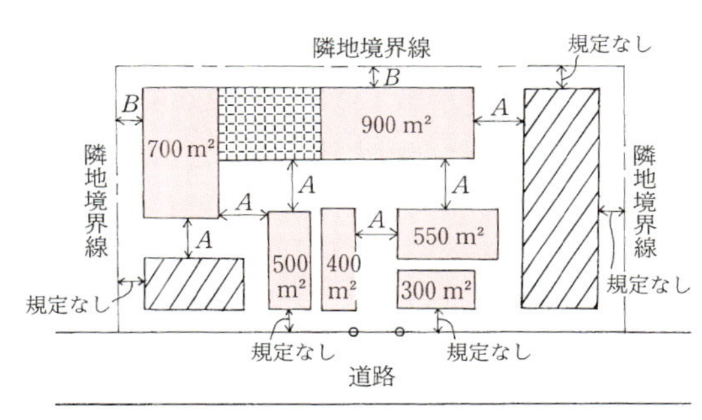

隣地境界線
規定なし
B
B
900 m²
A
700 m²
A
A
隣地境界線
A
A
隣地境界線
A
550 m²
500 m²
400 m²
規定なし
300 m²
規定なし
規定なし
規定なし
道路
耐火建築物又は準耐火建築物
主要構造部が耐火構造の建築物で耐火構造の壁又は特定防火設備で区画されている部分は床面積に算入しない

図3　令第128条の2第2項

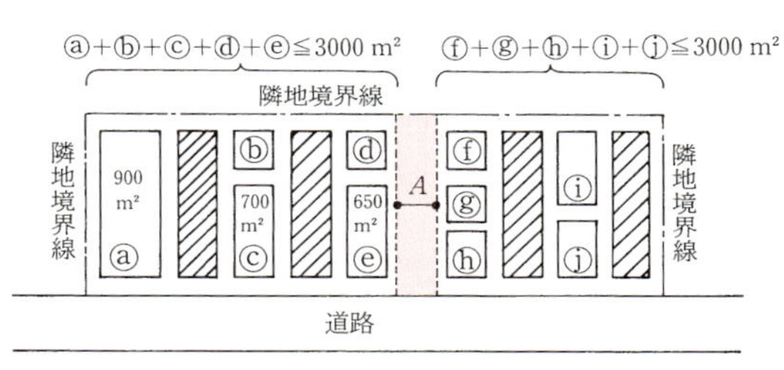

ⓐ+ⓑ+ⓒ+ⓓ+ⓔ≦3000 m²
ⓕ+ⓖ+ⓗ+ⓘ+ⓙ≦3000 m²
隣地境界線
隣地境界線
900 m² ⓐ
ⓑ
700 m² ⓒ
ⓓ
650 m² ⓔ
A
ⓕ
ⓖ
ⓗ
ⓘ
ⓙ
隣地境界線
道路
ⓐ900 m²　ⓑ200 m²　ⓒ700 m²　ⓓ250 m²　ⓔ650 m²
ⓕ250 m²　ⓖ250 m²　ⓗ450 m²　ⓘ600 m²　ⓙ300 m²
耐火建築物又は準耐火建築物
耐火建築物又は準耐火建築物以外の建築物

図4　令第128条の2第3項

天井下 80cm の開放部分の面積≧居室面積 ×1/50

排煙窓

火災時に発生する建築物の天井、壁等からの煙や有毒ガスが人の避難行動を妨げ、人命に対して危険を及ぼす事故を引き起こすことがある。そこで、煙や有毒ガスが天井に沿って拡大するのを防ぐため、これらのものを排出する設備が必要である。このような設備を排煙設備といい、一定の要件に該当する建築物には排煙性能を確保した排煙設備を設置する義務がある。

排煙設備が必要な建築物又は居室

≫令第 126 条の 2

①法別表第 1（い）欄（1）項～（4）項の特殊建築物で延べ面積 500m² を超えるもの
②階数が 3 以上で延べ面積が 500m² を超える建築物（高さ 31m 以下の部分で 100m² 以内ごとに防煙壁で区画された居室を除く）（図 1）
③開放できる部分（天井又は天井から下方 80cm 以内に限る）が、その居室の床面積の 1/50 未満の居室
④延べ面積が 1000m² を超える建築物の居室で、その床面積が 200m² を超えるもの（高さ 31m 以下の部分で 100m² 以内ごとに防煙壁で区画された居室を除く）
ただし、次の場合は適用除外される。

イ）法別表第 1（い）欄（2）項の特殊建築物（病院、ホテル、共同住宅等）で、100m²（高さが 31m 以下の部分にある共同住宅の住戸にあっては 200m²）以内ごとに防火区画されている部分
ロ）学校、体育館、ボーリング場、スケート場、水泳場、スポーツの練習場
ハ）階段の部分、昇降機の昇降路の部分
ニ）機械製作工場、不燃性の物品を保管する倉庫等

排煙設備の構造

≫令第 126 条の 3

① 500m² 以内ごとに防煙壁で区画する。
②排煙口、風道等は不燃材料で造る。
③排煙口は、防煙区画部分から水平距離 30m 以下となるように、天井又は壁の上部（天井から下方 80cm 以内の部分。ただし、防煙壁のたけが 80cm に満たないときは、その寸法以内の部分）に設ける。（図 2 ～ 4、6）
④排煙口には、手動開放装置を設ける。
⑤手動開放装置のうち手で操作する部分は、次に示す位置に見やすい方法で使用方法を表示する。
・壁に設ける場合は床面から 80cm ～ 1.5m。
・天井から吊り下げる場合は床面から約 1.8m。（図 3）
⑥防煙区画部分の床面積の 1/50 以上の排煙口がない場合は、排煙機を設ける。
⑦その他排煙口の戸、排煙機の能力、予備電源等についての規定がある。（≫平成 12 年告示第 1382 号）
⑧ ①～⑦の規定は、送風機を設けた排煙設備等の特殊な構造の排煙設備で、通常の火災時に生ずる煙を有効に排出することができるものとして国土交通大臣が認めた構造方法を用いるものについては適用しない。（≫平成 12 年告示第 1437 号）

「階数が３以上」とは，３階建以上の意味ではなく，
次の図の場合である

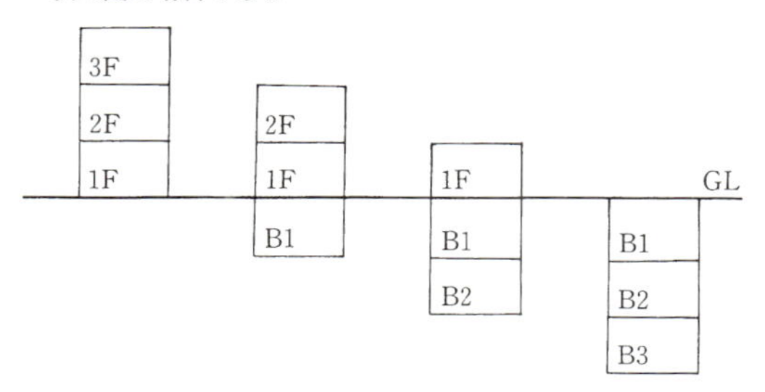

図１　「階数が３以上」の場合

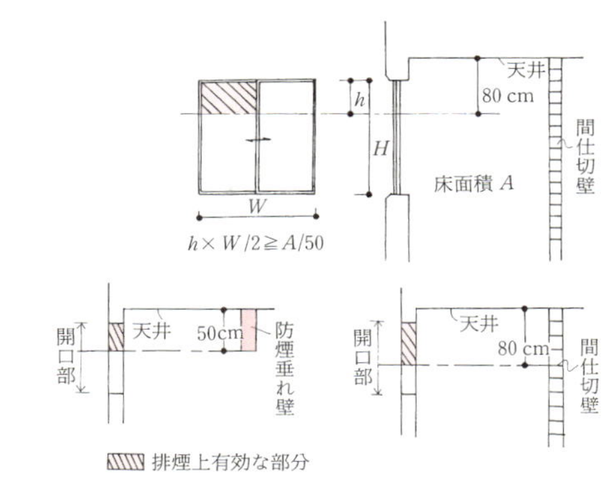

図２　排煙上有効な開口部

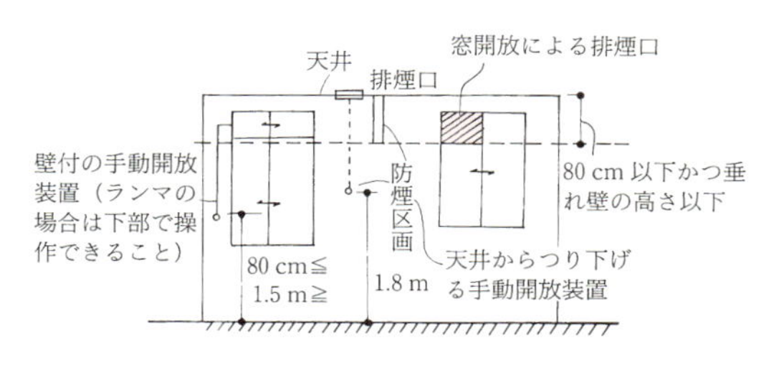

図３　排煙設備の構造

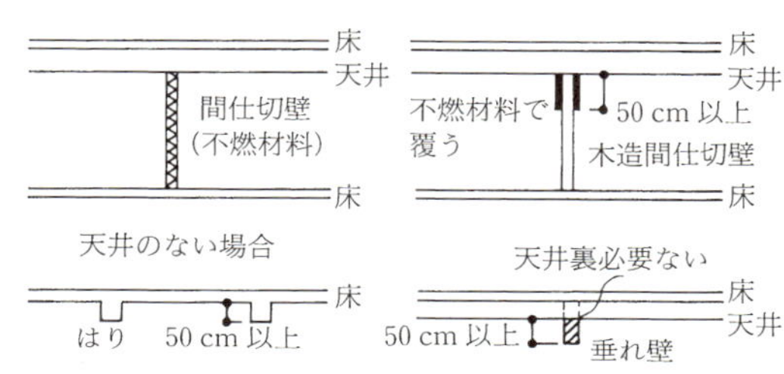

図４　防煙壁

図５　排煙垂れ壁

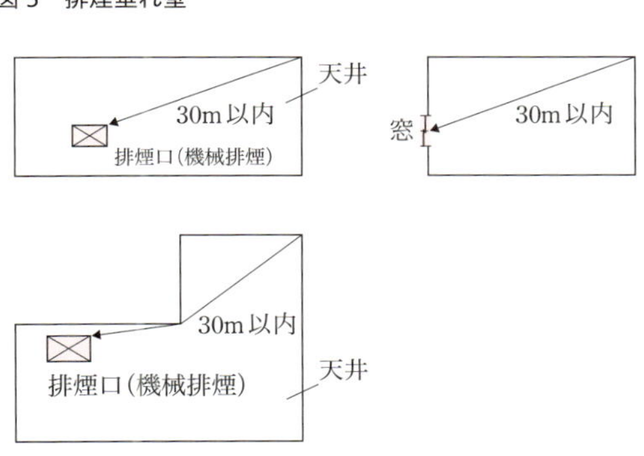

図６　排煙口の配置

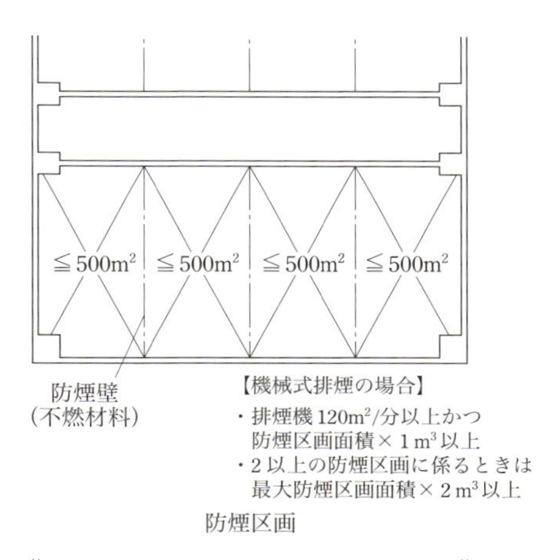

防煙区画

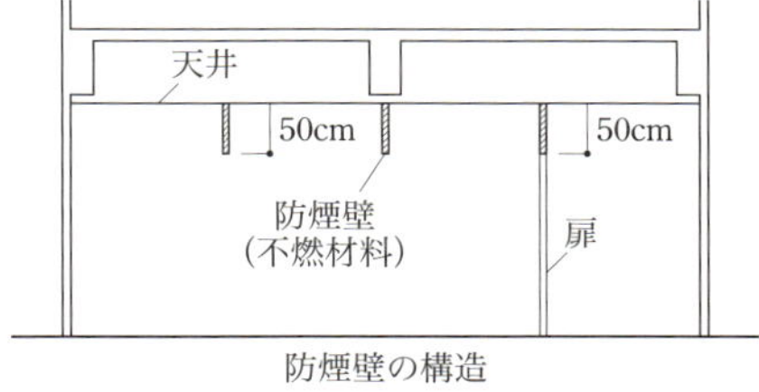

防煙壁の構造

図７　居室の排煙設備

41　非常用の照明装置

直接照明とし、床面で１ルックス以上の照度を確保

非常用照明

建築物が火災等の災害時にあって電源が断たれると、人々の安全・避難に大きな影響を及ぼす。そこで、停電時に一定時間予備電源で照明を確保するための非常用の照明装置の設置が義務付けられている。

非常用照明装置が必要な建築物又は居室

»令第 128 条の 4

①法別表第１(い) 欄 (1) 項～ (4) 項の特殊建築物の居室。

②階数が３以上で、延べ面積が 500m² を超える建築物の居室。

③採光上有効な窓その他の開口部が当該居室の床面積の 1/20 未満の居室。

④延べ面積が 1000m² を超える建築物の居室。

⑤ ①～④の居室から地上に通ずる廊下、階段等(採光上有効な外気に開放されたものを除く)。

⑥ ①～⑤に類するもので、照明装置の設置を通常要する部分。ただし、次の場合は適用除外される。

イ）一戸建の住宅、長屋、共同住宅の住戸（共同住宅の廊下、階段等は設置を要する)。

ロ）病院の病室、下宿の宿泊室、寄宿舎の寝室など（廊下、階段等は設置を要する)。

ハ）学校、体育館、ボーリング場など。

ニ）避難階で採光無窓の居室に該当しない居室のときで、屋外への出口までの歩行距離が 30m 以内である場合。また、居室が避難階の直上階もしくは直下階であるときは、当該階から階段等を含む避難階の出口までの距離か、当該階にある屋外避難階段までの距離が 20m 以内で避難上支障がない場合など。(»平成 12 年告示第 1411 号)

非常用照明装置の構造

»令第 126 条の 5

非常用照明装置には、非常時に内蔵する蓄電池により点灯する「電池内臓型」と装置外の非常用電源により点灯する「電源別置型」の二種類がある。また、それぞれ、一般照明としても使用できるほか、非常時には蓄電池又は非常用電源により点灯する「併用型」と、非常時のみに蓄電池又は非常用電源により点灯する「専用型」がある。

その必要照度と設置間隔は、30 分間非常点灯後、床面の水平照度が白熱電球では１ルックス、蛍光灯の場合は２ルックス以上となるように設置する。なお、照明器具の主要な部分は難燃材料とする。(»昭和 45 年告示第 1830 号)

表１　非常用照明装置の適用の緩和

・非常用の照明装置の設置を要しないものとして国土交通大臣が定めるものは〔平成 12 年告示 1411 号〕、採光上有効な開口部の面積が一定以上確保されていて、居室等の各部分から避難のための出入口等に至る歩行距離が次に該当する場合に適用される。

・避難階の居室	・避難階の屋外への出口	30m 以下
・避難階の直上階又は直下階の居室	・避難階における屋外への出口 ・屋外避難階段に通ずる出入口	20m 以下

表２　非常用の照明装置の設置及び適用除外

非常用の証明装置の設置を義務付けられている部分	適用を除外される部分	
①法別表第一(い)欄(1)項までに掲げる用途に供する特殊建築物の居室	告示第 1411 号に定める居室	一戸建住宅 長屋もしくは共同住宅の住戸 病院の病室 下宿の宿泊室 寄宿舎の寝室 学校教育法で定める学校 観覧の用に供さない体育館 （ボーリング場、スケート場、水泳場、スポーツの練習場等の部分）
②階数が 3 以上で延べ面積が 500m² を超える建築物の居室		
③延べ面積が 1000m² を超える建築物の居室		
④採光上有効な窓その他の開口部の面積が、当該居室の床面積の 1/20 未満の居室		
①～④の居室から地上までの避難経路となる廊下、階段その他の通路（廊下に接するロビー、通り抜け避難に用いられる場所、その他通常照明装置が必要とされる場所）	採光上有効に直接外気に開放された通路等 開放廊下 屋外階段 階段室型共同住宅等の階段	

Point　非常用の照明装置の適用除外

「一戸建住宅、長屋、共同住宅の住戸」には、一戸建併用住宅、長屋、共同住宅の併用住戸も含まれる。これらは、小規模な空間を特定少数の占有者が使用するため、除外される。

「病院の病室」は除かれているが、これは看護師などによる救助活動に期待すべきものとしているからである。しかし診療所の病室は除かれていないので注意が必要。

「下宿の宿泊室、寄宿舎の寝室その他」には、管理人室も含まれる。

「学校」とは学校教育法にいう学校であって、幼稚園は含むが保育所は含まれない。従って、保育所には非常用の照明装置が必要となる。なお、「夜間学校」も「学校」になり、除外されるが、できれば非常用の照明装置を設置することが望ましい。

42　非常用の進入口

3階以上、高さ31m以下の階に設置

非常用の進入口が設置されているホテル

建築物の外壁面には開口部がないもの、窓が少ないものがあって、いったん火災が発生すると、消防隊による消火活動や救出活動が困難になる場合が想定される。このような事態を防ぐため、消火活動が円滑に行えるよう直接外部から進入できる非常用の進入口の設置を義務付けている。

非常用の進入口が必要な建築物

≫令第126条の6

高さが31m以下にある3階以上の階に設置する。ただし、次の場合は除外される。

①非常用エレベーターを設置している場合
②道又は道に通ずる幅員4m以上の通路等に面する各階の外壁面に開口部（直径1mの円が内接するもの、又は幅75cm以上、高さ1.2m以上のもので、進入を妨げる構造を有しないもの）があり、その開口部が壁面の長さ10m以内ごとにあるもの（図1、2）

非常用の進入口の構造 ≫令第126条の7

①道又は道に通ずる幅員4m以上の通路等に面する各階の外壁面に設ける。（図3）
②間隔は40m以下とする。（図4）
③幅75cm以上、高さ1.2m以上、床面からの高さ80cm以下とする。
④外部から開放又は破壊して室内に進入できる構造とする。
⑤バルコニー（奥行1m以上、長さ4m以上）を設ける。
⑥進入口である旨の表示は、赤色反射塗料による一辺が20cmの正三角形とすること。（図5）
⑦直径が10cm以上の半球が内接する大きさの赤色灯の表示を、進入口の近くに見やすい方法で掲示すること、この赤色灯は、常時点灯状態とし、予備電源を設けること。（≫昭和45年告示第1831号）

Point
非常用の進入口は、建築物の用途、構造、居室であるか否かに関係なく、高さ31m以下の部分、3階以上の階に設置する。

1 m
1.2 m 以上
75 cm 以上

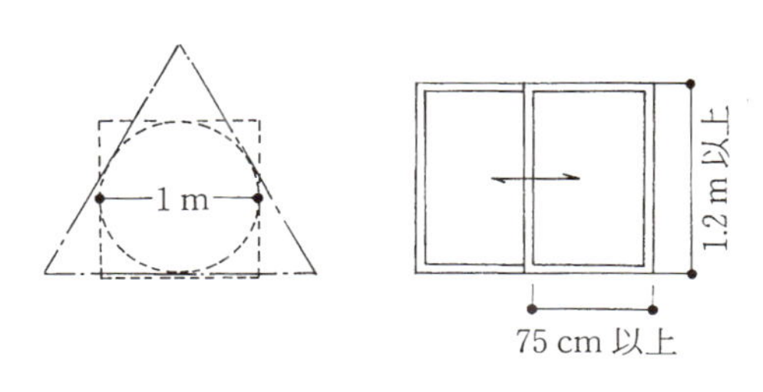

図 1　非常用進入口にかわる開口部の大きさ及び形

「壁面の長さ 10 m 以内ごとに」とは，次のようなものである
10m
以下
10 m 以下
10 m 以下
10 m 以下

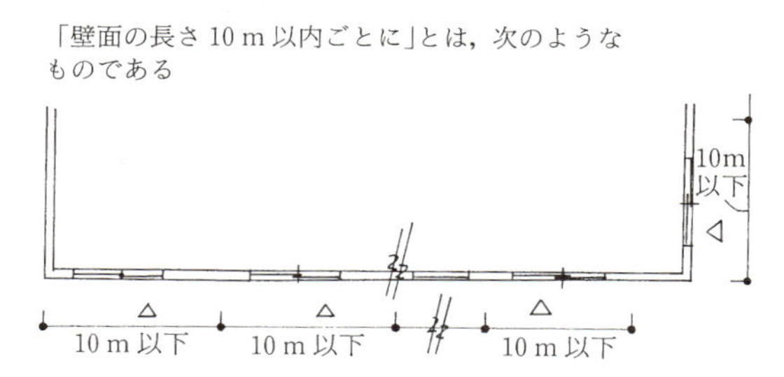

図 2　壁面の長さ

「道又は道に通ずる幅員 4 m 以上の通路，その他の空地に面する外壁面」とは，次のようなものである
・道に面する外壁面のすべて
・幅員 4 m 以上の通路その他の空地に面する外壁面のすべて
道
4 m
未 満
4 m 未 満
4 m未満
設置を要する外壁面
道
4 m 以上
4 m
未 満
4 m 以上

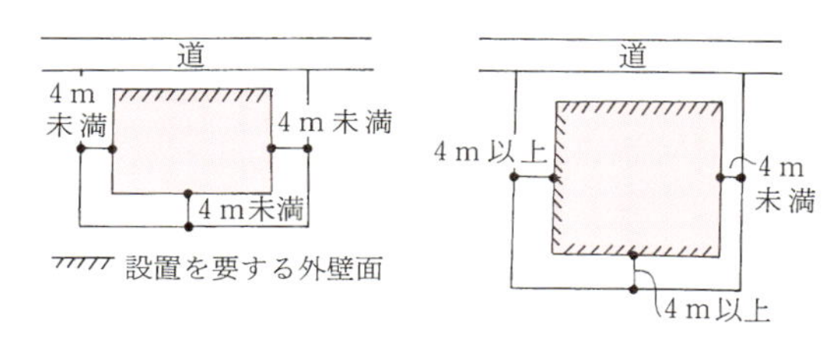

図 3　非常用進入口等の設置位置

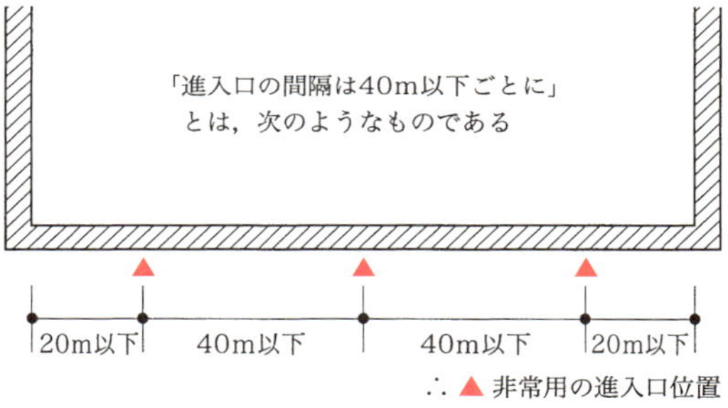

「進入口の間隔は40m以下ごとに」
とは，次のようなものである
20m以下
40m以下
40m以下
20m以下
∴ ▲ 非常用の進入口位置

図 4　進入口の間隔

赤色反射塗料による
一辺が20cmの正三角形

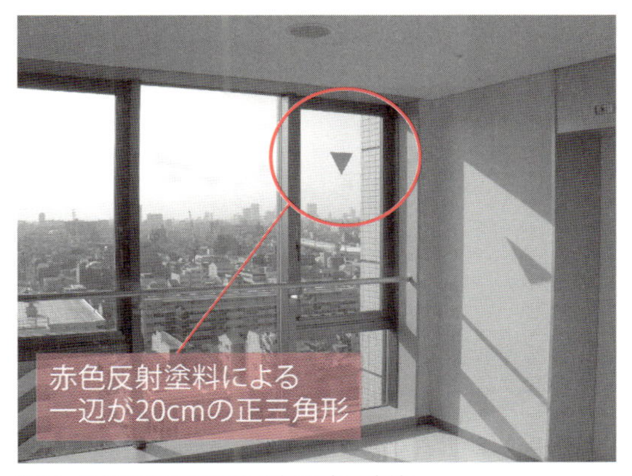

図 5　非常用進入口である旨の表示方法

43　非常用エレベーター

高さ 31m を超える建築物に設置義務がある

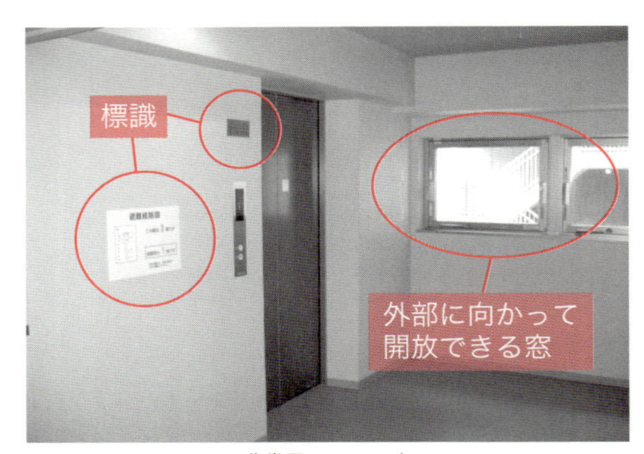

非常用エレベータ

高層建築物の火災等の災害時においては、低層建築物に比べて人々の避難が困難になる恐れがあることから、高さが 31m を超える建築物の避難、消火、救助活動のためには、消防隊の梯子車の到達は困難であるから、非常用進入口に代わるものとして、非常用エレベーターの設置が必要となる。

適用の範囲

高さが 31m を超える建築物には、原則として非常用エレベーターを設置しなければならない。（≫法第 34 条第 2 項）

高さ 31m を超える建築物の部分が次のいずれかに該当する場合は設置が緩和される。（≫令第 129 条の 13 の 2）

①階段室、設備機械室、装飾塔、物見塔、屋窓等の用途に供するもの

②各階の床面積≦ $500m^2$

③階数が 4 以下、かつ主要構造部が耐火構造で、床面積の合計が $100m^2$ 以内ごとに区画しているもの

④機械製作工場、不燃性物品の保管倉庫等で、主要構造部を不燃材料で造られたもの

設置台数　≫令第 129 条の 13 の 3 第 2 項

高さ 31m を超える最も広い階の床面積を基準に所要台数が定められている。（表 1）

乗降ロビー等　≫令第 129 条 13 の 3 第 3 項

①非常用エレベーターは、他の用途と兼用しない（ただし、特別避難階段の附室との併用は可）。

②専用のロビーを設ける。

③各階は耐火構造の床・壁で囲み、屋内と連絡する（ただし、避難階は除く）。壁の内装の仕上げは下地共不燃材料とする。

④バルコニー、外気に向かって開放できる窓、又は排煙設備を設ける（≫昭和 45 年告示第 1833 号）。

⑤出入口（特別避難階段の階段室に通ずる出入口及び昇降路は除く）は、令第 112 条第 14 項に規定する特定防火設備を設置する。

⑥予備電源付の非常用設備及び消火設備（消防法）を設置すること。また、標識で非常用エレベーターの積載量、定員等を表示する。

⑦乗降ロビーの床面積は 1 基につき $10m^2$ 以上とする。

⑧昇降路は 2 基以内ごとに耐火構造の壁・床で囲む（出入口は除く）。

⑨避難階の昇降路の出入口から屋外の出口までの歩行距離は 30m 以下（ロビーを設けた場合は、その出入口より屋外への出入口まで 30m 以下）とする。

⑩その他に、かご等の寸法、速度（60m/ 分以上）等が定められている（≫令第 129 条 13 の 3 第 3 項）。

表１　エレベータ設置台数の基準

最大床面積（m^2）	台数
1500 以下	1
1500 を超え 4500 以下	2
4500 を超え 7500 以下	3
7500 を超え 10500 以下	4
さらに 3000m^2 を増すごとに 1 台ずつ増加	

表２　非常用エレベーターの主要寸法

積載量	1150kg 以上
定員	17 名以上
かごの寸法	間口　：1800mm 以上 奥行き　：1500mm 以上 天井高さ：2300mm 以上
有効出入口寸法	有効幅　：1000mm 以上 高さ　：2100mm 以上

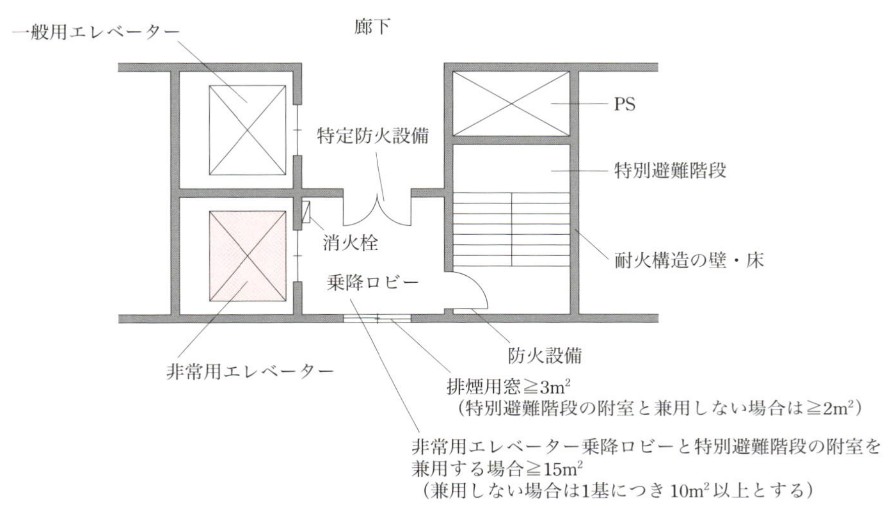

注）非常用エレベーターの乗降ロビーには、標識（避難上必要な事項等を明示）及び定員表示を設置するとともに、天井・壁の内装仕上・下地とも不燃材料とし、予備電源付きの非常用の照明設備を設ける。

図　非常用エレベーターの乗降ロビー（令第 129 条の 13 の 3）

Point　非常用エレベーターは一般の人の避難用ではない

非常用エレベーターというのは、普通のエレベーターとどう違うのだろうか。基本的には、火災時等に停電となっても予備電源で運転できること、火災に対する安全性が高いこと等が特徴である。この非常用エレベーターは、一般の人が避難に使用するために設置されたものでなく、平常時は普通のエレベーターのようにどのように使用してもかまわないが、非常時には、消防隊の消火活用に使用するための専用のものである。そのために非常用エレベーターには特別の性能が与えられている。

以上のことから、非常時の避難のときには非常用エレベーターは使用せず、とりわけ、普通のエレベーターは使用しないで、避難階段を使用すること。特に普通のエレベーターは、停電等によりエレベーター内部に閉じ込められてしまう危険性があるから注意が必要である。

44　便所と浄化槽

処理区域外では屎尿浄化槽を設ける

便所・屎尿浄化槽と処理区域

≫法第31条

下水道法第2条第8号に規定する処理区域（公共下水道により下水を排除することのできる区域の内、下水を終末処理することのできる区域）内においては、便所はすべて水洗便所とし、公共下水道に接続しなければならない。処理区域外で、水洗便所からの汚物を終末処理場のある公共下水道以外に放流しようとするときは、必ず衛生上支障がない構造の浄化槽を設けて処理してからでなければ放流できない。

便所の採光と換気　≫法第28条

便所には、採光・換気のため直接外気に接する窓を設ける必要がある。ただし、水洗便所で照明と換気設備を設けた場合は緩和される。

水洗便所の屎尿浄化槽　≫法第32条

屎尿浄化槽は、屎尿を一定時間貯留して、好気性又は嫌気性の微生物による腐敗作用や酸化作用によって、屎尿の中の有機物質を無機物化して汚水を浄化するものであり、その構造は設置区域及び処理対象人員に応じた、BOD（生物化学的酸素要求量）の「除去率の最小限」「放流水のBODの最大限」が定められている。（表1）

屎尿浄化槽等の漏水検査　≫法第33条

改良便槽、屎尿浄化槽及び合併処理浄化槽は、満水して24時間以上漏水しないことを確認しなければならない。

合併処理浄化槽：屎尿と併せて、台所の流しや浴槽等の雑排水を処理する浄化槽。

改良便槽の構造　≫法第31条

くみ取り便所の一種であるが、貯留される屎尿が便槽内で腐敗して殺菌され、伝染病の感染源などにならないように工夫されたものであり、次の構造とする。

①便槽は、貯留槽とくみ取り槽を組み合わせた構造とする。
②便槽から屎尿が漏れない構造とする。
③貯留槽は、2槽以上に区分し、汚水を貯留する部分の深さは80cm以上、容積は0.75m³以上とし、100日以上貯留できること。ただし、国土交通大臣が定めるところにより汚水の温度の低下を防止するための措置が講じられたものにあっては、容積は0.6m³以上とし、80日以上貯留できること。
④貯留槽には、掃除用のマンホールを設け、密閉できる蓋をすること。
⑤小便器から汚水管は、貯留槽の汚水面下40cm以上の深さに差し入れること。

くみ取り便所の構造　≫第29条、第30条

①屎尿に接する部分から漏水しないこと。
②屎尿の臭気が、建築物の他の部分（便所の床下を除く）又は屋外に漏れないものであること。
③便槽に、雨水・土砂等が流入しないものであること。

この他に、告示において、

・便槽及び便器から便槽まで管は耐水材料で造る
・便所の床下は耐水材料で他の部分と区画する
・くみ取り口には密閉できる耐水材料製の蓋を取付ける

等の基準が示されている。（≫平成12年告示第1386号）

表１　汚物処理性能に関する技術的基準

屎尿浄化槽又は合併処理浄化槽を設ける区域	処理対象区域	BOD の除去率（%）	屎尿浄化槽からの放流水の BOD（mg/ℓ）
特定行政庁が衛生上、特に支障があると認めて規則で指定する	50 人以下	65 以上	90 以下
	51 人以上 500 人以下	70 以上	60 以下
	501 人以上	85 以上	30 以下
特定行政庁が衛生上、特に支障がないと認めて規則で指定する区域	—	55 以上	120 以下
その他の区域	500 人以下	65 以上	90 以下
	501 人以上 2000 人以下	70 以上	60 以下
	2001 人以上	85 以上	30 以下

・処理対象人員の算定は、国土交通大臣が定める方法により行う（昭和 44 年告示第 3184 号）。
・放流水に含まれる大腸菌群数が、3000 個 /cm² 以下とする性能を有するものであること。
・BOD（生物化学的酸素要求量）の除去率＝（流入水の BOD －放流水の BOD）÷（流入水の BOD）× 100%

表２　便所の形式

地域	建物の用途	便所の型式
処理区域（下水道法 2 条）	すべて	水洗便所
地方公共団体の指定する区域（令 30 条 2 項）	すべて	水洗便所（＋屎尿浄化槽） 改良便槽付便所
	地方公共団体の指定する特殊建築物	水洗便所（＋屎尿浄化槽） 改良便槽付便所
その他の区域	すべて	水洗便所（＋屎尿浄化槽） 改良便槽付便所 くみ取便所

表３　屎尿浄化槽の性能

処理対象人員	BOD 除去率	放流水の BOD
500 人以下（50 人以下）	65%以上	90ppm 以下
501 人以上（51 人以上） 2000 人以下（500 人以下）	70%以上	60ppm 以下
2001 人以上（501 人以上）	85%以上	30ppm 以下

注 1）（　）内の人員は「特定行政庁」が衛生上特に支障があると認めて規則で指定する区域
注 2）排出水に含まれる大腸菌群数は、3000 個 /cm³ 以下とする
注 3）BOD（生物化学的酸素要求量）の除去率＝$\frac{\text{流入水の BOD}-\text{放流水の BOD}}{\text{流入水の BOD}}\times 100\%$
注 4）1ppm ＝ 1mg/ℓ ＝ 1g/m³

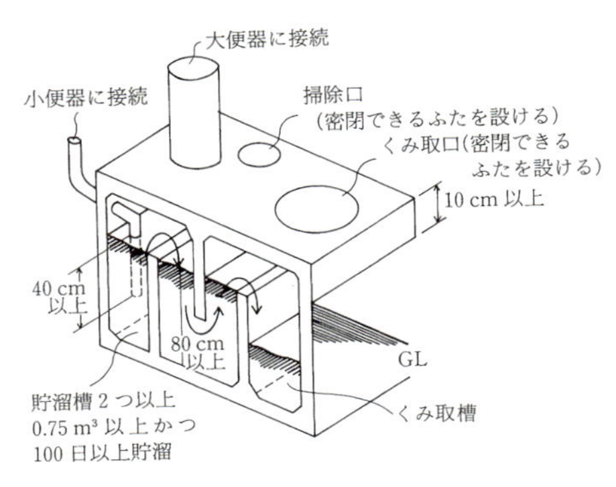

図　改良便槽の構造

45 給排水・ガス・避雷設備

建築設備も建築物の定義に含まれる

給水、排水等の配管設備

≫令第129条の2の5

建築物に設ける給水、排水等の配管設備については、次のような規定がある。

①鉛管等、耐食性に劣る管をコンクリート壁、土中等に埋設する場合は、有効な腐蝕防止のための措置を講ずること。

②エレベーターの昇降路内に設けないこと。

③圧力タンク、給湯設備において使用する流体の圧力、温度等に応じて、逃し弁、圧力調整装置、減圧水槽等を設置し、人の安全と設備の保全を図ること。

④下記のいずれかに該当する建築物の換気ダクト等は、火災の際に延焼経路となる恐れがあることから、これを防止するため、換気、冷暖房のダクト、ダストシュート、メールシュート等に不燃材料を使用すること。

・地階を除く階数が3以上である建築物

・地階に居室を有する建築物

・延べ面積が3000m²を超える建築物

ただし、上記に該当する建築物であっても、共同住宅の住戸等に設ける換気設備や、便所、浴室、洗面所等に設ける局部的な換気設備のダクトで、他の部分を経由することなく直接外気に開放される場合については、防火上支障ないものとして適用が除外される。

⑤防火区画を貫通する場合は、貫通部分から両側1m以内の部分を原則として不燃材料で造ること。

共同住宅に設置するガスの配管設備

≫令第129条の2の5第1項第8号、昭和56年告示第1099号

3階以上の階を共同住宅の用途に供する建築物の住戸内のガス設備は、国土交通大臣の定める基準によること。下記のいずれかの対策が必要である。

①全てのガスコックをヒューズコック又はネジ接合とする。

②技術的基準に応じた警報設備を設ける。例えば、警報部を住戸内と戸外の両方に設置するなどがある。

避雷設備 ≫法第33条、令第129条の14～15

一般的に避雷針と呼ばれているが、これは避雷設備を総称した名称である。落雷を受け止める受電部、雷電流を安全に伝達させるための電線、雷電流を大地に逃がすための接地極によって構成されており、落雷から建物や人畜を守っている。

建築基準法で規定されている設置基準では、高さ20mを超える部分を保護することとされている。煙突や広告塔、高架水槽など、工作物の場合でも適用する。避雷設備は、国土交通大臣が指定する工業規格に定める構造（JISA4201）としなければならない。

ところで、避雷設備についてはJISA4210（建築物等の避雷設備—1992・旧JIS）によることが定められていたが、平成17年告示第650号によって改正があり、JISA4210（建築物等の雷保護－2003・新JIS）に規定する「外部雷保護システム」を適用することとなった。なお、旧JISについては、新JISに規定する「外部雷保護システム」に適合するものとみなしている。よって、新旧JISとも使用することができる。しかし、一つの避雷設備について、新旧それぞれのJISの規定の一部を複合的に適用することはできない。

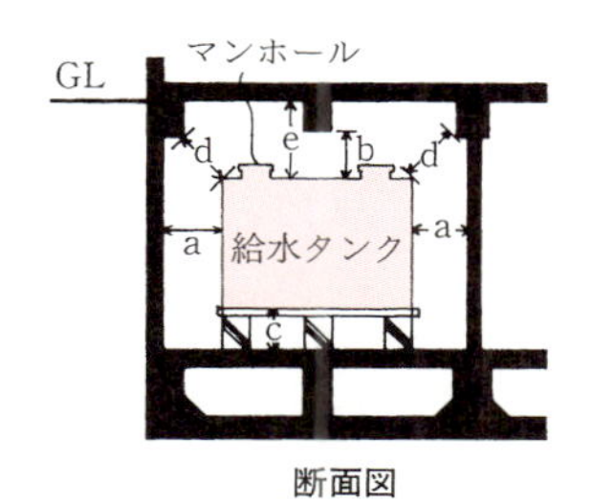

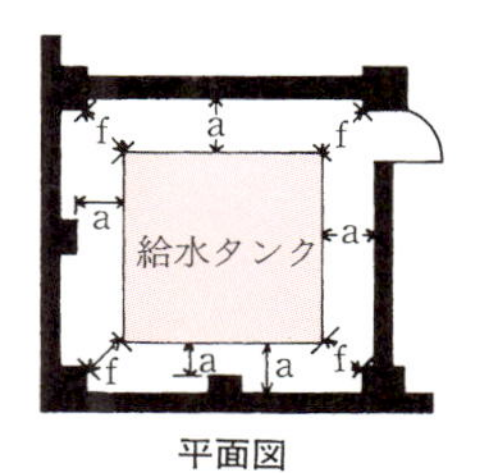

a,b,c,d,f は原則として 60 cm 以上,
e は 100 cm を標準とする

図 1　給水タンク等の設置位置
（令第 129 条の 2 の 5、昭和 50 年告示第 1597 号）

図 2　避雷針（棟上導体）

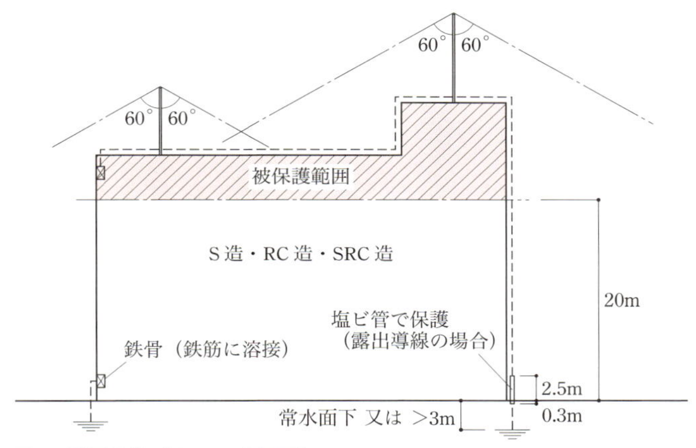

図 3　避雷設備（旧 JIS の立面図）

表　避雷設備の概要（法第 33 条、令第 129 条の 15、JIS A4201）

受雷部	突針型	・保護角 60 度（危険物貯蔵庫 45 度）以下とする。 ・突針先端ほ可燃物から 30cm 以上突出させる。 ・突針の材料は、銅、アルミニューム、アルミニューム合金、亜鉛メッキ鋼等の直径 12mm 以上の棒を用いる。 ・突針支持物に鉄管を用いる場合は、避雷導線は管内を通さない。 45°　h　h　60°　h　$1.73h$
	棟上げ導体型	・保護角 60 度（危険物貯蔵庫 45 度）以下とする。 ・雷撃を受けやすい棟、パラペット上に施設し、陸屋根に設置する場合は、ループ状とする。 ・棟上げ導体と可燃物とは 30cm 以上離す。 ・避雷導線の材料は、銅又はアルミニュームの単線、より線、平角線又は管とし、銅を使用したものは、断面積 30mm² 以上、アルミニュームを使用したものは断面積 50mm² 以上とする。
避雷導線		・引下げ導線は 2 条以上とする。ただし、被保護物の水平投影面積が 50m² 以下の場合は 1 条で支障なし。 ・引下げ導線の間隔は 50m 以内とする。 ・材料は断面積 30mm² 以上の銅線等とする。 ・避雷導線は、電灯線、電話線、ガス管から 1.5m 以上離す。また、避雷導線から 1.5m 以内に接近する電線管、雨どい等の金属体は接地させ、又は静電遮蔽を施す。 ・引下げ導線は、被保護物の外周にほぼ均等に、できるだけ突角部に近く配置する。
接地極		・各引下げ導線に 1 個以上接続する。 ・材料は、厚さ 1.4mm 以上、面積（片面）0.35m² 以上の銅板、又はこれらと同等以上のもの。 ・埋設深さは、地下 0.5m 以上とする。 ・避雷針の総合接地抵抗は、10 オーム以下、各引下げ導線の単独接地抵抗は、50 オーム以下とする。

46　昇降機設備

エレベーターかごの面積＞ 1m²、天井高さ＞ 1.2m

エレベーター

エスカレーター

昨今建築物の高層化、大規模化、用途の複合化、高齢化社会の進展に伴う福祉の向上等により、昇降機の果たす役割が大変重要になってきている。建築基準法では、これらの安全性の確保の観点から構造基準等が定められている。

昇降機の範囲

»法第 34 条

①建築物に設ける昇降機には、エレベーター、エスカレター、小荷物専用昇降機がある。

②エレベーターには安全性の確保から、エレベーターの構造上主要な部分、荷重、かごの構造等に関する規定が政令において定められている。

③原則として、高さ 31m を超える建築物には、非常用エレベーターを設置しなければならない。

エレベーター

人又は人及び物並びに物を運搬するための昇降機で、かごの水平投影面積が 1m² を超え、又は天井の高さが 1.2m を超えるものをエレベーターと定義し、かごの水平投影面積が 1m² 以下で、かつ天井の高さが 1.2m 以下のもので、荷物を運搬するものを小荷物専用昇降機という。

エレベーターの構造上主要な部分の性能は、摩損又は疲労破壊を考慮して定められた性能に適合するものとして、国土交通大臣が定めた構造方法を用いるもの又は認定を受けたもの、エレベーター強度検証により検証を行ったものとする（»令第 129 条の 4）ほか、荷重（»令第 129 条の 5）、かごの構造（»令第 129 条の 6）、昇降路の構造（»令第 129 条の 7）、駆動装置及び制御器（»令第 129 条の 8）、機械室（»令第 129 条の 9）、安全装置（»令第 129 条の 10）等の規定がある。

エスカレーター

»令第 129 条の 12、H12 年告示第 1417 号

エスカレーターの幅員は、1.1m 以下とする。勾配は 30 度以下とし、階段の速度は 50m/ 分以下の範囲内で勾配に応じて国土交通大臣が定める速度以下としなければならない。

小荷物専用昇降機

»令第 129 条の 13、平成 12 年告示第 1416 号、第 1446 号

原則としてかごが停止している時に、出し入れ口が開かない構造とすること。昇降路の壁等の材料は、難燃材料とするなどの規定がある。

エレベーター
かごの面積が$1m^2$超、又は高さ1.2m超

小荷物専用昇降機
かごの面積が$1m^2$以下、かつ高さ1.2m以下

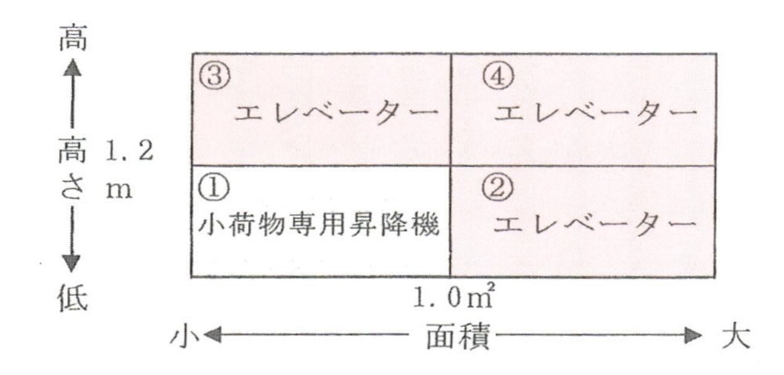

図1　エレベーターの面積と高さ

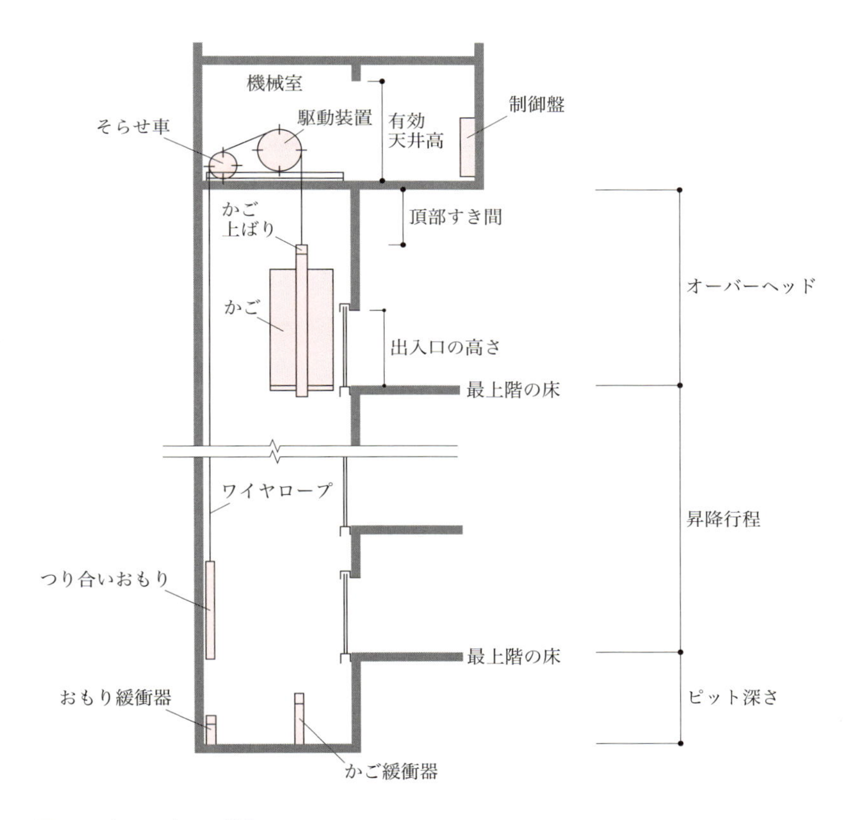

図2　エレベーターの構造

仕様規定と構造計算の規定がある

建築物は、自重、積載荷重及び外力（風圧・土圧・水圧・地震等の震動及び衝撃）に対して構造耐力上安全なものとするため、建築物の構造及び規模に応じて、以下に定める基準に適合させなければならない。（»法第 20 条）

構造強度については、技術的基準（仕様規定）及び構造計算に関する規定がある。

構造方法　»令第 36 条～第 80 条の 3

建築物の区分に応じて適用される技術的基準（仕様規定）及び構造計算方法を表 1 に示す。

耐久性等関係規定とは、令第 36 条第 1 項に定める構造関係規定で、構造計算による安全性の確認の有無に関わらず遵守しなければならない基本的な規定である。（表 2）

構造計算　»令第 81 条～第 99 条

法第 20 条の規定により、建築物の規模等による区分に応じて、令第 81 条で適合させるべき基準の構造計算が定められている。

保有水平耐力計算：ルート 3　»令第 82 条の 3

高さ≦ 60m の建築物について、一次設計（許容応力度計算）に加えて大地震の保有水平耐力の計算（二次設計）を行う。長期、短期の許容応力度計算（»令第 82 条）、層間変形角（»令第 82 条の 2）、保有水平耐力の計算（»令第 82 条の 3）及び屋根ふき材等の計算（»令第 82 条の 4）を行う構造計算の規定である。

層間変形角の計算では、地震によって各階に生じる水平方向の層間変位の、当該各階の高さに対する割合が、1/200（主要部分の変形により建築物の部分に著しい損傷が生じるおそれがない場合には、1/20）以内であることを確かめる。

許容応力度等計算：ルート 2

»令第 81 条第 2 項第 2 号イ

高さ≦ 31m の建築物について、保有水平耐力計算のうち、保有水平耐力の計算（»令第 82 条の 3）を行わず、剛性率（»令第 82 条の 6 イ）、偏心率等（»令第 82 条の 6 ロ）の計算で代替する構造計算の規定である。

剛性率・偏心率の計算では、地上部について、各階の剛性率がそれぞれ 6/10 以上であることを確かめ、各階の偏心率が、それぞれ 15/100 以下であることを確かめる。

許容応力度計算及び屋根ふき材等の計算：ルート 1　»令第 82 条、令第 82 条の 4

小規模建築物を対象に適用され、いわゆる一次設計のみを示すものである。屋根ふき材、外装材及び屋外に面する帳壁について、風圧に対して構造計算によって安全性を確かめる。一般的にこの構造計算の規定による場合は、構造計算適合性判定を要しない。

限界耐力計算

»令第 81 条第 2 項第 1 号ロ、令第 82 条の 5

高さ≦ 60m の建築物で次の計算を行う。

①地震力以外の荷重及び外力に対して許容応力度計算を行い、建築物が損傷しないことを確かめる。

②極めて稀に発生する積雪時又は暴風時に対して構造部材に生じる力が材料強度によって計算した耐力を超えないことを確かめる。

③地震力については、稀に発生する地震力に対して、損傷限界耐力（短期許容応力度に対する耐力）を超えないことを確かめ、層間変形角が 1/200（構造部材に著しい損傷が生じるおそれがない場合 1/120）を超えないことを確かめる。

表1　構造方法に関する技術的基準

建築物の区分	構造計算方法	適合すべき仕様規定
法20条1号（超高層建築物）※1	時刻歴応答解析（令81条1項）	耐久性等関係規定※A
法20条2号（大規模建築物） $h>31$m ※2	時刻歴応答解析	耐久性等関係規定
	限界耐力計算（令82条の5）	
	保有水平耐力計算（令82条～令82条の4）	令36条～令80条の3の一部を除く※B
法20条2号（大規模建築物） $h \leqq 31$m ※2	時刻歴応答解析	耐久性等関係規定
	限界耐力計算	
	保有水平耐力計算	令36条～令80条の3の一部を除く
	許容応力度等計算（令82条の6）	令36条～令80条の3　全て
法20条3号（中規模建築物）※3	時刻歴応答解析	耐久性等関係規定
	限界耐力計算	
	保有水平耐力計算	令36条～令80条の3の一部を除く
	許容応力度等計算	令36条～令80条の3　全て
	許容応力度等計算（令82条、令82条の4）	
法20条4号（小規模建築物）※4	時刻歴応答解析	耐久性等関係規定
	限界耐力計算	
	保有水平耐力計算	令36条～令80条の3の一部を除く
	許容応力度等計算	令36条～令80条の3　全て
	許容応力度等計算	
	不要	

※1）h＞60m

※2）h≦60mで、以下のもの。

①W造でh＞13m又は軒高＞9m

②S造で地上階数≧4、h＞13m又は軒高＞9m

③組積造又補強CB造で地上階数≧4

④RC造、SRC造又はRC造＋SRC造でh＞20m

⑤W造、組積造、補強CB造若しくはS造の併用構造又はこれらの構造とRC造若しくはSRC造の併用構造で地上階数≧4、h＞13m又は軒高＞9m

⑥国土交通大臣の指定。

※3）h≦60mの、①W造で階数h≧3又は延べ面積＞500m²、②W造以外で階数≧2又は延べ面積＞200m²、③主要構造部（床、屋根、階段を除く）を石造、れんが造、CB造、無コンクリート造等としたものでh＞13m又は軒高＞9m。

※4）上記以外のもの

※A）耐久性等関係規定：令36条1項に定める構造関係規定で、構造計算による安全性の確認の有無にかかわらず遵守しなければならない規定（構造計算の原則を表す規定、材料の品質等に係る規定、部材の耐久性に係る規定、施工時の配慮に関する規定、火熱等の検証に係る規定に分類）。／令36条、令36条の2、令37条、令38条1項、5項及び6項、令39条1項、令41条、令49条、令70条、令72条、令74条、令75条、令76条、令79条、令79条の3、令80条の2。

※B）令36条～令80条の3のうち下記の規定を除く規定に適合する構造方法とする。令67条1項、令68条4項、令73条、令77条2号～6号、令77条の2、2項　令78条、令78条の2、1項3号、令80条の2。

④極めて稀に発生する地震力に対して、保有水平耐力を超えないことを確かめる。

⑤屋根ふき材・外装材等が、風圧力、地震力等に対して構造耐力上安全であることを確かめる。

超高層建築物の計算

≫令第 81 条第 1 項、令第 36 条第 1 項

高さ＞ 60m の建築物の構造計算は、時刻歴応答解析などにより地震等の荷重や外力に対する建築物の状況について、告示で定める構造計算基準による計算を行い、国土交通大臣の認定を受ける。

荷重及び外力の種類

固定荷重（≫令第 84 条）

令第 84 条の数値によるか、又は建築物の実況に応じて計算する。

積載荷重（≫令第 85 条）

建築物の実況に応じて計算するが、令第 85 条第 1 項の表の数値によって計算することができる。この表は、用途別にとるべき荷重を床面積の $1m^2$ 当たりについて定めている。なお柱、基礎の垂直荷重による圧縮力を計算する場合は、支える床の数に応じて積載荷重を低減できる。倉庫業を営む倉庫の積載荷重は $3900N/m^2$ 未満としてはならない。(表 5)

積雪荷重（≫令第 86 条、平成 12 年告示第 1455 号）

積雪荷重は、積雪量 1cm ごとに $20N/m^2$ 以上とし、国土交通大臣が定める積雪深さの垂直積雪量を乗じる（屋根勾配、雪下ろしの慣習などによる軽減ができる）。

・屋根勾配≦ 60 度の場合

$$屋根勾配形状係数 = \sqrt{\cos(1.5 \times 屋根勾配)}$$

・屋根勾配＞ 60 度の場合、0 とする。

風圧力（≫令第 87 条、平成 12 年告示第 1454 号）

$$風圧力(N/m^2) = 速度圧 \times 風力係数$$

$q = 0.6EV_0$

q：速度圧（N/m^2）

E：市街地の状況及び建築物の高さによる係数（算出方法は国土交通大臣が定める。≫平成 12 年告示第 1454 号）

V_0：各地域の地上 10m の平均風速（m/s）（30m/s ～ 46m/s の範囲で国土交通大臣が定める。≫平成 12 年告示第 1454 号）

地震力（≫令第 88 条）

①地上部分の地震力（一般地域）
　＝（地震層剪断力係数）×（固定荷重＋積載荷重）

②地上部分の地震力（多雪地域）
　＝（地震層剪断力係数）×（固定荷重＋積載荷重＋積雪荷重）

③地下部分の地震力
　＝（水平震度）×（当該部分の固定荷重＋積載荷重）

許容応力度（≫令第 89 条～令第 94 条）

木材、鋼材等、コンクリート、溶接、高力ボルト接合、地盤及び基礎ぐい並びにその他の材料について、それぞれの長期及び短期の許容応力度が定められている。長期の許容応力度と短期の許容応力度との比は、木材、コンクリート、地盤及び基礎ぐいについては 1：2、鋼材等、高力ボルト接合及び溶接については 1：1.5 である。

材料強度（≫令第 95 条～令第 99 条）

木材、鋼材等、コンクリート、溶接並びにその他の材料の許容応力度と材料強度の値は材料ごとに政令と告示で定められている。

その他の規定

①構造部材の耐久性（≫令第 37 条）

構造耐力上主要な部分は腐蝕、腐朽、摩損しにくい材料又は防腐等の措置をした材料を使用しなければならない。

②基礎（≫令第 38 条）

1. 地盤の沈下、変形に対して構造耐力上安全なものであること。

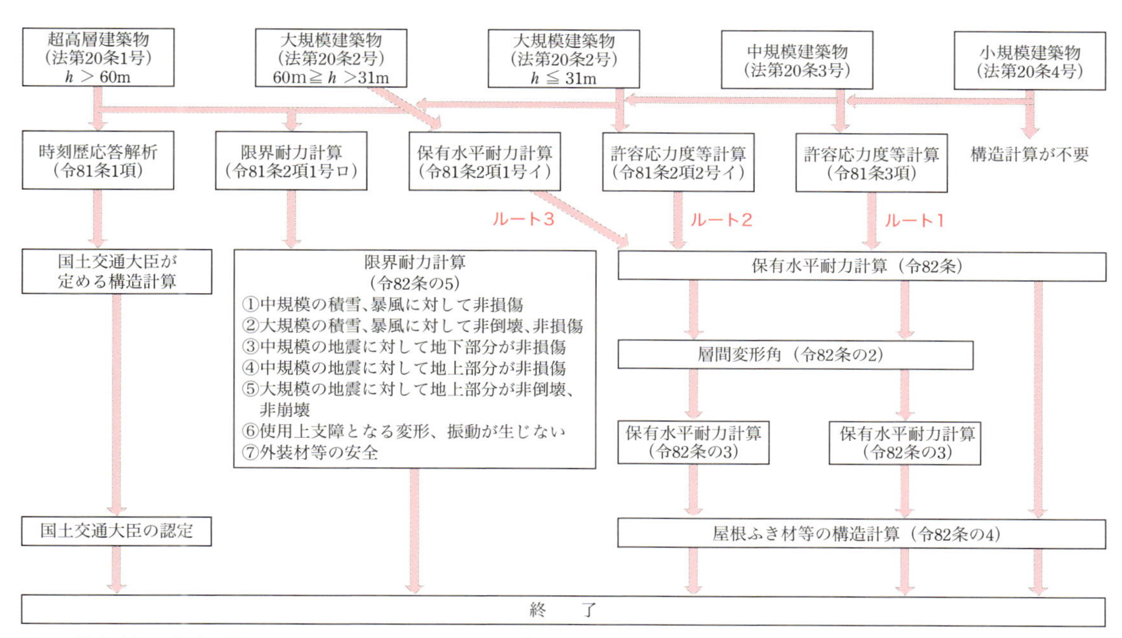

図１　構造計算の方法に関するフロー

表２　耐久性等関係規定

原則	構造方法に関する技術基準	令第 36 条
	地階を除く階数≧ 4 である鉄骨造の建築物等に準じる建築物	令第 36 条の 2
	構造設計の原則	令第 36 条の 3
	基礎（支持力確保等の基礎構造鍵満たすべき性能を定める）	令第 38 条第 1 項
	屋根ふき材等の繋結（屋根ふき材等が脱落しないこと）	令第 39 条
品質	木材（必要な品質として筋・腐れ等の欠点がないこと）	令第 41 条
	コンクリートの材料（強度、耐久性、耐火性を確保及び骨材等の基準を定める）	令第 72 条
	コンクリートの強度（コンクリートの最低限必要な強度の基準を定める）	令第 73 条
耐久性	構造部材の耐久	令第 37 条
	基礎（木杭の耐久性上配慮すべき事項を定める）	令第 38 条第 6 項
	外壁内部等の防腐措置等（木造の防腐・防蟻措置等を定める）	令第 49 条
	鉄筋のかぶり厚さ（鉄筋の腐食防止等のためにかぶり厚さを定める）	令第 79 条
	鉄骨のかぶり厚さ（鉄骨の腐食防止等のためにかぶり厚さを定める）	令第 79 条 3
施工時	基礎（基礎杭の施工時に配慮すべき事項を定める）	令第 38 条第 5 項
	コンクリートの養生（コンクリートが十分に固まるように配慮すべき事項を定める）	令第 75 条
	型枠及び支柱の除去（打設したコンクリートの損傷防止のために基準を定める）	第 76 条
火熱等	柱の防火被覆（鉄骨造の柱が火熱による耐力低下を防止する）	令第 70 条
その他		令第 80 条の 2

2. 原則として、異種構造の基礎を併用しないこと。
3. 基礎の構造は、建築物の構造・形態・地盤の状況を考慮して、国土交通大臣が定めた構造方式を用いる。この場合、大規模建築物（高さ＞13m 又は延べ面積＞3000m²）で、荷重が最下階の床面積 1m² につき 100kN を超えるものにあっては、基礎の底部等は良好な地盤で支持されていること。
4. 2.、3. の規定については、国土交通大臣が定める構造計算により、構造耐力上安全なものであることを確かめた場合においては、適用しない。

屋根ふき材等の緊結（≫令第 39 条）

屋根ふき材、内装材、外装材、帳壁、広告塔、装飾塔など（屋外に取り付けるもの）は、風圧、地震その他の震動及び衝撃によって脱落しないようにする。

屋根ふき材、外装材、屋外に面する帳壁の構造は昭和 46 年告示第 109 号によらなければならない。

図 2　平成 12 年告示第 1347 号の概要

①地盤の長期に生ずる力に対する許容応力度によって基礎の構造方法が定められている。（表 A）
②基礎ぐいの構造は次に定めるもの又は同等以上の支持力を有するものとする。
・場所打ちコンクリートぐいは図 a による。
・高強度プレストレストコンクリートぐいは、JISA5337-1995 に適合するものとすること。
・遠心力鉄筋コンクリートぐいは、JISA5310-1995 に適合するものとすること。
・鋼管ぐいの肉厚は 6mm 以上で、かつくいの直径の 1/100 以上とすること。
③べた基礎は原則として一体のコンクリート造とし、図 b の構造とすること。
④布基礎は原則として一体の鉄筋コンクリート造とし、図 c の構造とすること。底盤の幅は表 B による。

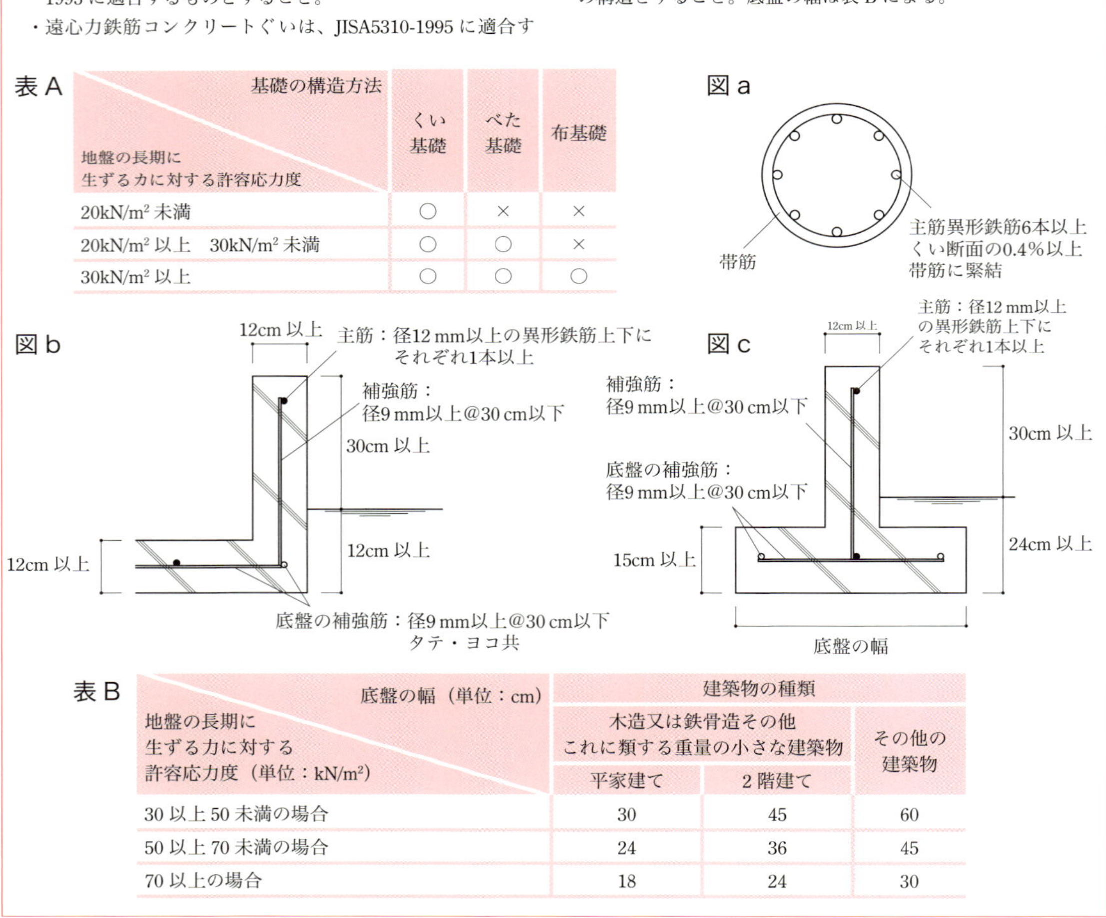

表 A

地盤の長期に生ずる力に対する許容応力度 ＼ 基礎の構造方法	くい基礎	べた基礎	布基礎
20kN/m² 未満	○	×	×
20kN/m² 以上　30kN/m² 未満	○	○	×
30kN/m² 以上	○	○	○

表 B

地盤の長期に生ずる力に対する許容応力度（単位：kN/m²） ＼ 底盤の幅（単位：cm）	建築物の種類		
	木造又は鉄骨造その他これに類する重量の小さな建築物		その他の建築物
	平家建て	2 階建て	
30 以上 50 未満の場合	30	45	60
50 以上 70 未満の場合	24	36	45
70 以上の場合	18	24	30

表３　構造計算方法

構造計算方法	適用建築物	告示等
時刻歴応答解析 （令第 81 条第 1 項）	$h > 60$m 超高層建築物	平成 12 年告示第 1461 号
保有水平耐力計算（ルート 3） （令第 81 条第 2 項第 1 号イ）	$h \leqq 60$m	令第 82 条 平成 19 年告示第 594 号 平成 20 年告示第 37 号
限界耐力計算 （令第 81 条第 2 項第 1 号ロ）	$h \leqq 60$m	令第 82 条の 5 平成 12 年告示第 1457 号
許容応力度等計算（ルート 2） （令第 81 条第 2 項第 2 号イ）	$h \leqq 31$m（一定の条件を満たす）	令第 82 条の 6 昭和 56 年告示第 1791 号 平成 19 年告示第 594 号 平成 19 年告示第 1274 号 平成 20 年告示第 38 号
令第 82 条各号・令第 82 条の 4 （令第 81 条第 3 項）	$h \leqq 20$m（一定の条件を満たす RC 造等）	平成 19 年告示第 593 号 平成 19 年告示第 594 号 平成 19 年告示第 832 号

＊４号建築物は技術的基準（仕様規定）を満足すれば構造計算不要。
＊令第 81 条第 4 項は構造計算を行う場合に適用され、一の建築物であってもエキスパンジョイントで切り離され相互間に影響を与えない場合は、それぞれ別の建築物とみなして構造計算を行う規定である。

表４　応力の組合せ

	長期に生ずる力		短期に生ずる力	
一般	$G + P$	常時	$G + P + S$	積雪時
			$G + P + W$	暴風時
		積雪時	$G + P + K$	地震時
多雪区域	$G + P$	常時	$G + P + S$	積雪時
			$G + P + W$ $G + P + 0.35S + W$	暴風時
	$G + P + 0.7S$	積雪時	$G + P + 0.35S + K$	地震時

G：固定荷重によって生ずる力　P：積載荷重によって生ずる力　S：積雪荷重によって生ずる力
W：風圧力によって生ずる力　K：地震力によって生ずる力

表５　積載荷重

構造計算の対象 ＼ 室の種類		床の構造計算をする場合 (N/m²)	大ばり、柱の構造計算をする場合※ (N/m²)	地震力の計算をする場合 (N/m²)
①住宅の居室・住宅以外の寝室又は病室		1800	1300	600
②事務室		2900	1800	800
③教室		2300	2100	1100
④百貨店・店舗の売場		2900	2400	1300
⑤劇場・映画館・演芸場・公会堂・集会場等の客席・集会室等	固定席	2900	2600	1600
	その他	3500	3200	2100
⑥自動車車庫・自動車通路		5400	3900	2000
⑦廊下・玄関・階段		③～⑤に掲げる室に連絡するものにあっては⑤の「その他の場合」の数値による		
⑧屋上広場・バルコニー		①の数値をとる、学校、百貨店の用途に供する建築物にあっては④の値による		

※柱又は基礎の垂直荷重による圧縮力を計算する場合、その支える床の数に応じて低減できる（2 項）。
（倉庫業の倉庫の床の積載荷重は、実況が 3900N/m² 未満でも 3900N/m² とする。）（3 項）

茶室、あずまや、延べ面積 10m² 以内の物置・納屋等は対象外

令第 41 条～第 49 条の規定は木造又は木造と組積造その他の構造を併用する建築物の木造の構造部分に適用する。ただし、茶室、あずまや又は延べ面積が 10m² 以内の物置・納屋等には適用しない。

土台及び基礎　≫令第 42 条

構造耐力上主要な柱で最下階の部分に使用するものの下部には土台を設けなければならない。ただし、柱を基礎に緊結した場合又は平家建の建築物で足固めを使用した場合においては、緩和される。また、特定行政庁が規則で指定した軟弱地盤区域では、土台は基礎に緊結しなければならない。(当該区域外で平家建、延べ面積≦ 50m² のものは除外される。)

柱の小径　≫令第 43 条

① $\frac{\text{柱の小径}}{\text{横架材の相互間の垂直距離}}$ の値を表 1 に示す値以上とする。(図 1)

②地階を除く階数＞ 2 の建築物の 1 階の柱の小径は、原則として、13.5cm以上とする。

③柱の 1/3 以上を欠き取るときは、その部分を補強する。(図 2)

④階数≧ 2 の建築物の隅柱又はこれに準ずる柱は、通し柱又は同等以上の耐力を持つよう補強する。

⑤柱の有効細長比（断面最小二次率半径に対する座屈長さの比）は 150 以下とする。

はり等の横架材　≫令第 44 条

はり、桁などの中央部附近下側には、耐力上支障のある欠き込みをしてはならない。

筋かい　≫令第 45 条

筋かいは水平力に抵抗するために重要な部位であり、次のような規定が定められている。

①引張り力を負担する筋かい：1.5cm以上 ×9cm以上の木材、径 9mm以上の鉄筋

②圧縮力を負担する筋かい：3cm×9cm以上の木材

③端部：柱、はり等とボルト、かすがい、釘などで緊結。

④欠き込み：たすき掛けで必要な補強をした場合以外は、筋かいには欠き込みをしてはならない。

構造耐力上必要な軸組等　≫令第 46 条

構造耐力上主要な部分（柱、はり、壁等）を木造とした建築物は、全ての方向の水平力に対して安全であるように、各階の張り間及びけた行方向に、壁又は筋かいを入れた軸組をバランス（釣り合い）良く配置すること。ただし、方杖、控柱等がある場合は緩和される。(図 6、表 6)

軸組長さ　≫令第 46 条第 4 項

階数≧ 2、又は延べ面積＞ 50m² の木造建築物の軸組長さは、けた行方向、張り間方向それぞれについて算定する。この算定は、地震力に対する検討の他に風圧力による検討も行い、そのいずれか大きい方の数値による。

地震力に対する計算

その階の軸組み長さ × 倍率（表 2）
（存在壁量）

≧その階の床面積 × 倍率（表 4）
（必要壁量）

風圧力に対する計算

その階の軸組み長さ × 倍率（表 2）
（存在壁量）

≧その階の床上 1.35m を超える部分の見付面積 × 係数（表 3）
（必要壁量）

また、上記の計算によって必要な壁又は筋かい

表1　柱の小径

建築物 ＼ 柱	柱間隔≧10m、又は学校、劇場、映画館、集会場、物品販売店（＞10m²）等の特殊建築物		一般	
	最上階又は平家の柱	その他の階の柱	最上階又は平家の柱	その他の階の柱
土蔵造等の特に重量の重い建築物	$\frac{1}{22}$	$\frac{1}{20}$	$\frac{1}{25}$	$\frac{1}{22}$
屋根を金属板等の軽い材料で葺いた建築物	$\frac{1}{30}$	$\frac{1}{25}$	$\frac{1}{33}$	$\frac{1}{30}$
上記以外（瓦葺等）の建築物	$\frac{1}{25}$	$\frac{1}{22}$	$\frac{1}{30}$	$\frac{1}{28}$

注）「その他の階」とは、2階建のときの1階、3階建のときの2、1階である。

表2　各倍率の値〔令46条の表1〕

①	土塗壁、木ずり等片面打壁	0.5
②	木ずり等両面打壁	1
③	1.5cm以上×9cm以上の木材又は9mm以上の鉄筋の筋かい入り軸組	1（2）
④	3cm以上×9cm以上の木材の筋かい入り軸組	1.5（3）
⑤	4.5cm以上×9cm以上の木材の筋かい入り軸組	2（4）
⑥	9cm以上×9cm以上の木材の筋かい入り軸組	3（5）
⑦	①又は②と③〜⑥の筋かい併用	各々の合計*

注）（　）内は、筋かいをたすきがけに入れた場合。
*⑥のたすきがけ（倍率5）は、他と合計できない。

表3　見付面積に乗ずる係数（単位cm/m²）〔令46条の表3〕

一般区域	50
特定行政庁が指定した強風区域	50〜75の範囲内で特定行政庁が定めた数値

表4　床面積に乗ずる係数（単位cm/m²）〔令46条の表2〕

屋根等の構造 ＼ 地上階段	平家建	2階建		3階建		
		1階	2階	1階	2階	3階
土蔵造又は瓦土葺などの重い屋根	15	33	21	50	39	24
金属板葺、石綿スレート葺などの軽い屋根	11	29	15	46	34	18

注）特定行政庁指定の軟弱地盤地域では表の数値の1.5倍。

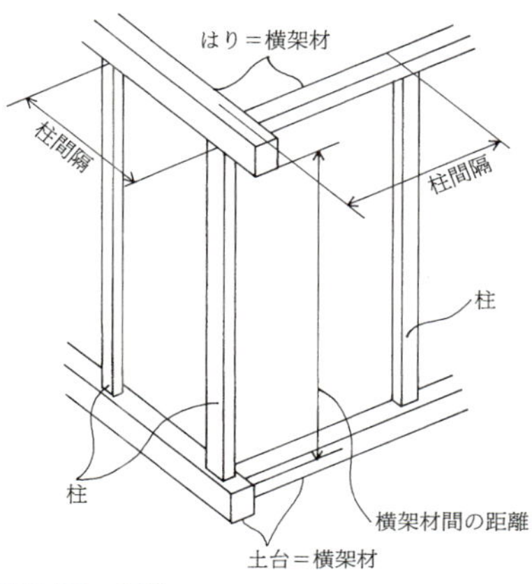

図1　横架材間の距離

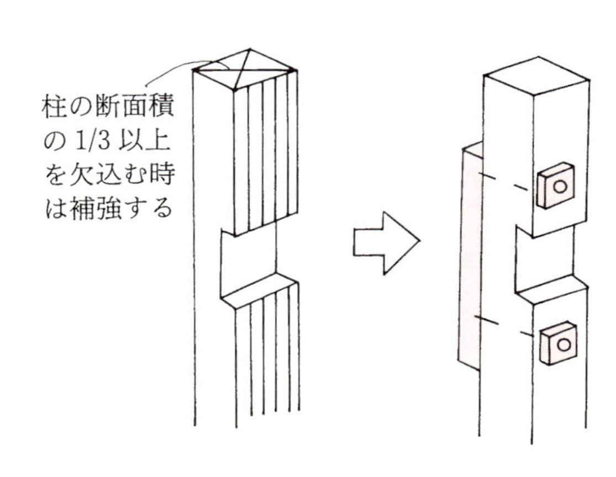

図2　柱の1/3以上を欠き取るときの補強

を入れた軸組の配置について、張り間方向又はけた行方向の両端から 1/4 以内に設けられた壁量の充足率等、国土交通大臣が定める基準（≫平成 12 年告示第 1352 号）に従い、壁、軸組の位置をバランス良く配置する。ただし、令第 82 条の 6 の構造計算で各方向の偏心率が 0.3 以下の場合はバランスの検討は省略できる。

バランスの判定方法（図 3、表 5）

平成 12 年告示第 1352 号に定められている基準に従ってバランスの検討を行うが、各階各方向とも偏心率が 0.3 以下であることを確認した場合には、本計算例によるバランスの検討は省略できる。

①側端部ごとに「存在壁量」と「必要壁量」を独立して計算する。

側端部分：各階の張り間方向にあっては桁行方向の、桁行方向にあっては張り間方向の両端からそれぞれ 1/4 の部分

存在壁量：令第 46 条第 4 項表 1 の数値に「側端部部分」の軸組長さを乗じた数値の和

必要壁量：令第 46 条第 4 項表 2 の数値に「側端部分」の床面積を乗じた数値

②各階の張り間方向及び桁行方向ごとの「壁率比」を求める。

$$壁量充足率 = \frac{側端部分の存在壁量}{側端部分の必要壁量}$$

$$壁率比 = \frac{側端部分で壁量充足率の小さい方}{側端部分で壁量充足率の大きい方}$$

③壁率比≧ 0.5 であることを確かめる。

側端部分の壁量充足率＞ 1.0

どちらかを満足していれば適合である。

外壁内部等の防腐措置　≫令第 49 条

木造の外壁のうち、鉄網モルタル塗など軸組が腐りやすい部分の下地には、防水紙等を使用する。また、構造耐力上主要な部分（柱、筋かい、土台）の地面から 1m 以内の部分は、有効な防腐措置を講じる。

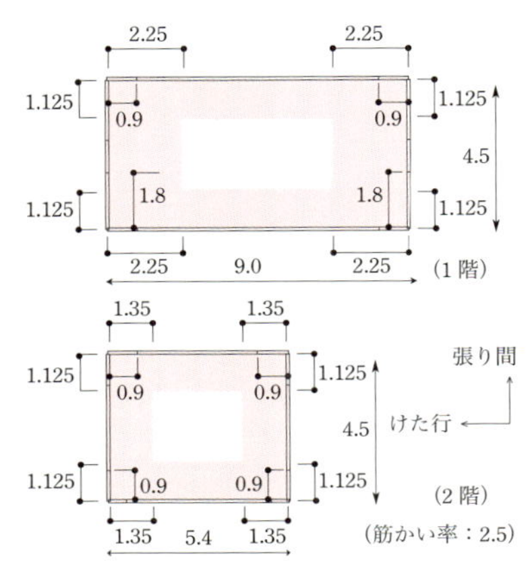

図 3　建物の分割（けた行、張り間方向別に 4 等分）

側端部分の算定（4 等分した数値）

1 階	けた行き方向	4.5m÷4 ＝ 1.125m
	張り間方向	9.0m÷4 ＝ 2.25m
2 階	けた行き方向	4.5m÷4 ＝ 1.125m
	張り間方向	5.4m÷4 ＝ 1.35m

表 5　軸組の設置基準の検討（バランスの判定方法）

	1 階	2 階
存在壁量	けた行方向（上） 0.9 × 2.5 × 2 ＝ 4.5m	0.9 × 2.5 × 2 ＝ 4.5m
	けた行方向（下） 0.9 × 2.5 × 2 ＝ 4.5m	0.9 × 2.5 × 2 ＝ 4.5m
	張間方向（左） 1.8 × 2.5 × 2 ＝ 9.0m	0.9 × 2.5 × 2 ＝ 4.5m
	張間方向（右） 1.8 × 2.5 × 2 ＝ 9.0m	0.9 × 2.5 × 2 ＝ 4.5m
	1 階	2 階
必要壁量	けた行方向（上） 9.0 × 1.125 × 33 ＝ 3.34m	5.4 × 1.125 × 21 ＝ 1.27m
	けた行方向（下） 9.0 × 1.125 × 33 ＝ 3.34m	5.4 × 1.125 × 21 ＝ 1.27m
	張間方向（左） 4.5 × 2.25 × 33 ＝ 3.34m	4.5 × 1.35 × 21 ＝ 1.27m
	張間方向（右） 4.5 × 2.25 × 15 ※＝ 1.51m ※当該部分が平屋のため（表 4 より階数が 1）	4.5 × 1.35 × 21 ＝ 1.27m
	1 階	2 階
壁量充足率	けた行方向（上） 4.5/3.34 × 1.34 ＞ 1.0（OK）	4.5/1.27 ＝ 3.54 ＞ 1.0 (OK)
	けた行方向（下） 4.5/3.34 × 1.34 ＞ 1.0（OK）	4.5/1.27 ＝ 3.54 ＞ 1.0 (OK)
	張間（左） 9.0/3.34 ＝ 2.69 ＞ 1.0（OK）	4.5/1.27 ＝ 3.54 ＞ 1.0 (OK)
	張間（右） 9.0/1.51 ＝ 5.96 ＞ 1.0（OK）	4.5/1.27 ＝ 3.54 ＞ 1.0 (OK)
	備考：存在壁量／必要壁量	

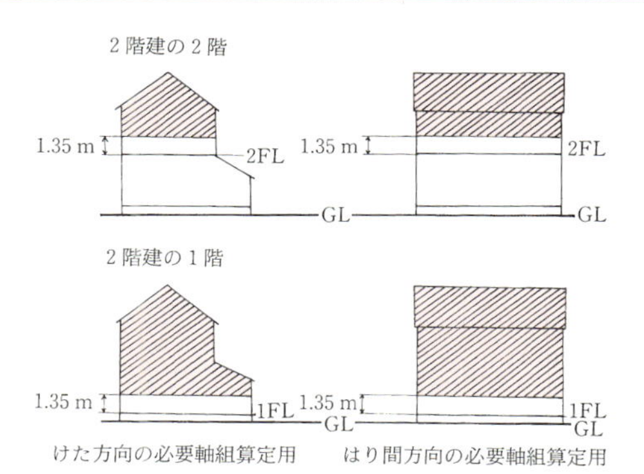

図4　見付面積の算定

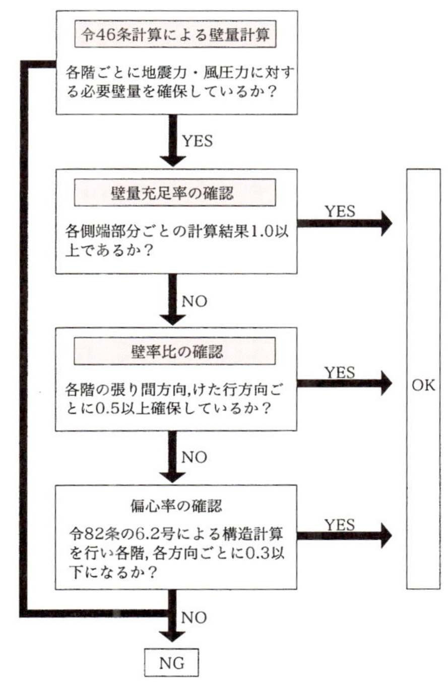

図5　軸組計算フローチャート

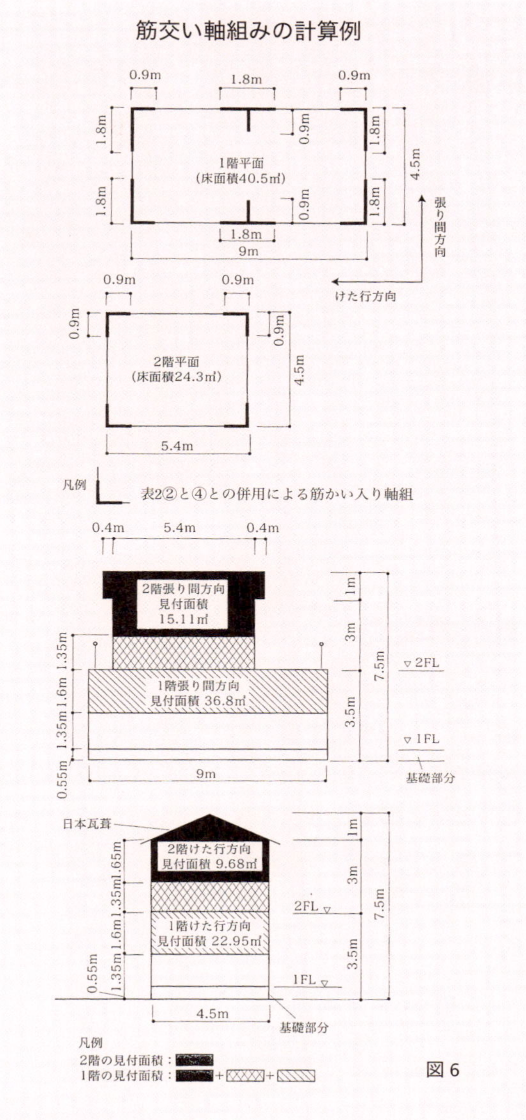

図6

床面積の算定

2階：24.3m² 1階：40.5m²

見付面積の算定

張り間方向

2階　$1.0\times(5.4+0.8)+(3.0-1.35)\times5.4=6.2+8.91=15.11m^2$

1階　$15.11m^2+1.35\times5.4+(3.5-1.35-0.55)\times9=15.11+7.29+14.4=36.8m^2$

けた行方向

2階　$1.65\times4.5+1.0\times1/2\times4.5=7.425+2.25=9.68m^2$

1階　$9.68m^2+(1.35+1.60)\times4.5=9.68+13.27=22.95m^2$

表6		① 表2による 軸組の長さの計算	② 表4による 地震力に対する 軸組の必要長さ	③ 表3による 風圧力に対する 軸組の必要長さ
張り間方向	2階	0.9 × 4 × 2.5 = 9.0m	24.3 × 21 = 510.3cm = 5.10m	15.11 × 50 = 755.5cm = 7.56m
	1階	(0.9 × 2 + 1.8 × 4) × 2.5 = 22.5m	40.5 × 33 = 1336.5cm = 13.37m	36.8 × 50 = 1840cm = 18.40m
けた行方向	2階	0.9 × 4 × 2.5 = 9.0m	24.3 × 21 = 510.3cm = 5.10m	9.68 × 50 = 484cm = 4.84m
	1階	(0.9 × 4 + 1.8 × 2) × 2.5 = 18.0m	40.5 × 33 = 1336.5cm = 13.37m	22.95 × 50 = 1147.5cm = 11.48m

注）②かつ③より①の方が大きいので、この建築物は構造上安全な軸組である。

平家で壁厚が壁高の 1/10 以上、壁長が 5m 以下は臥梁が不要

コンクリートブロック造の壁

適用の範囲

»令第 51 条

れんが造、石造、コンクリートブロック造等の組積造（補強コンクリートブロック造を除く）の建築物及び木造等と併用する建築物の組積造の構造部分に適用する。ただし、高さが 13m 以下かつ軒の高さが 9m 以下の建築物の部分で、鉄筋、鉄骨又はコンクリートによって補強され、告示（»平成 12 年告示第 1353 号）に従った構造計算により安全であることが確かめられたものには適用しない。しかし、高さが 13m 以下又は軒の高さが 9m を超える場合は、構造計算が必要であるので、令第 59 条の 2 の補強の規定のみが適用となる（»平成 12 年告示第 1354 号）。

また、高さが 4m 以下で、かつ、延べ面積が 20m 以内の建築物については、壁の厚さ及び臥梁の規定は適用しない。

構造耐力上主要な部分でない間仕切壁で高さが 2m 以下のものについては、組積造の施工の規定及び各階の壁の厚さは、その上にある壁の厚さより薄くしてはならないという規定のみ適用する。

壁の長さ・厚さ

»令第 54 条、第 55 条

組積造の壁の長さは、10m 以下とする。壁の厚さは、階数及び壁の長さに応じて、右表の数値以上とする。間仕切壁の厚さは、20cm 以下としてはならない。また、各階の壁の厚さは、上階の壁より薄くしてはならない。

臥梁

»令第 56 条

組積造の壁には、その各階の壁頂に鉄骨造又は鉄筋コンクリート造の臥梁を設ける。ただし、壁頂に鉄筋コンクリート造の屋根版、床版等が接着する場合、又は、階数が 1 で壁厚が壁の高さの 1/10 以上、もしくは、壁の長さが 5m 以下の場合は必要ない。

なお、組積造にはこの他に窓、出入口等の開口部に関する規定（»令第 57 条）及び組積造の塀に関する規定（»令第 61 条）などがある。また、構造耐力上主要な部分又は 2m を超える組積造は、木造の構造部で支えてはならない。（»令第 62 条）

表　組積造に関する規定〔令 51 条～令 62 条〕

<table>
<tr><td>施工
〔令 52 条〕</td><td>●材料は十分水洗いをし、目地全部にモルタルを行きわたらせる。
●セメントモルタルは、セメント 1：砂 3 の容積比以上、石灰入りセメントモルタルは、セメント 1：石灰 2：砂 5 の容積比以上の強度をもつもの。
●芋目地は禁止。</td></tr>
<tr><td>壁の長さ
〔令 54 条〕</td><td>●長さ（対隣壁相互の中心距離をいう）は 10m 以下、壁の厚さは次に示す。</td></tr>
<tr><td>壁の厚さ
〔令 55 条〕</td><td>●壁の厚さ
<table>
<tr><th>壁の長さ
種類</th><th>5m 以下の場合</th><th>5m を超える場合</th></tr>
<tr><td>階数≧ 2 の建築物</td><td>≧ 30cm かつ壁高 /15
（> 20cm　〃　）</td><td>≧ 40cm かつ壁高 /15
（> 30cm　〃　）</td></tr>
<tr><td>平家建の建築物</td><td>≧ 20cm かつ壁高 /15
（> 20cm　〃　）</td><td>≧ 30cm かつ壁高 /15
（> 20cm　〃　）</td></tr>
</table>
注）（　）内は間仕切壁の場合を示す。

●各階の壁の厚さは、その上階にあるものより、薄くできない。</td></tr>
<tr><td>がりょう
〔令 56 条〕</td><td>●各階の壁頂には、鉄骨造または鉄筋コンクリート造のがりょうを設ける（壁頂には鉄筋コンクリート造の屋根版・床版等がある場合、平屋建で壁の厚さ≧壁高 /10 の場合、壁長≦ 5m の場合は除く）。</td></tr>
<tr><td>開口部
〔令 57 条〕</td><td>●対隣壁内の開口部幅の総和≦その壁長× 1/2
●各階における開口部幅の総和≦その階の壁長× 1/3
●上下開口部の垂直距離≧ 60cm
●開口部相互間・開口部と対隣壁の水平距離≧壁厚× 2
●開口部幅＞ 1m のときには、鉄筋コンクリート造のまぐさを設ける。
●はね出し窓・はね出し縁は、鉄骨または鉄筋コンクリートで補強する。</td></tr>
<tr><td>へい
〔令 61 条〕</td><td>●高さ≦ 1.2m
●壁厚≧壁の部分から壁頂までの垂直距離× 1/10
●長さ≦ 4m ごとに、壁厚の 1.5 倍以上突き出した控壁を設ける（壁厚が前行の壁厚の 1.5 倍以上ある場合は除く）。
●基礎根入れの深さ≧ 20cm</td></tr>
<tr><td>その他</td><td>●壁のみぞ〔令 58 条〕
●鉄骨組積造〔令 59 条〕
●補強を要する組積造〔令 59 条の 2〕
●手すり・手すり壁〔令 60 条〕
●構造耐力上、主要な部分等のささえ〔令 62 条〕</td></tr>
</table>

注）高さ 4m 以下で、かつ、延べ面積が 20m² 以内の建築物、又は、一部の間仕切壁では壁厚等の一部が緩和されている。

組積材は芋目地ができないように組積しなければならない（令第52条第4項）

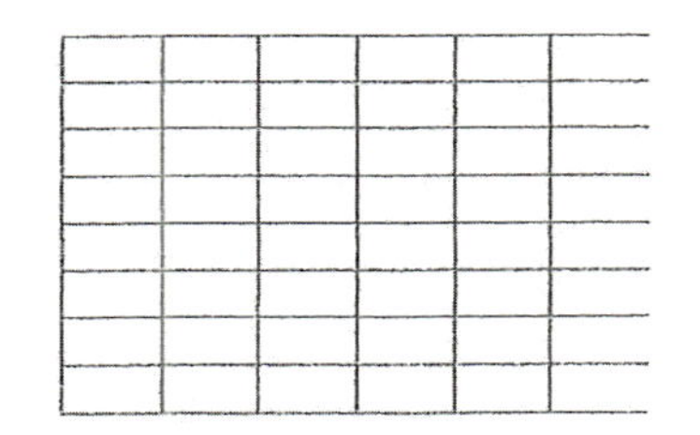

芋目地

一般的な積み方（破れ目地）

図　組積造では芋目地は禁止されている

平家で壁頂に RC 造の屋根版が接着する場合、臥梁は不要

補強コンクリートブロック造の倉庫

耐力壁

≫令第 62 条の 4

①各階の耐力壁の中心線で囲まれた部分の水平投影面積は、60m² 以下とする。
②各階の張り間方向、桁行の耐力壁の長さは、床面積 1m² につき 15cm 以上とする。
③耐力壁の厚さは 15cm 以上で、耐力壁に作用する直角方向の支点間距離の 1/50 以上とする。
④その他配筋について規定がある。(右表)

臥梁

≫令第 62 条の 5

①耐力壁の壁頂には、鉄筋コンクリート造の臥梁を設ける。ただし、階数が 1 の建築物で、壁頂に鉄筋コンクリート造の屋根版が接着する場合にはその必要はない。
②臥梁の有効幅は、20cm 以上で、かつ、耐力壁の支点間距離の 1/20 以上とする。

目地と空洞部

≫令第 62 条の 6

①コンクリートブロックは、目地塗面の全部にモルタルが行きわたるようにし、鉄筋を入れた空洞部及び縦目地に接する空洞部は、モルタル又はコンクリートで埋める。
②耐力壁、門、塀の縦筋は溶接その他これと同等以上の強度を有する接合の場合を除き、コンクリートブロックの空洞部で継いではならない。なお、これは縦筋のみの制限で、横筋は空洞部で継いでもよい。

塀

≫令第 62 条の 8

高さは 2.2m 以下とし、壁厚は 15cm 以上（高さ 2m 以下の塀では 10cm 以上）とする。壁頂及び基礎には横に、壁の端部及び隅角部には縦に、径 9mm 以上の鉄筋を入れ、壁内には径 9mm 以上の鉄筋を縦横に 80cm 以下の間隔で入れる。

壁の長さは 3.4m 以下ごとに、壁面から高さの 1/5 以上突出した控え壁（径 9mm 以上の鉄筋を入れたもの）を設ける。鉄筋は、原則として、かぎ掛けする。基礎の丈は 35cm 以上とし、根入れの深さは 30cm 以上とする。

注）これらの仕様規定は、告示（≫平成 12 年告示第 1355 号）に従った構造計算をすることにより緩和される。

表　補強コンクリートブロック造に関する規定〔令62条の2～令62条の8〕

耐力壁 〔令62条の4〕	図より ●面積 $A = XY \leqq 60\text{m}^2$ 壁　量 $\begin{cases} \Sigma X/A = \dfrac{x_1+x_2+x_3+x_4}{A} \geqq 15\text{cm/m}^2 \\ \Sigma Y/A = \dfrac{y_1+y_2+y_3+y_4}{A} \geqq 15\text{cm/m}^2 \end{cases}$ 壁の厚さ $\begin{cases} t_1 \geqq X/50 \text{ かつ } t_1 \geqq 15(\text{cm}) \\ t_2 \leqq Y/50 \text{ かつ } t_2 \geqq 15(\text{cm}) \end{cases}$ ●端部・隅角部は、12 φの鉄筋をタテに配置する。 ●一般部は、9 φ以上の鉄筋をタテ・ヨコ80cm以内間隔に配置する。 ●タテ筋は両端部をカギ状に折り曲げ、鉄筋径の40倍以上を、基礎ばり・がりょう等に定着する。 ●ヨコ筋は末端部をカギ状に折り曲げ、その継手・定着長さは25倍以上とする（溶接する場合を除く）。 （図：x_1, x_2, x_3, x_4, y_1, y_2, y_3, y_4, t_1, t_2, X, Y, 耐力壁, 面積 $A=XY$, y 方向, x 方向）
臥梁 〔令62条の5〕	●耐力壁の各階の壁頂には、鉄筋コンクリート造のがりょうを設ける（平屋建で鉄筋コンクリート造屋根板がある場合を除く）。 ●有効幅20cm以下かつ対隣壁の中心間距離× 1/20
塀 〔令62条の8〕	●高さ≦ 2.2m ●厚さ≧ 15cm（高さ2m以下のものは厚さ≧ 10cm） ●壁頂・基礎にはヨコに、壁の端部・隅角部にはタテに9 φ以上の鉄筋を配置する。 ●壁内には9φ以上の鉄筋をタテ・ヨコ80cm以下の間隔に配置する（鉄筋の末端はカギ状に折り曲げ、カギかけして定着する）。 ●長さ≦ 3.4mごとに、基礎の部分で高さの1/5以上突き出した控壁を設ける。この控壁には9φ以上の鉄筋を配置する。 ●基礎のたけ≧ 35cm　根入れの深さ≧ 30cm

注1）コンクリートブロックは、その目地塗面全部にモルタルをつめ、鉄筋を入れた空胴部・タテ目地に接する空胴部は、モルタル等で埋める〔令62条の6〕。
注2）耐力壁・門・へいのタテ筋は、コンクリートブロック空胴部内で継がない（溶接する場合を除く）〔令62条の6〕。
注3）帳壁は鉄筋で、木造・組積造以外の主要構造物に緊結する（補強コンクリートブロックを除く）〔令62条の7〕。
注4）高さ4m以下かつ延べ面積20m²以内の建造物・帳壁については一部緩和されている〔令62条の2〕。

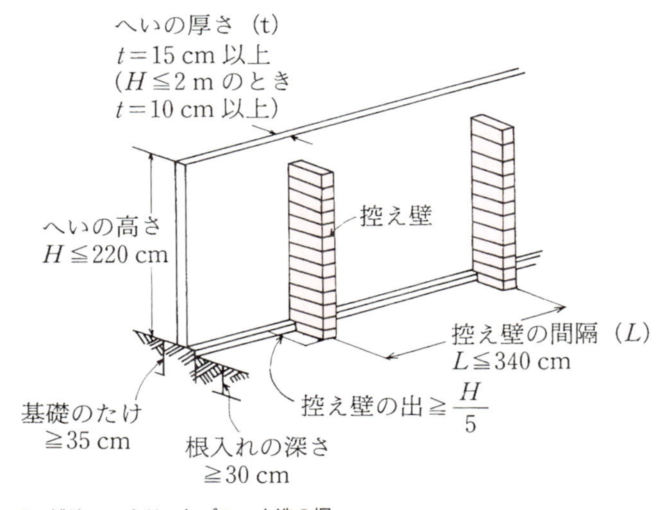

図　補強コンクリートブロック造の塀

鉄骨造の柱の有効細長比は 200 以下

S造（鉄骨造）の工事現場

材料

»令第 64 条

構造耐力上主要な部分に使用する材料は炭素鋼、ステンレス鋼又は鋳鉄とする。圧縮応力又は接触応力以外の応力の存在する部分には使用しない。

圧縮材の有効細長比

»令第 65 条

柱は 200 以下、柱以外は 250 以下とする。

柱の柱脚

»令第 66 条

柱脚は、滑節構造の場合を除き、告示（»平成 12 年告示第 1456 号）に従ったアンカーボルトによる緊結その他の構造方法により基礎に緊結する（右図）。

接合

»令第 67 条

炭素鋼は高力ボルト、溶接、リベット又は大臣の認定を受けた接合方法、ステンレス鋼は高力ボルト、溶接又は大臣の認定を受けた接合方法を原則とする。ただし、軒の高さが 9m 以下で、かつ、張り間が 13m 以下の建築物で、延べ面積が $3000m^2$ を超えないものは、ボルトが緩まないようにコンクリートで埋め込む場合、ナットの部分を溶接又はナットを 2 重に使用する場合等は、ボルト接合とすることができる。

高力ボルト、ボルト、リベット

»令第 68 条

①高力ボルト、ボルト、リベット相互の中心距離：2.5d 以上（d はボルト等の径）
②高力ボルトの孔の径：d + 2mm 以下（$d \geqq$ 27mm で構造上支障がないとき、d + 3mm 以下）
③ボルトの孔の径：d + 1mm 以下（$d \geqq$ 20mm で構造上支障ないとき、d + 1.5mm 以下）
④リベットは、リベット孔に充分埋まるように打つ。

柱の防火被覆

»令第 70 条

地階を除く階数が 3 以上の建築物（主要構造部を耐火構造又は準耐火構造とした建築物は除く）では、一つの柱の火災による耐力低下で建築物全体が倒壊するおそれがあるときは、火災による火熱に対して 30 分間変形等が生じない構造として、大臣が定めた構造方法（»平成 12 年告示第 1356 号）を用いるもの又は認定を受けたものとする。

表　S造（鉄骨造）に関する規定〔令63条～令70条〕

柱 〔令65条、66条〕	●有効細長比λ≦200（柱以外の圧縮材はλ≦250） ●柱の脚部は、原則として基礎にアンカーボルトで緊結。 ●階数≧3（地階を除く）の建築物の1の柱が火熱で耐力低下し倒壊のおそれがある場合として、通常の火熱が加えられた場合、加熱開始後30分間構造耐力上支障のある変形・溶融・破壊等の損傷を生じないものとする〔平成12年告示1356号〕〔令70条〕。
接合等 〔令67条、68条〕	●原則として、高力ボルト接合・リベットまたは溶接による。（接合される鋼材がステンレス鋼の場合は、高力ボルト接合又は溶接による。） ●ボルト接合を使用できる建物の規模 ・軒高≦9mで、張り間≦13m、かつ延べ面積≦3000m² 　なお、ボルトはコンクリートで埋め込む、ナット部分は接合する、二重ナットを使用する、のいずれかによること。 ●主要な継手・仕口は、その部分の存在応力を伝える構造（国土交通大臣が定めた構造方法による）とする。 ●高力ボルト・リベット・ボルトの中心距離≧その径の2.5倍。 ●リベットはリベット孔に、十分埋まるように打つ。 ●高力ボルト孔径は、高力ボルト径より2mmを超えて大きくしない（高力ボルト径≧27mmかつ耐力上支障がない場合は、3mmまで大きくできる）。 ●ボルトの孔径は、ボルトの径より1mm以上大きくしない（ボルト径≧20mmかつ耐力上支障がない場合は、1.5mmまで大きくできる）。
斜材・壁 〔令69条〕	●軸組・床板・小屋ばり組には、形鋼・棒鋼・ケーブル（構造用）の斜材又は鉄筋コンクリート造の壁・屋根版・床版をつりあいよく配置する（全ての方向の水平力に対して安全であるように、構造計算によって、その安全を確かめた場合を除く）。

注）構造耐力上主要な部分の材料は、鋼材（炭素鋼若しくはステンレス鋼）又は鋳鉄としなければならない〔令64条1項〕。

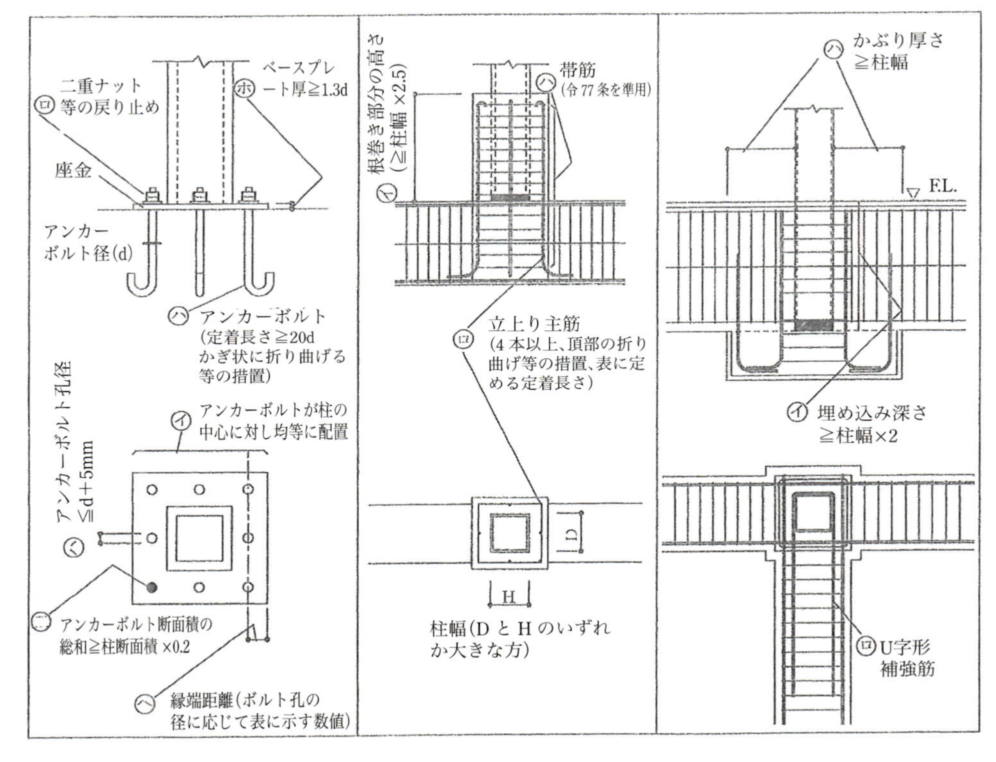

図　告示1456号による柱脚部の構造方法（国土交通省資料）

52 RC造・SRC造

RC造では引張力を鉄筋が、圧縮力をコンクリートが負担する

RC造のマンション

RC造（鉄筋コンクリート造）

鉄筋の継手と定着 »令第73条

鉄筋の末端はかぎ状に折り曲げて、コンクリートから抜け出ないようにする。ただし、異形鉄筋では、柱、はり（基礎ばりを除く）の出隅部分、煙突の部分を除きかぎ状に折り曲げなくてもよい。

主筋又は耐力壁の鉄筋の継手長さは、引張りの最も小さい部分に設けるときは、径の25（30）倍以上とする。その他の部分に設けるときは、40（50）倍以上とする。（ ）は、軽量コンクリートの場合。このような重ね継手によらない場合の継手の構造方法が、告示（»平成12年告示第1463号）において定められている。また、柱に取り付ける梁の引張り鉄筋は、柱の主筋に溶接する場合を除き、柱に定着する部分の長さを、その径の40倍以上とする。

コンクリートの強度 »令第74条

コンクリートの4週圧縮強度は1mm²につき12（9）N以上とする。（ ）は軽量コンクリートの場合。設計強度との関係において、告示（»昭和56年告示第1102号）に適合するものとする。

コンクリートの養生 »令第75条

コンクリート打ち込み後5日間は、コンクリートの温度が2度を下回らないようにする。

型枠及び支柱の除去 »令第76条

型枠及び支柱は自重等によって、変形、ひび割れなどのおそれのない強度になるまで取り外さない。この基準は、告示（»昭和46年告示第110号）に定められている。

この他に各部位の構造規定として、柱の構造（»令第77条）、床版の構造（»令第78条）、梁の構造（»令第78条）、耐力壁（»令第78条の2）等がある。

鉄筋のかぶり厚さ（»令第79条）

部位別に必要なかぶり厚さが決められている。耐力壁以外の壁や床は2cm以上、耐力壁や柱、梁では3cm以上、直接土に接する壁、柱、床、梁及び布基礎の立ち上がり部分では4cm以上、基礎では捨てコンクリートの部分を除いて6cm以上とする。

SRC造（鉄骨鉄筋コンクリート造）

»令第79条の2～令第79条の4

鉄骨に対するコンクリートのかぶり厚さは5cm以上と定められているが、その他の規定としては、概ね鉄骨造、鉄筋コンクリート造の基準が準用される。

表　RC 造（鉄筋コンクリート造）に関する規定〔令 71 条〜令 79 条〕

<table>
<tr><td>壁わく・支柱
〔令 76 条〕</td><td>●コンクリートの型わく・支柱は、コンクリート自重、施工中の荷重によって著しい変形、ひび割れなどの損傷を受けない強度になるまで、取りはずさない。</td></tr>
<tr><td>コンクリート
〔令 72 条、74 条、75 条〕</td><td>●骨材・水・混和材は、鉄筋を錆びさせたり、コンクリートの凝結・硬化を妨げるような酸・塩・有機物・泥土を含まない。
●骨材は鉄筋相互間・鉄筋とせき板間を通る大きさとし、必要な強度・耐久性及び耐火性を有する。
● 4 週圧縮強度は、12N/mm^2（軽量骨材を使用するときは 9N/mm^2）以上とする（強度試験は日本工業規格による）。
●打ち上がりが、均質・密実になり、かつ必要な強度が得られるように調合を定める。
●養生は、打ち込み後 5 日間はコンクリート温度が 2℃ を下らないようにし、乾燥・震動等によってコンクリートの凝結・硬化を妨げないようにする。</td></tr>
<tr><td>鉄筋
〔令 73 条〕</td><td>●末端はカギ状に折り曲げ、コンクリートに十分定着させる（異形鉄筋は柱・はりの出すみ部分・煙突の末端を除いて折り曲げなくてもよい）。
●主筋又は耐力壁の鉄筋の継手は引張応力の小さい場所に設ける。
●重ね長さは引張力の最も小さい部分に設ける場合は主筋などの径 25 倍以上、引張応力が最も小さい部分以外に設ける場合は 40 倍以上、柱の定着長さは主筋の 40 倍以上とする（軽量コンクリートの場合は 25 倍を 30 倍、40 倍を 50 倍とする、下図参照）。
●コンクリートのかぶり厚は、次表を参照〔令 79 条〕。
<table>
<tr><th>部分</th><th>床・壁</th><th>柱・はり・耐力壁</th><th>土に接する
柱・はり・床・壁</th><th>基礎</th></tr>
<tr><td>かぶり厚さ（cm）</td><td>≧ 2</td><td>≧ 3</td><td>≧ 4</td><td>≧ 6
（捨てコンを除く）</td></tr>
</table></td></tr>
<tr><td>はり
〔令 78 条〕</td><td>●主要なはりは、複筋ばりとする。
●あばら筋は、はりたけの 3/4 以下（がりょうは 30cm 以下）の間隔に配置する。</td></tr>
<tr><td>柱
〔令 77 条〕</td><td>●帯筋の径≧ 6mm、間隔≦ 15cm（柱に接着するはりなどの横架材の上方・下方に柱の小径の 2 倍の範囲は 10cm 以下）で、最も細い主筋径の 15 倍以下とする。
●主筋≧ 4 本、帯筋と緊結する。
●柱の小径≧主要支点間距離× 1/15（構造計算によって、安全が確かめられた場合を除く）。
●主筋の断面積の和≧コンクリート断面積× 0.8%。
●帯筋比は 0.2%以上。
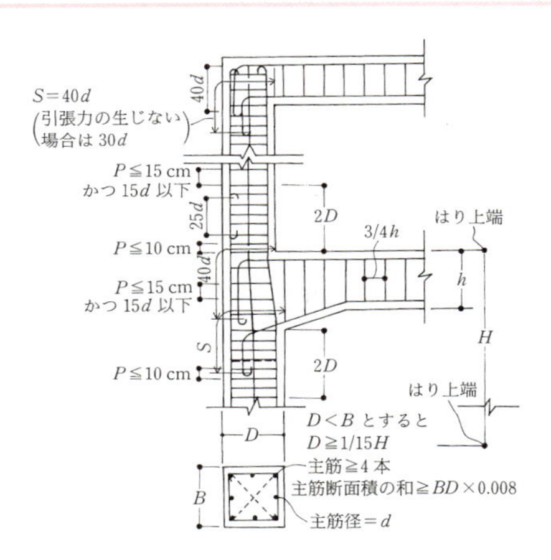
</td></tr>
<tr><td>床板
〔令 77 条の 2〕</td><td>●厚さ≧ 8cm、かつ有効短辺長さの 1/40 以上。
●引張筋の間隔は、短辺方向≦ 20cm、長辺方向≦ 30cm で、かつ床板の厚さの 3 倍以下とする。
●プレキャスト床板は周囲のはりなどとの接合に注意する。</td></tr>
<tr><td>耐力壁
〔令 78 条の 2〕</td><td>①耐力壁
厚さ≧ 12cm、開口補強筋≧ 12mm φ。壁筋≧ 9mm φをタテ・ヨコ≦ 30cm（複筋の場合≦ 45cm）。
②壁式構造の耐力壁
①によるほか、長さ≧ 45cm。端部、隅角部に 12mm φ以上のタテ筋を配置する。頂部および脚部は壁ばりに緊結する。</td></tr>
</table>

注）高さ 4m 以下で延べ面積 30m^2 以内の建築物、高さ 3m 以下のへいは一部緩和される〔令 71 条〕。

COLUMN

単体規定は建物利用者の生命・健康・財産を保護するための「最低基準」

単体規定の狙い

単体規定は、建物利用者の視点から定められ、個々の建築物単体を規制する手法である。

その趣旨は、衛生上・防火上・避難上の見地から要求される性能を満たすことを通じて、建物利用者等の生命、健康及び財産の保護を図ることである。

単体規定は建築基準法第２章に定められており、これらは全国一律に適用される個々の建築物の安全・快適を図るための規定であり、その技術的な基準は政令及び告示に委任されている。

その内容には、安全に関して構造耐力や構造仕様、災害時の避難（避難経路・避難階段他）、防災救助用設備（防火区画・排煙設備・非常用進入口・非常用の照明他）等の規定があり、非常に多岐にわたっている。

また、単体規定の形態も、定量的で構造方法を指定するもの等であり、主観や裁量性が入り込む余地が極めて少ない表現形式で構成されている。

建築基準法は「最低基準」を定めた法律

建築物は、国家、社会、集団の資産を形成する基本的な生活基盤としての性格を有しており、そのものの災害等に対する安全性の確保、質の向上を図っていくことは、国民の生命、健康及び財産の保護、公共の福祉の増進に資するために大変重要なことである。 こうした観点より、建築基準法においては、建築物が単体として具備すべき構造、防火、避難、衛生等に関する技術基準、集団としての建築物の秩序を確保する用途、密度、形態等に関する基準、これらの基準の実効性を担保するために、いろいろな制度や手続等に関する規定が設けられている。

また、建築基準法に定められている技術基準としての建築物の安全性は、社会通念上是認される最低限の安全性である。しかし、安全性の水準は、社会経済の進展や、技術イノベーションにより、変化している。よって、建築主、設計者、監理者、施工者等は、それぞれ可能な範囲で、建築物の質の向上を図ることが望まれる。

第４章

建築基準法のその他の規定・関連法規

53　工事現場の安全

工事現場における確認済の表示及び設計図書の常備義務

鉄骨工事の現場

工事現場における確認の表示等

»法第89条、規則第11条

工事施工者は建築工事現場の見やすい場所に、規則第11条に定める様式により、建築主、設計者、工事施工者、現場管理者の氏名等及び当該工事に係る確認処分があった旨の表示をしなければならない。また、工事施工者は当該工事に係る設計図書を当該工事現場に常備しておかなければならない。

工事現場の危害の防止

»法第90条

建築物の建築、修繕、模様替又は除却のための工事施工者が危険防止を行うための必要な措置について規定されている。これらの技術的基準については政令（»令第136条の2の20～第136条の8）で規定されている。なお、この規定について違反があった場合は、特定行政庁により是正等の措置がとられる。

工事中の特殊建築物等の使用制限

»法第90条の2

工事中の特殊建築物等（»法第6条第1項第1号～第3号までの建築物）が著しく安全上、防火上、避難上支障があると認める場合においては、特定行政庁は建築物の所有者等に対して、使用禁止などの必要な措置を命ずることができる。

工事中の建築物の安全上の措置等に関する計画の届出

»法第90条の3、令第147条の2、規則第11条の2

別表第1（い）欄（1）項、（2）項、（4）項の建築物及び地下の工作物内に設ける建築物の新築工事で、一定規模を超えるもの、又はこれらの建築物に係る避難施設等に関する工事の施行中に、当該建築物を使用する場合には、建築主は施工中の建築物の安全上、防火上、避難上の措置に関する計画書を作成して特定行政庁に提出する。

表　工事中における安全措置に関する届出

	用途	規模
①	物品販売店（百貨店、マーケット等）、展示場	3階以上又は地階におけるその用途に供する部分の床面積の合計が1500m² を超えるもの
②	病院、診療所（患者の収容施設があるものに限る）、児童福祉施設等	5階以上におけるその用途に供する部分の床面積の合計が1500m² を超えるもの
③	劇場、映画館、演芸場、公会堂、集会場、ホテル、旅館、キャバレー、カフェー、ナイトクラブ、バー、ダンスホール、遊技場、公衆浴場、待合、料理店、飲食店又は①②の用途	5階以上又は地階におけるその用途に供する部分の床面積の合計が2000m² を超えるもの
④	地下の工作物内に設ける建築物	居室の床面積の合計が1500m² を超えるもの

54　仮設建築物・簡易な構造の建築物・工作物

一般的な建築物以外の建築物に対する特例

仮設建築物の緩和 »法第85条、令第147条

建築基準法は基本的には恒久建築物を対象としているのに対して、仮設建築物については、一時的に使用する建築物であることから、建築基準法の規定をそのまま適用するのは合理的でないので、その内容に応じて一部の規定の適用が除外されている。緩和の対象となる仮設建築物には、災害時の応急の仮設建築物、工事現場用の仮設事務所、材料等の資材置き場の下小屋等のほか、一時的に使用する興行場・博覧会場、建替え工事のための仮設店舗等がある。博覧会等及び仮設店舗については、特定行政庁の許可を受ける必要がある。（表1）

簡易な構造の建築物

»法第84条の2、令第136条の9～11

壁のない自動車車庫や、屋根を帆布としたスポーツ練習場等のような簡易な構造の建築物に建築基準法の一般規定を適用することは必ずしも合理的ではないため、主として防火関係の制限を緩和する。

簡易な構造の建築物には、壁のない**開放簡易的簡易建築物**と、屋根及び壁を帆布などの材料で造られた**膜構造建築物**の2種類がある。

これらの建築物については、防火・準防火地域、その他の区域、建築物の用途、主要構造部の構造・材料などによって、主に防火上の規定が緩和される。（»平成5年告示第1427号開放的簡易建築物基準）

開放的簡易建築物

壁を設けない建築物その他国土交通大臣が高い開放性があると認めて指定する構造の建築物で、階数が1、床面積≦3000m²以下のもので、間仕切壁を設けない次のもの

①自動車車庫
②スケート場、水泳場、スポーツ練習場等
③不燃性物品保管庫等火災の発生のおそれの少な

表1　仮設建築物に対する制限の緩和

仮設の種類		適用しない規定	存続期間	手続
非常災害	国、地方公共団体、日本赤十字社が災害援助のため建築するもの 被災者自家用（≦30m²）	全規定 （ただし防火地域内は除く）	3月以内→不要 2年以内の存続→要許可	
一般災害	応急仮設 （停車場、郵便局、官公署等公益上必要な建築物）	1章の手続き関係 2章の単体規定の一部 （採光、換気等は適用） 3章の全規定＊	同上	
工事用	工事現場用仮設 （事務所 下小屋 材料置場等）		工事施工のため必要な期間	不要
一般仮設	特定期間の興行用 （仮設興行場 博覧会用 建築物）	1章の定期報告規定 2章の単体規定の一部 （採光、換気、避難等は適用） 3章の規定のうち美観地区を除く全規定	1年以内	要｛許可 確認
	建て替え工事のための仮設 （仮設事務所 仮設店舗　等）		特定行政庁が必要と認める期間	

注）防火、準防火地域内で50m²を超えるものは、法63条を適用する（屋根：不燃材料）。

表2　仮設建築物の適用範囲

<table>
<tr><th colspan="2">区分</th><th>Ⅰ号</th><th>Ⅱ号</th><th>Ⅲ号</th><th>Ⅳ号</th></tr>
<tr><td colspan="2">対象となる仮設建築物</td><td>法第85条第1項（防火地域以外で特定行政庁が指定する区域内で1か月以内に着手）
・第1号
国、地方公共団体、日本赤十字社が災害救助のために建築する応急仮設建築物
・第2号
被災者自ら使用するために建築する応急仮設建築物（30m²以内）</td><td>法第85条第2項前段災害時の公益上必要な応急仮設建築物</td><td>法第85条第2項後段工事施工のための現場事務所、材料置場等の仮設建築物</td><td>法第85条第5項仮設興行場、博覧会建築物、仮設店舗、その他これらに類する仮設建築物</td></tr>
<tr><td colspan="2">設置期間</td><td>建築完了後
3ケ月
許可→2年以内</td><td>3ケ月
許可→2年以内</td><td>工事に要する期間</td><td>1年以内
許可→工事の間これに代える建物はその工事期間</td></tr>
<tr><td colspan="2">許可の要否</td><td>不要
3ケ月を超える時、要</td><td>不要
3ケ月を超える時、要</td><td>不要</td><td>要</td></tr>
<tr><td colspan="2">確認の要否（法第6条）</td><td>不要</td><td>不要</td><td>不要</td><td>要</td></tr>
<tr><td rowspan="4">第一章</td><td>法第7条の6
建築物に関する検査と使用承認</td><td rowspan="31">緩和
（構造規定を含めて法が全て適用されない）</td><td colspan="2">緩和</td><td></td></tr>
<tr><td>法第12条第1項～3項　定期報告</td><td colspan="2">緩和</td><td>緩和</td></tr>
<tr><td>法第15条　届出及び統計</td><td colspan="2">緩和</td><td></td></tr>
<tr><td>法第18条　計画通知関係</td><td colspan="2">緩和（第23項は適用）</td><td></td></tr>
<tr><td rowspan="22">第二章</td><td>法第19条　敷地の衛生安全</td><td colspan="2">緩和</td><td></td></tr>
<tr><td>法第21条　大規模建築物
法第22条　構造屋根
法第23条　外壁</td><td colspan="2">緩和</td><td>緩和</td></tr>
<tr><td>法第24条　木造特建の外壁
法第25条　木造大規模の外壁</td><td colspan="2"></td><td>緩和</td></tr>
<tr><td>法第26条　防火壁</td><td colspan="2">緩和</td><td>緩和</td></tr>
<tr><td>法第27条　耐火建築物にすべき特建</td><td colspan="2"></td><td>緩和</td></tr>
<tr><td>法第31条　便所</td><td colspan="2">緩和</td><td>緩和</td></tr>
<tr><td>法第33条　避雷設備</td><td colspan="2">緩和</td><td></td></tr>
<tr><td>法第34条第2項　昇降機</td><td colspan="2">第2項は緩和</td><td>第2項は緩和</td></tr>
<tr><td>法第35条　特建の避難消火</td><td colspan="2">緩和</td><td></td></tr>
<tr><td>法第35条の2　特建内装</td><td colspan="2"></td><td>緩和</td></tr>
<tr><td>法第35条の3　無窓居室の主要構造部</td><td colspan="2"></td><td>緩和</td></tr>
<tr><td>法第36条の中　令第19条に関する部分</td><td colspan="2">緩和</td><td></td></tr>
<tr><td>〃　令第21条　〃</td><td colspan="2">緩和</td><td></td></tr>
<tr><td>〃　令第26条　〃</td><td colspan="2">緩和</td><td></td></tr>
<tr><td>〃　令第31条　〃</td><td colspan="2">緩和</td><td></td></tr>
<tr><td>〃　令第33条　〃</td><td colspan="2">緩和</td><td></td></tr>
<tr><td>〃　令第34条第2項</td><td colspan="2">緩和</td><td></td></tr>
<tr><td>〃　第35条　〃</td><td colspan="2">緩和</td><td></td></tr>
<tr><td>法第37条　建築材料の品質</td><td colspan="2">緩和</td><td></td></tr>
<tr><td>法第39条　災害危険区域</td><td colspan="2">緩和</td><td></td></tr>
<tr><td>法第40条　地方公共団体の制限付加</td><td colspan="2">緩和</td><td></td></tr>
<tr><td rowspan="3">第三章</td><td>法第63条　防火準防火地域の屋根の不燃化</td><td colspan="2">（50m²を超えるものは適用）</td><td>緩和</td></tr>
<tr><td>法第6節　景観地区</td><td colspan="2">緩和</td><td>緩和</td></tr>
<tr><td>上記以外の第3章の規定</td><td colspan="2">緩和</td><td>緩和</td></tr>
<tr><td rowspan="2">施行令第147条</td><td>令第22条、第28条、第29条、第30条、第37条、第46条、第49条、第67条、第70条
第3章第8節、第112条、第114条
第5章の2、第129条の2の4の一部、第129条の13の2、第129条の13の3</td><td colspan="2">緩和</td><td>緩和</td></tr>
<tr><td>令の第41条、第42条、第43条、第48条、第5章</td><td colspan="2">緩和</td><td></td></tr>
</table>

注）工作物の仮設については令第147条第2項、第3項、第4項参照のこと。

簡易な構造の建築物の例（自動車車庫）

い用途

④畜舎、堆肥舎、水産物の増殖場又は養殖場

膜構造建築物

屋根、外壁が帆布などの建築物で階数が 1、床面積≦ 3000m^2 で、間仕切壁を設けない次のもの

①スケート場、水泳場、スポーツ練習場等

②不燃性物品保管庫等火災の発生のおそれの少ない用途

③畜舎、堆肥舎、水産物の増殖場又は養殖場

構造制限と緩和

簡易な構造の建築物の屋根、柱、梁、外壁（延焼のおそれのある部分）には不燃材料以上の性能が求められる。防火性能に関しては次のような緩和規定がある。

①法 22 条区域内の屋根の不燃構造等

②特殊建築物の耐火・準耐火建築物

③特殊建築物等の内装制限

④防火・準防火地域等の防火性能

⑤防火区画・界壁等の設置

工作物への準用

土地に定着する工作物であって、建築物の定義に入らなかった工作物のうち、政令（≫令第 138 条）で指定するものは、確認申請が必要となり、構造の安全性や用途規制など建築基準法の規定の一部が適用される。このように建築基準法の規定の一部が準用される工作物を**準用工作物**（≫法第 88 条）という。

具体的に準用工作物を掲げると次のようになる。

①煙突、広告塔、高架水槽、擁壁等に類する工作物

・高さ 6m を超える煙突（ストーブの煙突を除く）

・高さ 15m を超える鉄筋コンクリート造の柱、鉄柱、木柱、（旗竿、電柱等は除く）

・高さが 4m を超える広告塔、広告板、装飾塔、記念塔等

・高さが 8m を超える高架水槽、サイロ、物見塔等

・高さ 2m を超える擁壁

②昇降機、ウォーターシュート、飛行塔等に類する工作物

・乗用エレベーター又はエスカレーターで観光のためのもの（一般の交通の用に供するものを除く）

・ウォーターシュート、コースター等高架の遊戯施設

・メリーゴーランド、観覧車、オクトパス、飛行塔等回転運動をする遊戯施設で原動機を使用するもの

③製造施設、貯蔵施設、遊戯施設等の工作物で令第 138 条第 3 項において指定するもの

表3　簡易な構造の建築物の構造制限（法第84条の2、令第136条の10）

<table>
<tr><th>用途</th><th colspan="2">地域・規模</th><th>柱・はり</th><th>外壁</th><th>屋根</th></tr>
<tr><td rowspan="4">自動車車庫</td><td colspan="2">床面積＞150m²</td><td rowspan="2">・準耐火構造
・不燃材料</td><td rowspan="2">・準耐火構造
・不燃材料
・大臣指定の構造</td><td rowspan="3">・準耐火構造
・不燃材料
・大臣指定の構造</td></tr>
<tr><td>防火地域</td><td rowspan="3">床面積≦150m²</td></tr>
<tr><td>準防火地域
法22条区域</td><td>・延焼のおそれのある部分
・準耐火構造</td><td>・延焼のおそれのある部分
・準耐火構造
・不燃材料
・大臣指定の構造</td></tr>
<tr><td>その他地域</td><td colspan="3">制限なし</td></tr>
<tr><td rowspan="6">自動車車庫以外</td><td colspan="2">防火地域</td><td rowspan="2">・準耐火構造
・不燃材料</td><td rowspan="2">・準耐火構造
・不燃材料
・大臣指定の構造</td><td rowspan="5">・準耐火構造
・不燃材料
・大臣指定の構造</td></tr>
<tr><td rowspan="2">準防火地域</td><td>床面積＞500m²</td></tr>
<tr><td>床面積≦500m²</td><td rowspan="3">・延焼のおそれのある部分
・準耐火構造
・不燃材料</td><td rowspan="3">・延焼のおそれのある部分
・準耐火構造
・不燃材料
・大臣指定の構造</td></tr>
<tr><td colspan="2">法22条区域</td></tr>
<tr><td rowspan="2">その他地域</td><td>床面積＞1000m²</td></tr>
<tr><td>床面積≦1000m²</td><td colspan="3">制限なし</td></tr>
</table>

表4　簡易な構造の建築物の指定（令136条の9）

	形態	規模	用途
(ア)開放的簡易建築物	壁を有しない又は高い開放性を有する（開放性の程度は国土交通大臣が告示で指定）建築物（間仕切壁を有しないものに限る）	階数が1かつ床面積が3000m²以内	a. 自動車車庫の用途に供するもの b. スケート場、水泳場、スポーツの練習場その他これらに類する運動施設 c. 不燃性の物品の保管その他これと同等以上に火災の発生のおそれの少ない用途に供するもの d. 畜舎、堆肥舎並びに水産物の増殖場及び養殖場
(イ)膜構造建築物	屋根及び外壁が帆布その他これに類する材料で造られている建築物（間仕切壁を有しないものに限る）	階数が1かつ床面積が3000m²以内	(ア)b～dの用途に供する建築物

注）いわゆる1層2段の自走式自動車車庫は、1階と屋上部分を自動車車庫に用いるものであり、階数が1であるため、形態の要件に合致するものについては、開放的簡易建築物になる。

55　既存不適格建築物に関する規定

法改正等により不適格となった建築物。違反建築とは区別される

既存不適格建築物とは、既存の適法な建築物が法令の改正等により違反建築物とならないよう、新たな規定の施行時又は都市計画変更などによるものについては適用を除外することとし、原則として増改築等を実施する機会に当該規定に適合させる建築物を言う。一般的に建築行為が伴わなければ法令は遡及適用されないので、違反建築と区別される。新法令の規定が施行された時に既に着工しているものも同様である（≫法第3条第2項）。

基準時とは、その不適格になった時期の始まりを言う（≫令第137条）。既存不適格建築物を増改築する場合は、その規模に応じて現行法令の規定が適用されるのが原則だが、建築基準法では増改築時に適用が緩和される規定がある（≫令第137条の2～令第137条の11）。大規模の修繕、大規模の模様替えについては、増改築に対する緩和規定とは別に規定がある（≫令第137条の12）。

なお、①文化財保護法による国宝、重要文化財、重要有形民俗文化財等、②旧重要美術品等の保存に関する法律の認定建築物、③文化財保護法による条例で保存措置が講じられている建築物（特定行政庁が建築審査会の同意を得て指定）、④ 上記建築物の原形の再現のための建築物（特定行政庁が建築審査会の同意を得て認定）については、法の適用から除外される（≫法第3条第1項）。

構造耐力規定の適用の合理化

≫法第86条の7第2項

既存不適格建築物に一定規模以下の増築等を行う場合は構造耐力規定の遡及適用をしない。

①増改築後の建築物の構造方法は以下のいずれにも適合させること。（≫令第137条の2第1号）

1. 建築物全体として、現行基準の構造計算によって構造耐力上安全であることを確認すること。
2. 増改築部分について、建築設備も含め、現行の仕様規定に適合すること。
3. 既存部分が耐久性等関係規定に適合し、かつ、改正後の告示基準に適合すること。

②増改築部分は既存部分とエキスパンションジョイント等により相互に応力を伝えない構造方法のみで接し、かつ、増改築後の建築物の構造方法は以下のいずれにも適合するものとすること。（≫令第137条の2第2号）

1. 構造上分離された増改築部分について、建築設備も含め、現行の仕様規定に適合し、かつ、現行基準の構造計算書によって構造耐力上安全であることを確認すること。
2. 構造上分離された増改築部分について、耐久性等関係規定に適合し、かつ、改正後の告示に定める基準に適合すること。
3. 建築物に設けるエレベーター及びエスカレーターについて、主要な支持部分等が構造耐力上安全であることや駆動装置等地震時の転倒・移動防止装置を講ずること。（≫令第137条の2第3号イ）
4. 既存延べ面積の1/2以下の増築で耐震促進法に適合した建築物。
5. 既存延べ面積の1/20を超えず、かつ50m²以内の増築。

全体計画認定制度

≫法第86条の8

特定行政庁が増築等を含む全体計画認定を行った場合、2以上の区分に分けて段階的な工事が可能。この制度を活用すると、一般的には5年以内に建築物全体が建築基準法に適合すればよい。ただし、地震に対して一定の安全性が確保されている場合は、20年程度の長期間にわたる全体計画が認められる可能性がある。

表　既存建築物の制限の緩和（法 86 条の 7、令 137 条～令 137 条の 15）

不適格条項	内容	関係法令	緩和の範囲
法 20 条	構造耐力	令 137 条の 2・1 号	・増改築後の建築物の構造方法が一定の技術基準に適合すること
		令 137 条の 2・2 号	・増改築に係る部分がそれ以外の部分とエキスパンジョイント等で応力を伝えない構造方法で接し、かつ、一定の技術基準に適合すること
		令 137 条の 2・3 号	・増改築の床面積の合計が基準時の延べ面積＜ 1/2
		令 137 条の 2・4 号	・増改築の床面積の合計が基準時の延べ面積＜ 1/20 （50m² を超える場合は 50m²）　※ただし、技術基準に適合すること
法 26 条	防火壁	令 137 条の 3	・基準時以後の増改築の床面積の合計≦ 50m²
法 27 条	特殊建築物の耐火	令 137 条の 4	・基準時以後の増改築の床面積の合計≦ 50m²（劇場の客席、病院の病室、学校の教室など特殊建築物の主たる用途に供する部分は増築できない。）
法 28 条の 2	石綿等の飛散・発散措置	令 137 条の 4 の 2 ～ 3	・増改築部分の床面積の合計＜ 1/2 ×基準時の延べ面積
法 30 条	長屋・共同住宅の界壁	令 137 条の 5	・増築後の延べ面積≦ 1.5 ×基準時の延べ面積 ・改築部分の床面積≦ 1/2 ×基準時の延べ面積
法 34 条 2 項	非常用の昇降機の設置	令 137 条の 6	・増築部分の高さ≦ 31m、かつ、増築部分の床面積の合計≦ 1/2 ×基準時の延べ面積 ・改築部分の高さ≦基準時の高さ、かつ、改築部分の床面積の合計≦ 1/5 ×基準時の延べ面積
法 48 条 1 項～ 12 項	用途地域	令 137 条の 7	・増改築部分が基準時の敷地内で、かつ、増改築後の容積率及び建ぺい率が基準時の敷地に対して適合 ・増築後の床面積の合計≦ 1.2 ×基準時の床面積の合計 ・増築後の法 48 条に適合しない用途部分の床面積の合計≦ 1.2 ×基準時の当該部分の床面積の合計 ・増築後の出力、台数、容量（適合しない事由が出力、台数、容量の場合）の合計≦ 1.2 ×基準時の出力、台数、容量の合計 ・用途の変更を伴わないこと
法 52 条 1 項～ 7 項	容積率	令 137 条の 8	・増改築部分の用途は、自動車車庫等部分、備蓄倉庫部分、蓄電池設置部分、自家発電設備設置部分又は貯水槽設置部分に限る ・増築前の自動車車庫等部分、備蓄倉庫部分、蓄電池設置部分・自家発電設備設置部分及び貯水槽設置部分以外の部分の床面棟の合計は基準時の当該部分床面積の合計を超えないこと ・増改築後の自動車車庫等の部分の床面積の合計は増改築後の当該建築物の床面積の合計の 1/5 を超えないこと。ただし、改築の場合で 1/5 を超えているときはその範囲内 ・増改築後の備蓄倉庫部分の床面積の合計は増改築後の当該建築物の床面横の合計の 1/50 を超えないこと。ただし、改築の場合で 1/50 を超えているときはその範囲内 ・増改築後の蓄電池設置部分の床面積の合計は増改築後の当該建築物の床面積の合計の 1/50 を超えないこと。ただし、改築の場合で 1/50 を超えているときはその範囲内 ・増改築後の自家発電設備設置部分の床面積の合計は増改築後の当該建築物の床面積の合計の 1/100 を超えないこと。ただし、改築の場合で 1/100 を超えているときはその範囲内 ・増改築後の貯水槽設置部分の床面積の合計は増改築後の当該建築物の床面積の合計の 1/100 を超えないこと。ただし、改築の場合で 1/100 を超えているときはその範囲内
法 59 条 1 項 法 60 条の 2・1 項	高度利用地区 都市再生特別地区	令 137 条の 9	・増築後の建築面積≦ 1.5 ×基準時の建築面積 ・増築後の延べ面積≦ 1.5 ×基準時の延べ面積 ・増築後の建築面積≦ 2/3 ×建築面積の最低限度 ・増築後の容積率≦ 2/3 ×容積率の最低限度 ・改築部分の床面積≦ 1/2 ×基準時における延べ面積
法 61 条 法 67 条の 2・1 項	防火地域 特定防災街区整備地区	令 137 条の 10	・木造の建築物は、外壁・屋内面・軒裏が耐火・準耐火・防火構造に限る ・基準時以後の増改築部分の床面積の合計≦ 50m²、かつ、基準時における延べ面積の合計 ・増改築後の階数≦ 2、かつ、延べ面積≦ 500m² ・増改築部分の外壁・軒裏は、耐火・準耐火・防火構造とする
法 62 条 1 項	準防火地域	令 137 条の 11	・木造の建築物は、外壁・屋内面・軒裏が耐火・準耐火・防火構造に限る ・基準時以後の増改築部分の床面積の合計≦ 50m² ・増改築後の階数≦ 2 ・増改築部分の外壁・軒裏は、耐火・準耐火・防火構造とする
	大規模の修繕 大規模の模様替	令 137 条の 12	・修繕または模様替のすべて

注）増改築をする場合、居室の採光、換気、シックハウス対策（ホルムアルデヒド対策）、便所（浄化槽含む）、電気設備、昇降機、排煙設備、非常用照明装置等の規定については、一の建築物であっても一定の技術基準に適合していれば、別の建築物（独立部分）とみなされ、当該増改築部分のみに規定の適用がある（法 86 条の 7・2 項、3 項、令 137 条の 13 ～ 15）。

COLUMN

平成 26 年建築基準法改正のポイント

国土交通省は、建築物において木材利用や新技術導入を促進するための規制緩和、建築関連手続きの合理化、事故・災害対策の徹底など多様な社会経済的要請に的確に対応するため、次のような法改正を行った。（公布：平成 26 年 6 月 4 日）

木造建築関連基準の見直し（施行：平成 27 年 6 月 1 日）

建築物における木材の利用の促進を図るため、耐火建築物としなければならないとされている 3 階建ての学校について、一定の防火措置を講じた場合には、主要構造部を準耐火構造等とすることができることとする他。

合理的な建築基準制度の構築

1. 構造計算適合性判定制度の見直し（施行：平成 27 年 6 月 1 日）
   建築主が、審査者や申請時期を選択できるよう、指定構造計算適合性判定機関等へ直接申請できることとする。また、比較的簡易な構造計算について、十分な能力を有する者が審査する場合には、構造計算適合性判定の対象外とする。
2. 仮使用承認制度における民間活用（施行：平成 27 年 6 月 1 日）
   特定行政庁のみが承認することのできる工事中の建築物の仮使用について、一定の安全上の要件を満たす場合には、指定確認検査機関が認めたときは仮使用できることとする。
3. 新技術の円滑な導入に向けた仕組み（施行日：平成 27 年 6 月 1 日）
   現行の建築基準法では対応できない新建築材料や新技術について、法第 38 条の認定制度を復活することとする。

実行性の高い建築基準制度の構築

1. 定期調査・検査報告制度の強化（施行：公布後 2 年以内）
   定期調査・検査の対象の見直し、防火設備等に関する検査の徹底や、定期調査の資格者に対する監督の強化等を図ることとする。
2. 建築物の事故等に対する調査体制の強化（施行：平成 27 年 6 月 1 日）
   建築物においてエレベーター事故や災害等が発生した場合に、国が自ら必要な調査を行えることとする。国及び特定行政庁において、建築設備等の製造者等に対する調査権限を充実する。

なお、平成 26 年 7 月 1 日施行の容積率制限（老人ホーム等は除く）、階段に係る規制及び寄宿舎等における間仕切壁の防火対策の規制の合理化については本書において反映済みである。

56　建築士法

建築物の設計・工事監理等を行う技術者の資格を定める法律

目的
»法第 1 条

建築士法の目的は、建築物の設計、工事監理等を行う技術者の資格を定めて、業務の適正化を図り、建築物の質の向上に寄与することである。具体的には、建築物の設計・工事監理等を行う技術者の資格を定めて、業務の適正化を図るという建築士個人の規制と、それを営業とする事務所等に対する規制である。

設計・工事監理の定義
»法第 2 条

①設計図書：建築工事実施のための必要な図面（原寸図等は除く）及び仕様書。

②設計：その者の責任において設計図書を作成すること。

③工事監理：その者の責任において、工事を設計図書と照合し、設計図書のとおり実施されているかいないかを確認すること。

建築士でなければできない設計又は工事監理
»法第 2 条、第 3 条の 2、第 3 条の 3

建築士には独占業務の範囲によって、一級建築士、二級建築士及び木造建築士の 3 種類がある。法律上の定義では、「一級建築士とは、国土交通大臣の行う一級建築士試験に合格し、国土交通大臣の免許を受け、一級建築士の名称を用いて、設計、工事監理等の業務を行う者をいう」とされている。ただし、免許については二級建築士及び木造建築士の場合は都道府県知事から受けることになる。設計と工事監理は建築士でなければならないことになっているが、その業務区分は右表のとおりである。

業務

設計及び工事監理（»法第 18 条）

①設計に係る建築物が法令等に適合するようにする。

②設計を行う場合、設計の委託者に対し、設計内容に関して適切な説明を行う。

③工事が設計図書のとおり実施されていないと認める時は、直ちに施工者に注意を与え、これに従わないときは、建築主に報告する。

設計の変更（»法第 19 条）

他の建築士の設計したものを一部変更しようとするときは、原則として、その建築士の承諾を得る。ただし、承諾の求められない理由のあるとき又は承諾を得られなかったときは、自己の責任において、その設計図書の一部を変更することができる。

表示行為（»法第 20 条）

①一級建築士、二級建築士又は木造建築士の別を明らかにし、記名、捺印を設計図書に行わなければならない。設計変更の場合も同様である。

②各建築士は構造計算によって建築物の安全性を確認したときは、その旨の証明書（省令で定めたもの）を設計の委託者に交付する。

③工事監理を終了したときは、直ちにその結果を文書で建築主に報告する。

④大規模の建築物その他の建築物の建築設備に係る設計又は工事監理を行う場合は、建築設備に関する知識及び技能につき国土交通大臣が定める資格を有する者の意見を聴いたときは、設計図書又は上記報告書にその旨を明らかにする。

構造設計に関する特例（»法第 20 条の 2）

構造設計一級建築士は、高さが 20m を超える鉄筋コンクリート造の建築物等、一定規模の建築物

表　建築士の業務範囲

延べ面積＼構造・高さ・階数	木造その他右欄以外の構造			鉄筋コンクリート造、鉄骨造、石造、レンガ造 コンクリートブロック造、無筋コンクリート造		
	階数 1	階数 2	階数 3	高さ 13m、軒高 9m 以下		高さ 13m、軒高 9m を超えるもの
				階数 2 以下	階数 3 以上	
～ 30m²	(誰でもよい)			(誰でもよい)		
～ 100m²						
～ 300m²	一級及び二級建築士又は木造建築士（木造に限る）			(一級及び二級建築士)		
～ 500m²						
～ 1000m²	※	※	※	(一級建築士)		
1000m² ～	※					

注 1)　※は学校、病院、百貨店、劇場、映画館、観覧場、公会堂、集会場（オーディトリアムを有しないものを除く）の場合は、一級建築士でなければならない。

注 2)　高さ 13m、軒の高さ 9m を超える木造建築物は、一級建築士でなければならない。

注 3)　増築、改築、大規模の修繕、大規模の模様替えをする場合は、その部分を新築するものとみなす。

注 4)　都道府県条例で延べ面積の制限を別に定めることができる。

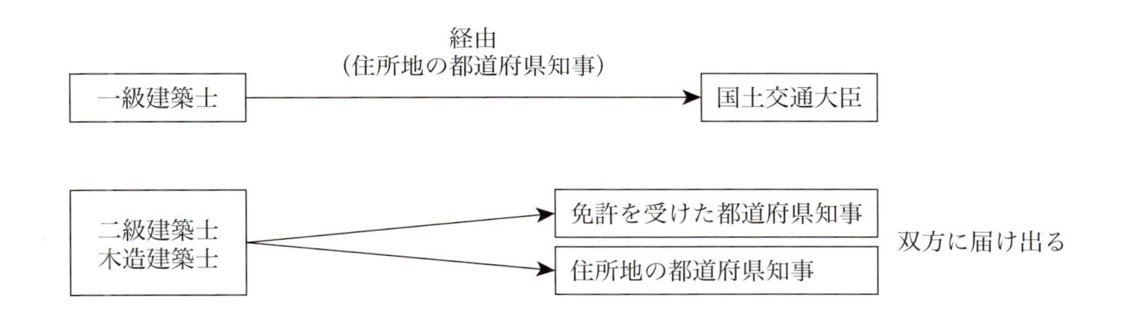

図 1　建築士の免許登録

の構造設計を行った場合においては、その構造設計図書に構造設計一級建築士である旨を表示しなければならない。

また、構造設計一級建築士以外の一級建築士が、一定規模の建築物の構造設計を行った場合においては、構造設計一級建築士に当該構造設計に係る建築物が建築基準法に基づく構造関係規定に適合しているかどうかの確認を求めなければならない。

設備設計に関する特例（»法第20条の3）

設備設計一級建築士は、階数が3以上で床面積が5000m²を超える建築物の設備設計を行った場合においては、その設備設計図書に設備設計一級建築士である旨の表示をしなければならない。

また、設備設計一級建築士以外の一級建築士が、一定規模の建築物の設備設計を行った場合においては、設備設計一級建築士に当該設備設計に係る建築物が建築基準法に基づく設備関係規定に適合するかどうかの確認を求めなければならない。

その他の業務（»法第21条）

建築士は、設計、工事監理の他、次の業務等を行うことができる。ただし、他の法律で制限されている業務を除く。

①建築工事の契約に関する事務。
②建築物に関する調査又は鑑定。
③建築工事の指導監督。
④建築に関する法令又は条例に基づく手続きの代理。ただし、木造建築士は、木造建築物に関する業務に限られる。

非建築士等に対する名義貸しの禁止（»法第21条の2）

建築士は、無資格で設計又は工事監理を行っている者等に対し、自己の名義を利用させてはならない。

建築士事務所

登録（»法第23条〜法第23条の10）

他人の求めに応じて、報酬を得て設計、工事監理、工事契約に関する事務、建築工事の指導監督、建築物の調査・鑑定又は手続きの代理を行うことを業としようとする建築士は、建築士事務所の登録を受けなければならない。

登録は、一級、二級、木造建築士事務所とも建築士事務所の所在地を所轄する都道府県知事に対して行う。登録は5年間有効であり、引き続いて業を行おうとするときは、登録の更新を受ける。この場合、有効満了の日の30日前までに登録申請書を提出しなければならない。（»施行規則第18条）

建設業法で建設業者の許可を受けていても、建築士法でいう建築物の設計、工事監理を業とする場合は、建築士事務所の登録が必要である。

建設業法では2府県に支店等を有する場合は、国土交通大臣許可だけでよいが、建築士法の場合は、その支店等がそれぞれに建築物の設計等を業とする場合は、建築士事務所の登録は、各府県ごとの支店等の所在地で都道府県知事の登録を受ける必要がある。

事務所の管理（»法第24条）

一級建築士事務所…専任の一級建築士
二級建築士事務所…専任の二級建築士
木造建築士事務所…専任の木造建築士
それぞれが管理する。

管理建築士は、建築士として3年以上の設計その他国土交通省令で定める業務に従事し、指定事務所登録機関が行う講習の課程を修めた者でなければならない。また、技術的事項を総括し、必要な場合、建築士事務所の開設者に対して意見を述べる。

名義貸しの禁止（»法第24条の2）

建築士事務所の開設者は、自己の名義をもって、他人の建築士事務所の営業を営ませてはならない。

再委託の制限（»法第24条の3）

建築士事務所の開設者は、委託者の許諾を得た場合においても、委託を受けた設計又は工事監理の業務を建築士事務所の開設者以外の者に委託してはならない。また、3階建て以上、かつ1000m²

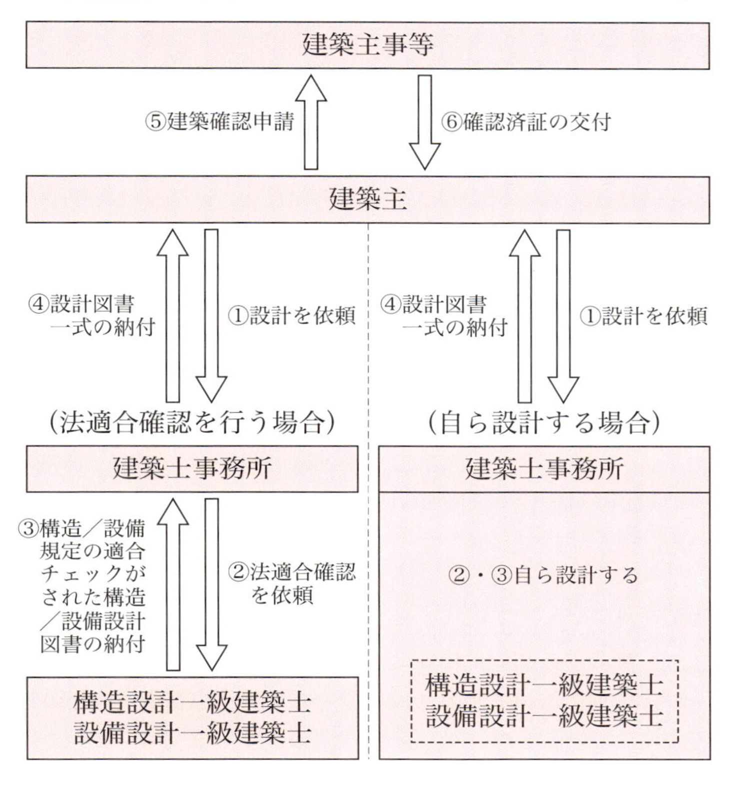

■一定の建築物に対する法適合チェックの義務付け

高度な専門能力を必要とする一定の建築物の構造設計・設備設計については、構造設計一級建築士・設備設計一級建築士の関与が義務付けられる．この場合の関与とは、構造設計一級建築士・設備設計一級建築士が自ら設計するか、構造設計一級建築士・設備設計一級建築士以外の一級建築士が行った建築物の構造設計・設備設計が法律で定められた基準を満たしているかどうかを確認することを言う．

【構造設計一級建築士の関与が義務付けられる建築物】
建築士法第3条第1項に定める建築物のうち建築基準法第20条第1号，第2号に該当する建築物。例えば、木造で高さ13m又は軒高9mを超える建築物、鉄骨造4階建て以上の建築物、鉄筋コンクリート造で高さ20mを超える建築物等。

【設備設計一級建築士の関与が義務付けられる建築物】
3階建て以上で床面積が5000m^{2}を超える建築物。

図２　法適合のチェックフロー

以上の共同住宅等については、委託者が許諾しても、設計・工事監理の一括再委託（いわゆる丸投げ）が禁止される。

帳簿の備付等及び図書の保存（»法第24条の4、施行規則第21条）

①建築士事務の開設者は、その業務に関する事項を記載した帳簿（契約年月日、相手方、業務の種類と終了年月日、報酬額、従事した建築士の氏名、委託者の氏名、設備技術者の意見等を記載した帳簿を作成）を備え、これを事業年度の末日から15年間保存しなければならない。

②建築士事務所の開設者は、建築士でなければ作成できない設計図書のうち、配置図、各階平面図、2面以上の立面図、2面以上の断面図、構造計算書、構造詳細図及び工事監理報告書を15年間保存しなければならない。

標識の掲示（»法第24条の5）

建築士事務所の開設者は、事務所において、公衆の見やすい所に国土交通省令で定める標識を掲示しなければならない。

書類の閲覧（»法第24条の6）

建築士事務所の開設者は、業務の実績等を記載した書類を備え置き、建築主の求めに応じて閲覧させる。

書面の交付（»法第24条の8）

建築士事務所の開設者は、建築主から設計又は工事監理の委託を受けることを内容とする契約を締結したときは、委託内容について、一定の事項を記載した書面を当該委託者に交付する。

監督処分（»法第26条）

①事務所の開設者が虚偽又は不正の事実で登録を受けた時。

②開設者が破産手続き開始の決定を受けて復権を得ない者になった時。

③管理建築士がいなくなった時。

④その他。

以上の場合は取り消される。

⑤開設者である建築士が免許の取り消しを受けた時。

⑥開設者が禁固刑以上の刑に処せられた時。

⑦開設者が建築士法に違反し、又は建築物に関して罪を犯し罰金の刑に処せられた時。

⑧その他。

以上の場合では、取り消し又は1年以内の事務所の閉鎖を命ずることができる。

建築士の懲戒処分の時と同じく、開設者に対して聴聞を行い、都道府県建築士審査会の同意が必要である。

57　建設業法

建設業の健全な発展を促進するための法律

法の目的　»法第１条

建設業を営む者の資質の向上、建設工事の請負契約の適正化を図って、建設工事の適正な施工を確保し、発注者の保護と建設業の健全な発達を促進し、公共の福祉の増進に寄与する。

用語の定義　»法第２条

建設工事：土木建築に関する工事で、表１の左欄に掲げるものいう。

建設業：元請、下請を問わず、建設工事の完成を請け負う営業をいう。

建設業者：建設業の許可を受けて建設業を営む者。

下請契約：建設工事を請け負った者が、他の建設業を営む者との間で結ぶ請負契約。

発注者：建設工事（他の者が請け負ったものを除く）の注文者。

元請負人：下請契約における注文者で建設業者であるもの。

下請負人：下請契約における請負人。

建設業の許可

許可の要件（»法第３条第１項、令第１条）

建設業を営もうとする者は、次の区分により許可を受ける。

①国土交通大臣の許可：2以上の都道府県内に営業所を設けて営業する場合。

②都道府県知事の許可：一つの都道府県内のみに営業所を設けて営業する場合。

特定建設業と一般建設業の許可（»法第３条第１項、第４項、法第５条～第16条、令第２条）

特定建設業とは、発注者から直接請け負う１件の工事金額の一部又は全部について、3000万円（ただし、建築一式工事では4500万円）以上となる下請契約（2以上下請契約を結ぶ場合はその合計）を結んで行う建設業を言い、一般建設業は、それ以外の建設業を言う。一般的に、特定建設業の許可は、下請業者の保護が目的であるため、一般建設業の許可より厳しい基準が設けられている。

建設業の種別による許可（»法第３条第２項、第４条）

建設業の許可は工事の種別（28種類）に応じて、それぞれ与えられる。建設業者は、その許可を受けた工事以外の工事を請け負うことはできない。ただし、許可を受けた建設工事に附帯する工事は請け負うことができる。

許可の例外措置（»令第１条の２）

次に挙げるものは軽微な建設工事とみなして、許可は不要である。

表１　建設工事の種類

建設工事	建設業
土木一式工事	土木工事業
建築一式工事	建築工事業
大工工事	大工工事業
左官工事	左官工事業
とび･土工･コンクリート工事	とび･土工工事業
石工事	石工事業
屋根工事	屋根工事業
電気工事	電気工事業
管工事	管工事業
タイル･れんが･ブロック工事	タイル･れんが･ブロック工事業
鋼構造物工事	鋼構造物工事業
鉄筋工事	鉄筋工事業
ほ装工事	ほ装工事業
しゅんせつ工事	しゅんせつ工事業
板金工事	板金工事業
ガラス工事	ガラス工事業
塗装工事	塗装工事業
防水工事	防水工事業
内装仕上工事	内装仕上工事業
機械器具設置工事	機械器具設置工事業
熱絶縁工事	熱絶縁工事業
電気通信工事	電気通信工事業
造園工事	造園工事業
さく井工事	さく井工事業
建具工事	建具工事業
水道施設工事	水道施設工事業
消防施設工事	消防施設工事業
清掃施設工事	清掃施設工事業

①建築一式工事の場合

工事1件の請負金額が1500万円未満の工事のみを請け負う者、又は延べ面積が150m²未満の木造住宅のみを請け負う者。

②その他の工事の場合

工事1件の請負金額が500万円未満の工事のみを請け負う者。

許可の更新（≫法第3条第3項）

建設業の許可は、5年ごとに更新を受けなければ効力を失う。

請負契約

建設工事の請負契約の原則（≫法第18条）

請負契約の当事者は、各々の対等な立場における合意に基づいて公正な契約を結び、信義に従って誠実に履行しなければならない。

請負契約の内容（≫法第19条）

工事内容、請負代金の額、工事着手の時期及び完成の時期等を書面に記載し、署名又は記名押印をして、相互に交付しなければならない。

不当に低い請負代金の禁止（≫法第19条の3）

注文者は、自己の取引上の地位を不当に利用して、原価に満たない金額を請負代金の金額とする契約を締結してはならない。この注文者には、建築主だけでなく、元請が下請に出す場合の元請も含まれる。

建設工事の見積期間（≫法第20条、令第6条）

建設工事の見積期間は、次に掲げるとおりとする。ただし、やむを得ない事情があるときは、②及び③の期間については、5日以内に限り短縮することができる。

工事1件の予定価格	見積り期間
① 500万円未満	1日以上
② 500万円以上5000万円未満	10日以上
③ 5000万円以上	15日以上

一括下請の禁止（≫法第22条、令第6条の3）

建設業者は、その請け負った建設工事を、いかなる方法をもってするかを問わず、一括して他人に請け負わせてはならない。また、建設業を営む者は、建設業者からその請け負った工事を一括して請け負ってはならない。ただし、元請人があらかじめ発注者の書面による承諾を得た場合は、共同住宅の新築工事を除き、これらの規定は、適用しない。

下請人の変更請求（≫法第23条）

注文者は原則として不適当と認められる下請人があるときは、その変更を請求することができる。

建設工事紛争審査会

≫法第25条～第25条の24

建設工事に関する紛争を解決するために、国土交通省に中央建設工事紛争審査会を、都道府県に都道府県建設工事紛争審査会を置く。紛争審査会は、斡旋、調停及び仲裁を行う。

主任技術者等の設置

≫法第26条、令第27条

①建設業者は、その請け負った建設工事を施工するときは、法律で定めた資格のある主任技術者を工事現場に配し、施工の技術上の管理をつかさどらせる。

②発注者から直接建設工事を請け負った特定建設業者は、下請契約の額が3000万円（建築工事の場合は4500万円）以上になるときは、法律で定められた資格のある監理技術者を置かなければならない。

③公共性のある重要な工事で請負代金の額が2500万円（建築工事の場合は5000万円）以上のものは、工事現場に専任の主任技術者又は監理技術者を置かなければならない。

標識の掲示 ≫法第40条

建設業者は、その店舗及び建設工事の現場ごとに、公衆の見やすい場所に国土交通省令で定めた様式により、標識を掲げなければならない。(右図)

表2　技術者の資格一覧

建設業法の許可を受けている業種		指定建設業（7業種） 土木一式工事、建築一式工事、管工事、鋼構造物、舗装、電気、造園			その他（左以外の21業種） 大工、左官、とび、土工、コンクリート、石、屋根、タイル、煉瓦、ブロック、鉄筋、その他		
許可の種類		特定建設業		一般建設業	特定建設業		一般建設業
元請工事における下請金額の合計		3000万円以上（建築一式工事は4500万円）	3000万円未満（建築一式工事は4500万円）	3000万円以上は契約できない（建築一式工事は4500万円）	3000万円以上（建築一式工事は4500万円）	3000万円未満（建築一式工事は4500万円）	3000万円以上は契約できない（建築一式工事は4500万円）
工事現場の技術者制度	工事現場に置くべき技術者	監理技術者	主任技術者		監理技術者	主任技術者	
	技術者の資格要件	・一級国家資格者 ・国土交通大臣特別認定者	・一級国家資格者 ・二級国家資格者 ・実務経験者		・一級国家資格者 ・実務経験者	・一級国家資格者 ・二級国家資格者 ・実務経験者	
	技術者の現場専任	公共性のある工作物に関する建設工事（＊）であって、請負金額が2500万円（建築一式工事は5000万円）以上となる工事					
	監理技術者資格者証の必要性	発注者が国、公共団体等のとき必要	必要ない		発注者が国、公共団体等のとき必要	必要ない	

（＊）①国又は地方公共団体が注文者である建築物及び工作物に関する工事
②鉄道、道路、河川、飛行場、港湾施設、上下水道、電気施設、学校、福祉施設、図書館、美術館、教会、病院、百貨店、ホテル、共同住宅、ごみ処理施設等（個人住宅を除く）

図　建設業者が工事現場に掲げる標識（見本）

建設業の許可票			
商号又は名称			
代表者の氏名			
主任技術者の氏名		専任の有無	
	資格名	資格者証交付番号	
一般建設業又は特定建設業の別			
許可を受けた建設業			
許可番号			国土交通大臣　許可（　）第　号 知事　許可（　）第　号
許可年月日			

（注）標識の寸法：縦25cm以上、横35cm以上

【著者略歴】

小嶋和平（こじま かずひら）

1947年生まれ。1970年大阪工業大学第1工学部建築学科卒業。

1970～2008年、守口市に奉職、都市整備部長で退職。

現在　サンヨーホームズ株式会社顧問
　　　大阪工業大学工学部建築学科非常勤講師
　　　大阪工業大学工学部空間デザイン学科非常勤講師
　　　公益社団法人大阪府建築士会監事
　　　大阪府建設紛争審査会特別委員
　　　元守口市建築審査会委員
　　　一級建築士
　　　建築基準適合判定資格者
　　　インテリアプランナー

著書　『図解建築法規』（学芸出版社）
　　　『図解テキスト二級建築士 学科II 建築法規』（学芸出版社）

図解 これだけでわかる 建築基準法

2015年3月15日　第1版第1刷発行

著　者………小嶋和平
発行者………前田裕資
発行所………株式会社 学芸出版社
〒600-8216
京都市下京区木津屋橋通西洞院東入
電話075-343-0811
http://www.gakugei-pub.jp/
E-mail info@gakugei-pub.jp

装　丁………フジワキデザイン
印　刷………創栄図書印刷
製　本………山崎紙工

ISBN978-4-7615-2589-7　　Printed in Japan